抗倭名将阮鹗

谢思球 著

中国文史出版社

图书在版编目（CIP）数据

抗倭名将阮鹗／谢思球著．—北京：中国文史出版社，2020.10

ISBN 978-7-5205-2212-0

Ⅰ.①抗… Ⅱ.①谢… Ⅲ.①阮鹗（1509-1567）-传记 Ⅳ.①K825.2

中国版本图书馆 CIP 数据核字（2020）第 162218 号

责任编辑：程　凤

出版发行：**中国文史出版社**

社　　址：北京市海淀区西八里庄路 69 号院　　邮编：100142

电　　话：010-81136606　81136602　81136603（发行部）

传　　真：010-81136655

印　　装：北京新华印刷有限公司

经　　销：全国新华书店

开　　本：1/16

印　　张：20

字　　数：337 千字

版　　次：2021 年 1 月北京第 1 版

印　　次：2021 年 1 月第 1 次印刷

定　　价：59.80 元

序

张全海

阮鹗（1509—1567），字应荐，号函峰，南直隶安庆府桐城县函山人（今属安徽省枞阳县）。明嘉靖二十三年（1544）进士，历官南京刑部主事、浙江提学副使、右佥都御史、右副都御史，巡抚浙江福建等地。赐祭葬，赠通议大夫，谥忠定，浙祀名宦祠，皖祀乡贤祠。

明代著名人士陈继儒有《函峰阮中丞外传》，是记载阮鹗生平最详细的史料。尤其是对阮鹗在浙江福建一带抗倭史实有较为全面翔实的记述。因原文较长，现简述如下：嘉靖丙辰年（1556）春，升右佥都御史，任浙江巡抚；三月，徐海攻海盐、乍浦，卢镗、俞大猷等都被击败，阮鹗率部死守桐乡，总督胡宗宪不予援助，自此结下恩怨。阮鹗主张剿灭倭寇，胡宗宪主张招抚倭寇，督抚双方意见也不同，但嘉靖皇帝支持剿倭，并下口谕："以后言抚者斩！"浙江仙居一战，阮鹗率谭纶、卢镗、戚继光等抗倭名将，剿灭倭首徐海、汪直等，立大功，升右副都御史，任福建巡抚（特设）。嘉靖戊午年（1558）春，正当阮鹗抗击福建诏安倭寇时，遭反对派构陷而被逮入狱，福清、福安、兴化等地随即失陷。阮公被逮过浙江时，士民感戴阮鹗功德，自发到岳武穆祠为阮公祷告。嘉靖皇帝知阮鹗冤屈，下狱六天后仅将他贬为平民，返归函山老家。直到隆庆元年（1567），经过阮鹗长子阮自嵩刺血上书，户部尚书马森、兵部尚书霍冀联名为其申冤，隆庆皇帝为其官复原职，不过这年冬天阮鹗就因病去世。陈眉公在最后这样评价阮鹗："阮公儒将也，非胡总督比也。"

陈眉公在文中还有很多生动细节描写，值得一读，如讲戚继光在梁庄时，看见有一人站在阵中，非常危险，戚继光便从后面拽曳，一看是阮鹗，吓得连忙跪请阮公不要在这危险之地逗留。阮鹗却拍着戚继光的背说："危险我不怕，让我感到欣慰的，是有你这样的良将。"戚继光备受感动，愿以死报答阮公。

明万历、天启两朝首辅福建德清人叶向高在其《重修报功祠记》中记载了阮鹗巡抚福建时的事迹，叶向高的老家方民镇于嘉靖乙卯年受倭寇杀掠，“室庐荡尽”，阮鹗来后立即向朝廷申请了赈灾款，但当地士民表示不要救济款，而情愿将此款用于筑城，阮鹗于是改变了赈灾款的用途，率众筑城，后有效阻击了倭寇再犯。当地士民感阮公之德，在其“瑞峰之巅”建祠以纪念阮公，世代奉祀。

明嘉靖丁未状元、内阁首辅李春芳有《都察院右副都御使㘭峰阮公墓志铭》，对阮鹗一生也有详细记述，并将其与汉代陈平相提并论，为阮公鸣不平。

除了以上记载，乾隆《浙江通志·名宦》，康熙《安庆府志·乡贤》《桐城县志·仕绩》等方志资料都对阮鹗是正面记载，在杭州有“忠定祠”，在安庆有石牌坊。而负面记载的史料主要是《明史》，虽然只有区区一百七十七字，但几乎全是负面局部记载，其原因今天已不可考，但可以推想是与《明史》的编修者直接相关，因为这些参与编修的人士多有明朝遗老，或是出于对阮大铖的价值判断，从而影响了对阮鹗的历史评判。由于《明史》是官修正史，虽然只有短短几行字，其负面影响却是深远的。

比较《明史》卷205和《明世宗实录》卷457中有关阮鹗的记载，可以看出，《明史》素材主要来自《明世宗实录》。而其后的《明神宗实录》卷512，则是对阮鹗的定论材料，但不知《明史》为什么没有采用。《明神宗实录》卷512显示，阮鹗的功过已在万历四十一年（1613）做了定论，当时已给阮鹗官复原职，并赐祭葬。全文如下：

万历四十一年九月，丁巳，复故巡抚福建都察院右副都御史阮鹗原职，并与祭葬。鹗直隶桐城县人，嘉靖二十三年进士，除南京刑部主事，改河南道御史，提督北直隶学政，升浙江提学、广东参政。三十五年，升右佥都御史，巡抚浙江，兼理福建，以平倭赐敕奖赉，升右副都御史。三十七年，被逮为民。隆庆元年，恩诏冠带闲住。至是以子自华请，遂复原职。鹗之宦浙也，始掌文衡，随秉节钺，当其开门全活数万人，功已卓矣，既而战仙居，战乍浦，所谓间关行阵勇壮敢战非耶，及其抚闽，则以无兵无食之时，而为加饷加赋之举，事固有济，谤亦随之，大抵以劳则在浙可录，以议则在闽可原，要以疆埸之事，非所绳于常格之内也。比三品未考满，例与祭一坛，给半葬。

对于阮鹗在福建被逮这一关键问题，《明神宗实录》认为：“及其抚闽，则以无兵无食之时，而为加饷加赋之举，事固有济，谤亦随之，大抵以劳则在浙可录，以议则在闽可原，要以疆埸之事，非所绳于常格之内也。”就是说当阮鹗任福建巡抚时，在兵力和粮饷缺乏的情况下，超常发挥，奋力抗倭。当事情有所成就的时候，忌妒诽谤也就随之而来，如果论功劳那在浙江的事迹是可记录，如果论争议的话那么在福建的问题也可查证，总之战场上的事情，不能用常规的思维来进行限制。

明万历七年（1579）《杭州府志》卷62《名宦·阮鹗》也有全面的大篇幅记述，其中提到，阮鹗被逮后，放回原籍，后又被参劾侵吞公款，死后才查清其款是用于犒劳士兵，从而获得清白，称“其功不可泯”“入祀名宦祠”。

明万历三十七年（1609）《钱塘县志》载：“阮公祠：在武林门外，祀都御史阮鹗，匾额‘忠定’，隆庆六年建，李春坊《记》。”

清雍正至乾隆年《浙江通志》卷217《祠祀·阮公祠》载，雍正八年（1730），浙江总督李卫重修忠定祠，并作长篇《重修阮公忠定祠记》，其文有：“杭人德公不忘，于武林门外筑室祀公，兴化李文定公既为之记……如公大节昭著，而俎豆不修，肸蠁无所，又何以仰副大化而无愧于风励之旨耶？”

直到今天，在浙江平湖县博物馆藏有《平海寇碑》，上面记载了阮鹗抗倭的故事；在浙江温岭城南有个杨梅屿（峙）殿，是纪念阮鹗的庙，据说当地居民是四百多年前从福建迁来的，阮鹗信仰也是从福建迁来的，碑文上记载有阮天上将的抗倭故事。阮氏在浙江、福建抗倭事迹的影响力之深远可见一斑。

关于阮鹗的历史评价问题，近人马其昶在其《桐城耆旧传·阮巡抚传》中考察了阮氏的事迹后感叹道：“而史氏记乃颇于公多有微词，岂据当时忌者之言而遂未详欤？”可见马氏对于《明史》的局限性提出了自己的质疑。

我对阮氏家族早有关注，一直在搜集相关资料。2014年清明节后，我与安庆市根亲文化研究会同人等赴阮鹗墓园考察，看到“省保”屡遭破坏，损毁严重，便呼吁要加强保护墓园并重新评价阮鹗。时安庆广播电视台、《皖江晚报》等多家媒体对此进行了持续广泛的报道，引起了有关部门和人士的关注，后在省文物管理部门的支持下，阮鹗墓园得以重新修缮。到2019年，经当地进一步的努力，阮鹗墓石刻升级为全国重点文物保护单位。

冂山阮氏家族是一个充满传奇的家族，是一个有着很多故事的家族。阮鹗的抗倭事迹，只要把史料完整呈现出来，就能说明一切。阮自华是安庆戏曲之父，是京剧鼻祖的鼻祖。阮大铖是一位充满争议的人物，同时又是一位艺术奇才。阮氏家族还有阮一衲、阮之钿等一大批名垂史志的人物。虽然历史上安庆府聚集了很多的名家大族，但可以说团山阮氏家族对区域历史文化的贡献，在本地区是独一无二的，甚至在全国也是罕见的，是值得大书特书的，目前的研究与其历史地位是远远不匹配的。

枞阳谢思球先生新著小说《抗倭名将阮鹗》，是以文学艺术的形式来叙述历史故事，传播阮氏文化，虽然不是学术作品，但自有其特殊的价值，就是以通俗的方式来传播思想文化、影响社会大众，阮大铖正是以其《燕子笺》等文艺作品强大的传播力、生命力影响至今的。

谢先生在著成书稿之后，即索序于我，我自乐意之至，便不揣谫陋，将对阮鹗及阮氏家族的一些个人认知连缀成篇，谨以为序。

庚子长夏怀宁张全海作于北京

（作者系中国人民大学《档案学通讯》编辑部主任）

目录

目录

楔子

一个字和一把剑

我的人生是从一个奇怪的汉字开始的。上了下山，合起来就是个“屲”字。我还模模糊糊地记得那一天，那天是二月二，民间传说中龙抬头的日子，据说这一天开蒙的孩童将来会有大出息。那时我还小，三岁或者四岁，记得兄长阮鹏一大早就起来了，净手焚香，将墨磨得浓浓的，然后拿起笔，在毛边纸上工工整整地写下了那个字。然后对我说，这个字读藕。

我愣着神儿，瞅着那个字半天不言语，感觉好奇怪。兄长是个暴脾气，对我吼了一声说跟我读啊。我机械地跟在他后面读着藕藕，声音低得像蚊子哼，兄长说你大点声，大点声容易进脑子。我只好又重重地读了声藕，几乎是吼了出来。他这才满意了，指着窗外那座光秃秃的山说，记住了，它叫屲山。我在心里嘀咕说，有什么好记的，像个王八趴在那里，树都没有一棵，难看死了。

兄长将我牵到窗前，以景仰的神情向我说起了屲山的故事。那还是在唐朝，我的先祖阮枞江，受封为镇江南大将军，来到江南剿匪。当时，屲山还叫断腰山，山上草木葱茏，一股江匪盘踞于山中，和阮将军玩起了捉迷藏。阮将军一怒之下，下令纵火烧山。当时正值冬季，草木枯萎，盗匪全被烧死了，阮将军因而受到朝廷嘉奖。为了让后世子孙铭记阮将军的功德，就有老夫子建议将断腰山改名为屲山。屲，上了下山，意思是山中贼已了。这是他们新造的一个汉字，可能他们认为，不如此不足以传颂阮将军的功德。

我木然地听着兄长说完了这个故事，脸上一点表情也没有。兄长又恼了，说你倒是说话啊！我说说什么呢，我能说身为堂堂的大将军，杀一伙蟊贼，却还要放一场山火？这难免有些胜之不武。难怪山上草木不生，说不定就是那场大火把草木的根都烧尽了。兄长用戒尺在我的头上啪地敲了一下说，你将来要做个像大将军一样的人，杀尽天下匪贼！

二十岁那年，自然也是兄长做主，给我起个号，叫屲峰。真没想到，我的一生会与这个奇怪的汉字结下不解之缘。

明嘉靖二十三年，我有幸考取了进士，那年我三十六岁，老大不小了。那天，报喜的帖子送到家里时，除了我之外，全家人都乐坏了。兄长将我带到祠堂里，跪在祖宗的牌位前。他将头在地上碰得咚咚响，大声地说，列祖列宗，我老阮家终于出人了，我阮鹏算是对得起先人了……

兄长怎么能不高兴呢？我们阮氏是竹林七贤中阮咸的后代。自落户南直隶桐城县，历五十四世，只在南宋十六世时出过一个解元，此后在科举上再无斩获。就拿我的兄长来说吧，不过是个县学生员。所以他才将振兴家族的希望寄托在我的身上，亲自当我的先生，严苛到了无情的地步，我在他的棍棒之下度过了暗无天日的蒙学生涯。现在，我终于可以走出他的阴影了。

可我为什么一点也快乐不起来呢？昨晚上，我做了一个噩梦。在梦中，我的脑后凉飕飕的，感觉有个鬼影正举着刀朝我劈来。我大惊，猛地一转身，可身后啥都没有。这是咋回事呢？在我愣神时，哎呀不好，刀又带着风声砍下来了！可一转身，还是什么都没有发现。如此三番五次，我被折腾得快要疯了。我恼极了，双目怒瞪，大叫道：哪里来的宵小，有种你就出来，躲在人家身后算什么好汉？我拳打脚踢，呼呼生风，朝四周一阵暴拳，出了一口恶气，直到累得趴在地上。醒来后，我的心里就乱了，再也无法安静下来。我家住在长江边上，旧时江匪横行，是有名的贼窝。可他们都已经被我的祖上阮大将军解决了。我不知道阮将军的那场大火到底烧死了多少盗贼，但他既因此役受到朝廷表彰，估计人数应该不少。难道是那些人阴魂不散，前来找我的麻烦？

我从此就变得疑神疑鬼，老是要突然回头看看自己的身后，尽管身后明明啥都没有。我想这是被贼惦记上了。虽然我不知道他是谁，又在哪里，但我的魂被他攥住了。我的兄长大骂见鬼了，说弟弟好不容易中了个进士却变傻了。他天天烧香拜佛，把方圆数十里大大小小的庙拜了个遍。我心里有数，我知道自己需要一把剑，一把辟邪的利剑。

我雇了条小船，来到江对岸的大通。大通古名澜溪，是座繁华的古镇。在街尾，有座著名的佘记铁匠铺。西汉时，大通设有铸钱的梅根冶，佘记祖上就是冶所里最出色的工匠，我相信祖传的手艺。来到铁匠铺门口，六指的佘师傅浑身上下都是肌肉疙瘩，钢打铁铸的一般，他叮叮当当地挥着大锤，火星四射，铁屎落在地上扑哧扑哧地响。传说六爪的匠人能打制神器，况且佘师傅本就出自名匠之家，我对他的手艺充满信心。

火星熄了。佘师傅这才抬起头，问我说，这位先生，你需要点什么吗？

我发现佘师傅的眼珠子通红通红的，里面就像烧着火，难怪铁在他面前吓得软成了泥巴。我自称姓阮，来自江对岸，又一字一顿地说，我要一把剑，最好的剑，能杀尽天下之贼的剑。至于费用，你不用担心。

佘师傅搓了搓手说，我懂你的意思。说着，拿着个钳子在乱铁堆里一阵拨拉，摇摇头说，这些玩意儿打个锄头锹角还行，做剑还嫩了点。又喃喃道，到哪里去找块好铁呢？

这时，他好像突然想起了什么，来到了店铺外面，指着不远处的一座庙宇说，你看，那是大士阁，庙前面有只铁锚，也不知是哪年大水冲来的，锚在道上有点碍事，住持和我说了几次，让我搬回来做材料用了。那玩意儿一般的铁器用不上，打剑倒是块好料子。佘师傅说，走，我带你去看看。

大士阁被称为九华山的头天门。朝拜九华，大士阁是必经之地。大江南北的香客在大通下船，过了大士阁，就踏上了直通九华的道路。大通位于长江边上，发大水是三年两头的事，这么说，那只锚是天赐神物了。佘师傅带着我来到那只锚前，他用铁钳在上面敲了敲，一阵悦耳的脆响钻进耳门，让我如沐春风，顿感神清气爽。佘师傅说，你看，确是块好铁。

这只铁锚与我的膝盖齐高，张牙舞爪，像只恼怒的章鱼，随时准备出击。好，这气势我一看就喜欢上了。我对佘师傅说，就依你说的，用它吧。我走进大士阁，在大士像前恭恭敬敬磕了三个头，并掏出锭银子，塞进了功德箱里。拿走菩萨庙门口的东西，不谢一声是说不过去的。这只锚，说不定就是菩萨特地给我备下的呢。我相信冥冥之中的事。

佘师傅叫了两个人，开始搬运那只铁锚。他又像是想起了什么似的，对我说，阮先生，你还要给这把剑起个名字，我制剑时顺便刻上去。

其实，在来的路上，我就想好了。现在佘师傅问起，我回道，就叫“破罡”吧。

佘师傅说，行，这名字不错，有杀气。

我为什么会想到这个名字呢？在距我家不远处的江堤下，有一条小街，名叫破罡。别看它是个露水集，破破烂烂的几家草木棚子，它这个名字可不简单，当年给它起名的那个老夫子绝对是个洞察世局的高手。我家位于团山脚下，南面是大江，极目远眺，波涛滚滚，宽阔无边；北面是白荡湖，烟波浩渺，一碧万顷。团山像只乌龟，可怜巴巴地趴在水边，动也不敢动，护佑着它脚下几座零星的村庄。因于缺少遮挡，这里一年四季罡风浩荡，掀翻屋顶是常有的事，那些水里捞食的渔民，更是饱受风浪之苦。因此，才有老夫子给这条小街起名

“破罡”。意思很简单，破除罡风，化险为夷。我发现，“破罡”二字不但做地名好，做剑名也非常合适。我即将离开家乡，踏上一条未知的路，这条路上充满凶险，有破罡伴随，能让我无所畏惧。

佘师傅对我说，你一个月后再来吧。

我在焦躁不安中等待了一个月。一个月后，我拿到了剑。小心翼翼地从剑鞘里抽出剑，剑身乌黑，泛着冷光，上面刻着齐整的鱼网纹。靠近剑格处，刻着“破罡”二字，秦小篆体，古朴雅致。我非常满意。

我将破罡挂在床头。从此，心里果然就安宁多了。每天早晚，我都要舞弄一番。我家所在的地方属老桐城东乡，民风剽悍，习武成风，我小时候就喜欢舞枪弄棒。我喜欢在月光下练剑，月光如雨，破罡像一个快乐的孩子，如同小时的我，头上顶着片荷叶，在雨中奔跑，越跑越精神。

就这样，我带着破罡离开了家乡。告别家乡的那一天，兄长到江边送我，见我背着把剑登上了船头，他忧心忡忡，不知道说什么好。我知道他的心里有着太多的担心。怕什么呢？一个在猎猎罡风里长大的汉子，宁折不弯。那一瞬间，我才突然明白了王八一般趴在江边的团山上为什么没有一棵树，长年的罡风能吹跑石头，山上没有一星土，如何长树？

一天，在南京国子监，我偶然路过一间讲室，里面有个须髯皆白的老翁在讲学。他说，破山中贼易，破心中贼难。我大惊，像被雷劈了一般，终于明白了为什么老是觉得有个影子跟在身后，原来是心里有鬼。于是就打听这个老翁是谁，有人告诉我说他叫欧阳德，是王阳明的弟子。我在众目睽睽之下扑通一声跪在他的案前，说，师傅，我终于找到您了！

是的，我要跟他学习破贼之道，这本书说的也就是破贼的故事。

第一章

武林门

每有大事，必有异象。这是大明嘉靖三十四年早春的一天，阮鹗早晨醒来的时候，发现窗纸上一片血红。

他推开窗子，看见东部半边天都红了。日出霞红本是常事，可今天的朝霞也委实红得诡异。这时，家人阮良端来了一盆水，放在案上。阮鹗正要洗漱，见盆里的水都红了，像一盆血。他伸出的手又缩了回来，心里忐忑不安。他平时喜欢研究天象星学，今晨的朝霞太反常了，莫不是要出什么事。

洗漱完毕，阮鹗坐到餐桌边，刚刚端起碗，还没来得及吃上一口，只见阮良神色慌张地从室外跑了进来，边跑边叫道："大人，不好了，倭寇来了……"

真是担心什么来什么，阮鹗的手一抖，碗里的稀饭泼了出来。夫人吴若瑶紧张地看了看外面，惊道："阮良，倭寇在哪，你慢慢说。"

阮良说："我听人说倭寇马上就要来攻打杭州，乡下的百姓全涌到这边避难来了，可武林门关了，进不了城，正在城外号哭呢。"

阮鹗站了起来，从床头上摘下破罡剑，对阮良说："你快去通知徐勇，叫他迅速将秀才兵带到武林门，让大家带上武器，我先过去！"

阮良匆匆出去叫人。阮鹗紧紧握着剑把，出门时，吴若瑶紧张地说："官人，千万要小心。"阮鹗安慰她说："夫人放心，几个小蠡贼我还没放在眼里。"

话是这么说，阮鹗的心却悬到了嗓子眼。以徐海为首的一股倭寇，一直盘踞在松江府的柘林镇。几天前，浙直总督张经和参将汤克宽将主力带到松江府剿倭去了，眼下的杭州只有千余老弱残兵，可以说是一座空城。怎么主力前脚刚刚离开，倭寇后脚就赶来了呢？这些倭寇真是狡诈无比，眼见大军压境，他们却来了个声东击西，绕过锋锐，长途奔袭，直扑省城要地。看来倭寇中自有高人，深谙兵法。

明朝建立以后，太祖朱元璋实行最严海禁令，"寸板不许下海"，禁止百姓私自出海，严禁与各国开展贸易，国与国之间的官方贸易只能以朝贡的形式进行。日本的朝贡贸易，也叫作勘合贸易或贡舶贸易，由位于宁波的浙江市舶司负责对接。自明初起，日本进入战国时期，政局纷乱，群雄割据，互相混战。在战争中失败的封建主，组织武士、浪人和商人，纠集海盗和不法渔民，到大明东南沿海进行武装走私和抢掠，这些人被称为倭寇。明初国力强盛，倭寇尚不敢有大的作为。嘉靖二年，日本两大贸易使团抵达宁波后，因勘合真伪问题发生冲突，进而恶化成杀戮事件，争贡之役爆发。这一事件直接导致明廷撤销市舶司，重申最严海禁令，明朝与日本之间贸易由此断绝。自此，倭患像一把大火，愈烧愈烈，到嘉靖中期达到鼎盛，史称嘉靖大倭寇。

阮鹗感觉海禁令就像一道大铁箍，试图将整个东南沿海都牢牢地箍起来。可这箍得了吗？靠山吃山，靠海吃海，沿海百姓生计无着，就串通倭寇，贩私运私。来到大街上，他才发现城里全乱了，到处是神色张皇四处乱窜的人。沿街店铺都在手忙脚乱地收拾着货物，紧急关门落闩；大户人家吆五喝六地呼喊着家丁，安排看门护院。阮鹗心想，真要是倭寇进了城，怎么弄都没用。

武林门是杭州北面门户，因城门南边有座武林山而得名，史上也称北关门、余杭门，是杭州的十座城门之一。门外不远处就是沟通南北的大运河。登上武林门城头，阮鹗才傻了眼。

武林门外，聚集着无数逃难的百姓，黑压压一片，少说也有数万人。一个个扶老携幼，拖儿带女，有推着独轮车的，有肩挑背驮的，带着一点可怜的家产。运河上，船只载着难民仍在源源不断地涌来。可是，武林门大门紧闭，吊桥高悬，任凭百姓怎么哀求，守门的官军就像没看见一般。武林门外，哀鸿遍野，哭声震天，惨不忍睹。

这时，阮良带着秀才兵也来到了城头。说起秀才兵，还要从几年前阮鹗任北直隶学政时说起。当时，风传俺答骑兵马上就要打到涿州，京城里人心惶惶。本来，抗敌守城，并非学政的分内之事。但是，国家有难，黎民遭殃，做臣子的哪能置之度外呢。阮鹗将府学县学里的生员全部组织起来，成立了一支护卫队，人称秀才兵，日夜操练，守城御敌。俺答的游探见城头上防守严密，才没敢轻举妄动。敌退后，阮鹗向嘉靖上疏《御虏十事》，得到首肯。嘉靖三十二年，阮鹗来到杭州，任浙江提刑按察司副使兼提督学道，简称提学副使。浙江是倭患的中心，阮鹗的职务仍是提学，管的差使是教化，但是，抗倭是当前大事，倭寇是心腹大患，他怎能坐视不管呢？他又将学宫里的生员们组织起来，发给兵器，协助抗倭。

见自己一手训练的秀才兵来了，阮鹗稍感心安。秀才兵有千余人，个个手持刀枪和盾牌，威风凛凛。别小瞧了他们，经过了两年时间的艰苦训练，他们再不是手无缚鸡之力的酸秀才，人人有一身武艺。在缺兵少员的情况下，其作用不可忽视。

徐勇腰悬弓箭，手持一柄长矛，来到了阮鹗身边，双手一抱拳说："大人，我们来了！"

阮鹗吩咐道："叫大家分散开来，密切关注着城下动静，你带一队人随我到城门口去。"说着，他单手持剑，带着众人下了城楼。

到了城门口，阮鹗问守城的士卒说："为什么不打开城门，放百姓们进城避难？"士卒答道："李巡抚有令，让紧闭城门，防止倭寇趁乱混进城来。"

士卒说的李巡抚指浙江巡抚李天宠。张经总督率军剿倭去了，留下李天宠带着少量士卒守城。阮鹗正准备骑马去巡抚衙门找李天宠理论，一抬头，却发现他来了。

李天宠走上前来，打量了一眼近处和远处的秀才兵，点了点头，对阮鹗说："阮学政，你们来得太及时了，国难当头，难为你手下的这些秀才们了。当初你带着他们整天舞枪弄棒的，老夫还嘲笑过你们呢，惭愧啊惭愧。"

"这不是逼上梁山么？"阮鹗笑道，"李大人，你快下令打开城门，放百姓进来避难。"

李天宠神色大变，说："我何尝不想放百姓进来，只是城下太乱了，要是倭寇混在难民中进来了怎么办，到时谁能挡得住？丢了杭州城，你我都担当不起！"

李天宠说的是实话，他的担心也不无道理，倭寇凶悍善战，还惯使阴招，经常穿着百姓的衣服浑水摸鱼，等贴近时再痛下杀手，让人防不胜防。但怎么着也不能紧闭城门，拒百姓于千里之外啊，真要是倭寇来了，他们哪里还有活路？这不是因噎废食么！

阮鹗指着城下说："李大人你看，这城外少说也聚集了数万百姓，万一倭寇来了，岂不是羊入虎口，任人宰割？身为百姓的父母官，岂有不顾百姓死活的道理？"

李天宠苦着脸说："我的阮学政，我真怕了你们这些咬文嚼字的人，你说的老夫何尝不懂。只是，这杭州城万万丢不得啊！"

阮鹗一拍胸脯说："你将武林门交给我吧，出了问题，我以项上人头担保！"

李天宠是个好官，平时官声颇佳，只是在这件事情的处理上，未免太过谨慎。事关数万百姓的生死，岂能将城门一关了之？

李天宠说：“别光夸海口，真要是倭寇来了，你有没有御敌良策？”

阮鹗指着城门前的月城说：“大人你看，我们先开启月城的外门，百姓进入月城，关闭外门；再打开内城门，放百姓进城。再挑选壮士于月城内布防，一旦发现有倭寇混入，立即截杀。总之，内外两道城门依次开放，一开一闭，万无一失。”

武林门外有座月城，此时可真派上了大用场。月城就是瓮城，是在城门外加筑的小城，呈月牙形护佑着城门，故称月城。

李天宠见阮鹗说得有理，点了点头说：“这个主意我还没想到，还真是个办法，行，就依你说的办，千万小心啊。”

于是阮鹗将秀才兵分成三组，一组到运河码头侦察，真要有倭寇来了，会第一时间知晓；一组布防于月城内，以防有倭寇趁乱混进城内；一组于城外维持秩序，数万百姓挤一道城门，要严防踩踏事故。为了安定民心，阮鹗骑马提剑，来到城外难民群中。百姓见城门大开，知道有救了，又见出来一个骑马的官员，于是哗啦啦跪倒一片，嘴里叫着恩公、救星。

阮鹗大声地说：“父老乡亲们，快起来吧，我阮某承受不起，大家排队入城，听从指挥，万勿拥挤踩踏！”

阮鹗亲自指挥百姓列队，妇女童孺居右，肩挑背托的男子居左，先右后左，有序入城。第一批百姓进城后，欢呼声一片，庆幸得救。巡抚李天宠见阮鹗安排得井井有条，松了一口气，他朝城下的阮鹗挥了挥手，带着士兵到别处巡城去了。

到了吃饭时间，阮鹗命跑马传餐，就地而食，他自己也立于马上，随便吃点东西充饥。为防倭寇夜间混入，城门晨启夕闭，夜间禁行。经过四五个白天的有序入城，数万难民在倭寇抵达之前，全部顺利地进入杭州城内，一场灾难就此化解。

百姓进了城，阮鹗这才安了心。为加强城防力量，他组织青壮年百姓加入守城队伍。城头上旌旗招展，三步一岗，五步一哨，到处是巡城的军民。就凭这势头，倭寇也不敢轻举妄动。

总督张经那边很快传来了消息，倭首徐海、麻叶率领的万余倭寇，被明军主力堵在嘉兴城下的古镇王江泾，一场大战不可避免。

王江泾是运河边上的一座重镇，盛产丝绸，日产万匹，是衣被天下的丝绸之府。倭寇侵入内地，首抢的货物就是丝绸。一匹丝绸，在内地价值约一两银子，运到日本，就是十倍的价格。他们直奔王江泾，意图也很明显。让他们没想到的是，张经从湘西永顺和保靖调来了勇猛善战的土狼兵，倭寇这次算是遇上了劲敌。

获胜的消息很快传来，经过官军水陆夹击的苦战，大败倭寇，斩获倭寇首级五千余颗，装满了好几条大船，取得王江泾大捷。这实在太振奋人心了，自本朝开始剿倭以来，官军素来不堪一击，没想到获此大胜。一时间，整个杭州城处处张灯结彩，人们都像过节般地兴奋。

总督张经班师回杭，即将在武林门外的运河码头下船，李天宠率同僚到码头迎接，阮鹗也参加了。远远地，船队过来了，一眼望不到头。码头上锣鼓喧天，鞭炮齐鸣，欢迎得胜归来的官军。

首先靠岸的一条船上，走下了两个人，是工部右侍郎赵文华和浙江巡按监察御史胡宗宪。李天宠走上前去，对他俩拱手行礼道："赵侍郎、胡巡按，本官率军民在此等候多时，祝贺你们得胜归来！"

胡宗宪态度还好，对李天宠笑着点了点头；赵文华就太反常了，他高昂着头，阴着脸，就像没看见李天宠一般，哼都没哼一声。阮鹗见赵这样子，心里就凉了半截，这哪像打了胜仗回来，倒像打了败仗似的。工部侍郎是正三品，巡抚是从二品，论品衔，李天宠比赵文华还高一级。可是，赵深得皇帝信任，又是内阁首辅严嵩的义子，自不能以品衔论高低。一个月前，赵文华向嘉靖上了道奏疏，说倭患猖獗乃是触犯了海神所致，建议派要员到沿海祭拜海神。这本是荒诞之论，没想到，嘉靖竟然信了，委派赵以钦差身份到松江府祭祀海神，并督察沿海军务。明眼人一看便知，赵文华是醉翁之意不在酒，祭海神不过是个噱头，督察军务才是真正目的。赵到浙江后处处颐指气使，干涉军务，文武官员纷纷奔走其门，逢迎巴结。

赵文华对军事一窍不通，张经、李天宠根本就不买他的账。就拿本次王江泾大捷来说，战前，赵文华天天催促进兵，张经根本不理他，兵力布置情况也不向他汇报。一直待远调的土狼兵到来之后，对倭寇形成合围之势，才一举进兵，破敌获胜。张经虽然打了胜仗，可赵文华对他的怒气半点未减。李天宠身为浙江巡抚，是一省地方大员，赵文华感觉他对自己向来虚与委蛇、笑里藏刀。这不是明摆着没将他这个钦差放在眼里吗？所以，赵刚才对李天宠那种态度，也就不足为奇了。

阮鹗和胡宗宪同于嘉靖十三年中举，科场中，这叫同年。官场上，师生、同年和老乡都是重要关系。因为同年之谊，阮鹗和胡宗宪就亲近了许多。他走到胡宗宪身边，朝大步流星走在前面的赵文华努了努嘴说："胡兄，本次大获全胜，可谓大快人心，可今天钦差大人好像有点不高兴呢。"

胡宗宪冷笑一声，朝天上看了看，意味深长地说："依我看，这浙江的天怕是要变了。"

阮鹗大惊："胡兄何出此言？"

胡宗宪凑近他耳边："不瞒阮兄，我听说钦差大人已向宫里递了道奏疏，这具体内容嘛，我不知道，就是知道也不便透露。圣意很快会下来，阮兄你就静观其变吧。"

送走赵文华和胡宗宪，很快，张经的船只也抵达了码头。张经满面红光，亲切地和大家打着招呼，看来，赵文华的态度半点没有影响他的心情。除张经外，副总兵俞大猷、参将汤克宽以及土狼兵将领陆续下了船。

张经走到阮鹗身边，拍着他的肩膀说："阮兄，我在前方也听说了，这次守城，你和秀才兵们功劳不小，数万百姓顺利入城避难，不是件小事，回头向朝廷报捷叙功时，我一定将你加上一笔。"

阮鹗说："总督大人，说来惭愧，和前方将士拼命杀敌相比，我的这点事根本不值一提，还是不要写了吧。"

"要写，要写，你的功劳一点不比我们小。"张经说道，"自倭患大起，多少百姓流离失所，家破人亡，他们才是真正的受害者，不能再让他们受苦了，救一个是一个，救一家是一家，况且你这次救了数万人呢。你本是个学政，倭事和你没多大关系，你这是揽事上身呢。你说，这功劳还小吗？"

张总督一番夸赞，让阮鹗感觉脸上有点发烫。在他看来，自己只不过做了桩该做的事，至于功劳啥的，他还真没有想许多。

王江泾大捷后，徐海、麻叶仅带着几百残兵逃回了松江府柘林镇。经此一败，他们可能要经历一段时间才能缓过气来。局势渐渐安定下来，杭州城里避难的百姓也开始陆陆续续回乡。

阮鹗平时住在浙江按司衙门后院里，因他是按司副使兼任提学。一天早晨，他刚起床，正在院子练剑，阮良进来禀报，说门外有一群百姓求见。阮鹗即刻收剑，随阮良来到大门口。

见阮鹗出来，门外一群百姓呼啦一声就跪倒了，嘴里喊着恩公、救星，称谢不已。为首一个中年汉子，身材板实，赤着脚，拎着一篮子鲜鱼。汉子自称叫卢福全，桐乡县人，是运河里的渔民。又介绍站在自己身边的一位妇人，妻子桂妈，接着又从身后牵出一双儿女，儿子叫卢海生，女儿叫卢海琴，都是十五六岁的年纪。卢福全说："现在局势平稳了，我们这批桐乡百姓打算今天回家去了，大家相约着来和阮大人告个别。"又指着篮子里的鱼说："阮大人，这是我清早从运河里刚打上来的，救命之恩无以为报，这篮鲜鱼您无论如何得收下。"再看后面几位百姓，手里也都有拎着东西，有鸡蛋、鸡鸭等。

阮鹗说："乡亲们的心意我心领了，东西我收下。"说着，招呼阮良拿银子来。百姓们听说拿银子，丢下东西一哄而散。

阮良收拾着百姓们的东西说："大人，怎么办？"阮鹗琢磨着，这东西都送来了，要是硬还回去显得不合情理，说："我见街口有家卖塘栖枇杷的摊子，你多买一些，让卢福全分一下，算是本官的一点心意。"阮良领命去了。

时令进入五月，一天，阮鹗好不容易将副总兵俞大猷逮到了，请他到学宫里给秀才兵们做指导。此前，俞大猷也来教过几次，只是他忙于抗倭，难得能挤出一时半会的时间。学宫前的练兵场上，秀才兵们整整齐齐地站成几排，俞大猷手持一柄长枪，分析着倭寇的作战要点，如何见招拆招，他一边讲解一边示范。俞大猷既是副总兵，又是久经沙场的抗倭名将，秀才们对他很是尊敬，一个个听得入了迷。讲解完毕，俞大猷叫大家两人一组对练，他在一边随时指导。

俞大猷还带来了一把雪亮的倭刀，是在战场上缴获的。他举着那把倭刀对众人说，大家看好了，这是倭刀，它和我们平时见过的刀明显不一样，刀身窄，长六尺，锋利无比，临敌时，不可用我们的普通军刀与其对砍。说到这里，俞大猷拿过一柄明军常用的腰刀，递给了秀才兵的首领徐勇："拿好了，使全力砍我！"

徐勇双手握刀，朝俞大猷当头砍来。俞大猷一闪身，同时挥刀，自下而上，朝徐勇的腰刀削去！只听当的一声，徐勇的腰刀断为两截。

徐勇望着手中的断刀，尴尬地笑了。众人的脸色也变了，他们只听说过倭刀锋利，但没想到锋利到此等程度。

俞大猷又说："倭寇人人善使刀，刀法娴熟，出神入化，凶悍远胜我军，是我们的劲敌啊！"

阮鹗一直在旁边看着，这时，他抽出了自己那把破罡剑，对俞大猷说："俞总兵，试试我这把破罡剑怎么样?”

俞大猷瞅了瞅阮鹗手中的剑：“我看不出你这把剑有什么特别之处，不过，要是被倭刀砍断了，你可别怪我。”

“放心吧，不怪你。”说着，阮鹗摆了个姿势，大叫一声说，“俞总兵，看剑!”

只见剑光一闪，俞大猷双手挥刀迎击，刀剑在空中相撞，发出当的一声脆响。阮鹗赶紧抽剑细看，不要说断，砍击的地方连一点小豁口也没有。俞大猷不住地称赞说，真看不出，这还真是把好剑。

阮鹗得意地说：“那当然，它可是出自名匠之手。”

可类似破罡剑这样的名器毕竟不是人人都能拥有。徐勇问道：“俞总兵，倭刀削铁如泥，倭寇刀法高强，那临敌时我们怎么办，难道只有临阵逃脱?”

俞大猷说：“办法总是有的，一寸短一寸险，克制倭刀需用长兵器，比如长枪、长柄横刀等。我们还有厉害的火器，如鸟铳、佛狼机，还有更厉害的火炮，不怕他们。”众人这才松了一口气。

徐勇虎背熊腰，力大无穷，人称徐千斤。他本是府学生员，仗着身体优势，常常仗力欺人，而且屡教不改。他在人的后背上看似漫不经心地一拍，往往能致人胸骨俱裂。徐勇在生员间闹闹不算，还经常到学宫外惹麻烦。前任提学很是头疼，就取消了他的廪生资格，将他扫地出门。徐勇干脆破罐子破摔，在杭州城游手好闲，惹是生非。阮鹗到任之后，听说有此奇人，考虑当前正是用人之际，立即将他招至学宫，恢复了他的廪生资格，并让他担任秀才兵的统领。徐勇感激涕零，成了阮鹗的得力助手。

俞大猷对徐勇也非常欣赏，认为他资质过人，只要稍加点拨，定会成为一员抗倭干将。俞大猷将那把倭刀送给了徐勇，还和他进行了一对一的厮杀。俞大猷扮倭寇，给徐勇喂招，教他破解之策，徐勇一点就通，进步很快。

阮良是阮鹗从桐城老家带来的一个壮实小伙，他父母双亡，阮鹗念他是个孤儿，就留在身边使唤。阮良平时也常到学宫里来习武，今天俞大猷当临时教习，这样的好机会他自然不肯错过，俞大猷和徐勇对招的时候，他在一边专注地看着，将一招一式默默记在心里。

就在大家忙活的时候，忽然，一个生员跌跌撞撞从外面冲了进来，脸色苍白，他一手抚胸，大口大口地喘着气，一手指着外面，大叫道：“阮学政，俞总兵，不好了，倭寇来了……哦不，是锦衣卫来了!”

在场的人都大吃一惊。阮鹗啪地拍了一下桌子，骂道："一惊一乍地叫个啥，话都说不清，天塌下来了吗？将来还怎么迎敌？"

那个生员哭丧着脸说："大人，对不起，刚才我到北城办事，看见一队锦衣卫骑着快马从武林门进了城。"

俞大猷问道："你确定是锦衣卫？"

"人人都穿着飞鱼服，佩着绣春刀，不是锦衣卫是什么人？大家都说是锦衣卫。"

阮鹗和俞大猷面面相觑，两人心里都有数。锦衣卫身负皇命，负责朝廷大案要案的巡察缉拿，向来无事不登三宝殿，他们到杭州来肯定不是什么好事。自赵文华到浙江后，和总督张经的关系一直不好，这是公开的秘密。赵文华不懂军事，却对张经的军事部署动辄指手画脚，一味催战，张经根本没将这个嚣张的侍郎放在眼里。王江泾战前和战后，听说赵文华通过快马向宫里传递了好几封奏疏，估计都不是什么好话。将这些事前后联系起来，锦衣卫的到来更加让人惴惴不安。俞大猷说："阮学政，今天的演练就到此为止吧，我们赶紧得去看看发生了什么事。"

事情很快就清楚了，果然是圣旨下来了，遣锦衣卫即刻锁拿浙直总督张经和参将汤克宽进京讯问。张经遭到了赵文华的弹劾，赵诬陷他的罪名是"畏巽失机，玩寇殃民"。虽然嘉靖也收到了张经王江泾大捷的奏疏，但是他更相信赵文华的话。阮鹗后来还了解到，胡宗宪也在其中扮演了不光彩的角色，他也上了一道弹劾张经的奏疏，题为《督抚大臣玩寇殃民乞穷治事疏》。玩寇殃民，连诬陷的罪名都是一样的，显然是和赵文华串通一气的结果。

消息一出，举城哗然。

为防止激起民变，锦衣卫打算在午夜时分悄悄带走二人。纵然如此，事前得到消息的文武官员和群众还是自发赶来送行。总督府行辕前的广场上，已经聚集了不少人，阮鹗自然也来了。锦衣卫见人越来越多，担心引起意外，不停地催促着快点出发。

身着囚服的张经和汤克宽出来了，两人的颈上都戴着厚厚的木枷。有人向他俩各递上了一碗酒，张经端着酒碗，对送行的人群深情地说："各位同僚，各位乡亲，谢谢前来送行，张某和诸位就此别过！"说着，老泪纵横，哽咽着说不出话来。

汤克宽说："男人流血不流泪，总督大人，您老就别哭了，公道自在人心，只要我们做到问心无愧就行。各位，再见!”

大家都知道二人此番进京，肯定凶多吉少，众人的心情都很沉重，只能重复说着些保重之类的安慰话。囚车出发了，阮鹗夹杂在人群里，默默地向武林门方向走去，送上最后一程。

繁星满天，一弯下弦月孤单地悬在西天。众人跟在马车后面，谁也不说话。到了码头上，阮鹗发现，这里早就聚集了更多的百姓。人们站在运河边上，燃烧的火把将长长的运河都映红了。

这场景，让囚车中的张经和汤克宽备受感动。人们不停地喊着总督、将军。张经和汤克宽不断拱手，向送行的人群作揖告别。

到家后，天仍没有亮，阮鹗再无睡意，就在院子里练剑。自嘉靖二十三年考中进士离开家乡，一转眼十余年过去了。这些年官场上的起起落落也见过不少，可哪次也没这次诡异，实在让人看不懂。明明取得了一场前所未有的抗倭大捷，怎么反而将有功之臣逮去了呢?圣上怎么就如此轻信谗言，这不是寒了天下人的心么!

没想到，事情还没有完。张经出事后，朝廷任命兵部右侍郎兼右副都御史周珫任浙直总督，可任职仅一个多月，又遭到赵文华弹劾，被削职为民，其职由南京户部右侍郎杨宜接任。浙江巡抚李天宠也被废黜为民，押解进京。胡宗宪接替李天宠之职，擢升右佥都御史，出任浙江巡抚，兼管福建。

浙江算是大变了天。没多久，阮鹗接到了在都察院任御史之职的老乡盛汝谦的来信。盛汝谦在信中透露了这次人事变动的真相。原来，赵文华和胡宗宪合谋，将王江泾大捷的功劳完全记到了胡宗宪的头上，难怪胡被直接提拔为浙江巡抚，成了主政一方的大员。在那次战役中，胡宗宪到底有什么功劳呢?阮鹗也略知大概。当时，倭寇直扑嘉兴城，张经率领的主力尚未赶到，胡宗宪赶去救援，当时他无兵可用，情急之下，安排了两条货船，一船装酒，一船装米，投毒于其中。结果，倭寇被毒死多人，延缓了进攻，为官军赶到赢得了时间。胡宗宪的功劳自然是有的，但是，怎么也不能夺张经之功，此举实在令人不齿。

阮鹗这几天实在闷得慌，他约俞大猷晚上到北关夜市上去喝几杯。俞大猷这一向心里也很不清静，当即就爽快地答应下来。

入夜时分，两人身着便装，晃晃悠悠地就出了武林门。来到北关夜市，找了家临河的小鱼馆，点了一个白汤鱼头火锅，另有清水鲜虾、煮干丝、清炒苦瓜、卤花生米等几样小菜，外加两坛乌镇三白酒，两人就喝开了。

白汤鱼头在火炉上烧得咕嘟咕嘟地跳，阮鹗看了看锅里，一只整鱼头熬成的白汤里，添加了海参、虾干、鹌鹑蛋、菜心等物，鲜香无比。阮鹗倒了满满一碗酒，对俞大猷说："老俞，你们当兵的过的都是刀头上舔血的日子，难得像今天这样静静地坐下来喝顿酒，来，我敬你一碗。"

俞大猷也不客气，一仰脖子，一碗酒就干了。阮鹗看他这喝酒的气势，就知道他的酒量远比自己大。俞大猷说："你还真别说，好长时间都没痛快地喝一场酒了，今晚一醉方休，反正现在倭寇也不来闹腾，咱们还能闲几天。"

阮鹗看了看窗外的运河，河面上倒映着满天星光，近处和远处，渔火点点，来来往往。晚风从河面上吹过来，风里夹杂着荷花的清香。阮鹗又看了看桌上，说："你看，这么好的风景，这么好的酒菜，可惜张经总督和李天宠巡抚享受不到了。"

俞大猷的脸喝得通红，指着阮鹗说："你瞧你，哪壶不开提哪壶，罚酒一碗!"

阮鹗说："好好，我喝，不就是一碗酒嘛，有什么大不了的。老俞，我这心里憋得慌，总感觉有一口气出不来。"

"你一口气出不来，我还有两口气出不来呢，出不来也得忍着。阮兄，我的心里苦啊!"阮鹗想想也是，俞大猷多惨啊，王江泾大捷，出生入死，立下汗马功劳，结果呢，功劳都成了别人的，他是半点奖赏没有。

阮鹗说："你就知足吧，张经、李天宠、汤克宽招谁惹谁了吗，凭什么将他们关进大牢？那真叫比窦娥还冤呢。你好歹还能和我阮某坐在这里喝酒，你还叫什么苦?"

俞大猷一愣说："你说的是，我应该知足，自罚一碗。"俞大猷的一坛酒很快干了，阮鹗又帮他叫了两坛，俞大猷也不拦着，反正今晚敞开了喝。

一顿酒差不多足足喝了一个时辰，酒足饭饱，两人才相互搀扶着踉踉跄跄地出了酒馆。来到武林门边，望着高大的城门，阮鹗摇头晃脑地吟起了宋人的一阕词："去年相送，余杭门外，飞雪似杨花。今年春尽，杨花似雪，犹不见还家……"

俞大猷嘲笑说："你们这些文人就是酸。"

"唉，我这是念叨着张总督他们呢，不知道还能不能回杭州。凭良心说，我舍不得他们，就凭王江泾大捷，就不该亏待他们!"

说到伤心事，两人的酒都醒了。俞大猷摇摇头说："回来肯定是没指望了，只希望他们能平安出狱就好。”

和俞大猷分手后，阮鹗回到府中，夫人吴若瑶还坐在灯下等他回来。见丈夫喝得醉醺醺的，她埋怨道：“你到哪去了，也不说一声，喝成这个样子，你平时不是不喝酒的吗?”

“夫人，我是不轻易喝酒，可这不是闷得慌吗，偶尔一醉，无伤大雅。”

吴若瑶服侍丈夫躺下后，阮鹗很快就睡着了。可刚刚睡着，他又做起了早年的那个噩梦。梦中，有个黑影手持凶器，不怀好意地跟在他的后面，他到哪儿，黑影就跟到哪儿，怎么也甩不脱。阮鹗恼羞成怒，手持破罡剑，在身前身后拼命地乱刺起来，然后就醒了。

阮鹗披衣而坐，再也睡不着了。破罡剑静静地挂在床头。为什么突然又梦见了那个黑影呢？他是谁，究竟藏身何处？说来就来，说去就去，飘忽不定。看不见的凶手才是最可怕的，阮鹗苦恼不已。

阮鹗还从俞大猷处得知，根据沿海哨探的报告，倭首徐海在王江泾受损之后，不甘心受挫，正在四处活动，招兵买马，纠集了大量不法之徒，准备再大闹一番，以雪前耻。

第二章

万源绸庄

一天，阮鹗正在学宫里和秀才兵们训练，阮良来报，说俞大猷来了。阮鹗一边出门迎接，一边在心里琢磨着，平时请都难得请到他一回，今天倒怎么主动来了呢？到了门口，阮鹗见俞大猷的随从腋下夹着好几把倭刀，高兴地说："俞总兵，原来你是亲自送刀来的，失敬失敬，你叫下人送过来就行，何苦亲自跑一趟。不过来了也好，再教秀才们几招。"

俞大猷笑道："你这个阮学政，整天不务正业，带着秀才们打打杀杀，这锦绣文章恐怕都荒废了吧？"

"倭患正炽，国难当头，哪里还有心情做什么酸腐文章，都是些没用的东西。"

"瞧你这个学政说的，文章是经国之大业，不朽之盛事，怎么能说没用呢？"两人边走边谈笑风生，俞大猷凑近阮鹗耳边小声说，"有件事要告诉你，进屋说。"

进了书房，阮鹗叫阮良到院子门口把守，不要让人走近。他将书房门也关了起来。

俞大猷这才正色说："阮兄，今天来是和你商量件正事。我们军营一直从山东采购硝石，昨天下午到了一批新货，本来应该是两千斤，可实际上只到了一半。负责供货的硝石商名叫黄矾，是我们军营的老客户，此前数量上从未少过。硝石你是知道的，加上硫黄和炭粉就成了火药。本来，少了一千斤硝石倒也不影响我们使用火器，只是……"

阮鹗问道："只是什么？但说无妨。"

"我担心余下的硝石，会通过走私渠道流入倭寇手中，那就坏事了。而且，通过我们暗中调查，那余下的千斤硝石，是昨天夜里被人高价买走的。如此一来，这事就有些玄了。"

阮鹗急道："那你们还不赶紧追查？"

俞大猷摇摇头说："公开查是难以查得到的，他们的渠道肯定极其隐秘。"

“这批硝石要是被倭寇买走，会通过水路运输，现在肯定就在钱塘江上。”

“钱塘江上那么多船，怎么查？”俞大猷说。

“这么大的事，你怎么也不报告杭州知府何海澄？”

俞大猷摇摇头说：“我信不过他。”

“可你告诉我这事目的何在，难道你打算让我去管这件事？”

俞大猷站了起来，说：“阮兄，正是此意，不知道你肯不肯帮忙。哪怕不能追回这批硝石，我们总要做些努力，要是落入倭寇手中，到时遭殃的不还是我们官兵？我早就听说你精于办案，你在南京担任刑部主事时处理过几起冤案，轰动一时，我信你。”

“既然俞兄这么信我，我阮某不能不识相，那就试试吧。”阮鹗又问道，“胡宗宪刚刚担任巡抚，听说天天督促练兵，巡察卫所，是不是马上要起兵剿倭？”

俞大猷摆了摆手说：“外紧内松，你还不了解胡宗宪这个人，你们还是同年呢。我听说要组建使团到日本宣谕，他是铁了心要招降倭寇的。”

“就怕他是剃头挑子一头热。”阮鹗说。

俞大猷说：“那事就交给你了，尽快追查，愈早愈好，我还要回临平山总兵署去。”

送走俞大猷，阮鹗马上叫来阮良、徐勇以及四五个秀才兵，几个人骑上快马，向位于钱塘江南岸的西兴巡检司奔去。

西兴镇是浙东门户，是运河与钱塘江之间的重要通道，客商和货物进出钱塘江，都要在这里进行中转。为什么要中转呢？因为运河和钱塘江之间有水位差，二者之间不通船。所在，在西兴出现了一个行当叫“过塘行”，即经营运输业务的行栈。西兴最多时有七十二爿过塘行，挑夫、船夫、轿夫、牛车夫等从业人员多达千人。由于西兴镇的重要地理位置，朝廷在这里设立了巡检司和税关，巡检司负责治安，税关负责对来往货物进行收税。俞大猷说的那批硝石要出海，同样必须在这里中转进入钱塘江。

阮鹗的官职全称是浙江提刑按察司副使兼提督学道，按察司掌一省刑名按劾，巡察本是他职责范围内的事。他来到西兴税关，税关的税使姓江，见阮鹗一行前来巡察，赶紧出来迎接。阮鹗也不说什么事，只是命他拿出昨夜过塘货物缴税名录，他倒不是关心缴税情况，目的是了解哪些货物进了钱塘江。当然，那批硝石即使通过了这里，也不会记到名录上，会混杂在其他货物之中。

阮鹗叫阮良把昨夜到现在缴过税的货物及商家一个不漏地抄下来备查。又问江税使说："昨晚上有没有货物连夜缴税过塘的？"

货物缴过税后，才能由塘行挑夫搬运上船，俗称"过塘"。那批硝石属于朝廷明令禁止的违禁品，其主人知道事情轻重，肯定会急于过塘，一旦进了钱塘江，就像鱼进了大海，扬帆而去，一日千里，再想抓住就难了。

江税使说："有一家，万源绸庄的两船生丝，说是定海那边客户催得急，这才安排昨晚上连夜缴的税。"

阮鹗装作一般巡察，又淡淡地问道："是哪家塘行承担的业务？"江税使说："塘行的业务大致是有分工的，丝绸类的货物一般是曹氏塘行经办。"

阮鹗说："本官知道了，我到塘行再去看看，你忙你的去吧。"江税使说："阮大人，沿着这条街走，走到街底就是。"

于是，一行人沿街向曹氏塘行走去。阮鹗想，这必须找到昨夜里参加搬运货物的挑夫，才可能问到些线索。生丝重量很轻，硝石很重，要是夹杂其中，挑夫是能感受到异常的。

来到曹氏塘行，一打听，老板曹大塘倒是承认昨晚上是往钱塘江上过塘了生丝，至于什么夹私之类，是一概没有。生意场上的人，话说得滴水不漏。阮鹗有点沮丧，看样子这趟算是白来了。最后，一行人又来到了钱塘江边的码头上察看情况。

江边有座西施亭，春秋末期，越国大夫范蠡曾在此筑城拒吴。码头上，是一家挨着一家的货栈，粮食、木柴、生丝、布草、干货、药材、水产品等各类货物堆积如山，诸多挑夫、轿夫、车夫在运河和钱塘江之间忙碌着，上货的，下货的，忙得不亦乐乎。

正当阮鹗在货物之间穿行，一个正在运货的小伙子突然走到他身边，取下了头上的草帽，笑着说："阮大人好，您不认识我了吗？我是卢海生啊，我们一家离开杭州时，还到按司向您辞行过呢。"

这么一说，阮鹗才想起来了，问道："你就是上次送我鲜鱼的卢老汉的儿子？"卢海生惊喜地说："对，就是俺。"这时，又有几位挑货的力夫围了过来，早春倭乱时，他们都在杭州城里避过难，这时都认出了阮鹗，一个个叫着恩公，请阮鹗到镇上他们家里做客。

没想到在这西兴镇偶遇自己营救过的乡亲，阮鹗大为高兴。他将卢海生叫过一边，对他说："向你打听个事，不要张扬。昨晚，城里有个叫万源绸庄的商号，从运河里过塘了一批生丝到钱塘江，能不能替我找个参与搬运的力夫过来，我有话问他。”

卢海生挠挠头说：“大人，不用找了，昨晚上我就参加了。”

阮鹗大喜，低声说：“那你想想看，昨晚上你们除了过塘生丝之外，有没有发现夹杂着可疑货物？”

卢海生说：“不用想了，有四五箱的样子，一箱百十来斤，有点沉，东西被油纸裹了好几层，外面木箱也钉得严严实实，看不出是什么东西。搬的时候，东家一再叮嘱我们轻拿轻放，且一直跟在我们身后。我当时很好奇，就多了句嘴，问里面是什么货，还被东家骂了一句。”

阮鹗明白了，这样看来，事情是清楚了，只可惜来迟了，这批货是无法追回了。阮鹗对卢海生说：“我打听的事不要告诉别人，否则会有麻烦。”又问了几句他家人的情况，得知他的父母仍在江里打鱼，妹子卢海琴在镇上一家织坊里帮佣。

回来后，阮鹗安排阮良悄悄打听万源绸庄的情况，得知老板名叫屠坤宁，是杭州商会会长，生意做得很大，不仅在杭州有许多商铺，而且在嘉兴、定海等地均设有分铺。得知情况后，阮鹗第一感觉是此人肯定涉及贩私，从内地向沿海分铺贩运违禁货物出海。他想起专事抗倭的首任浙江巡抚朱纨说过的一句话，朱纨说，“去外国盗易，去中国盗难。去中国滨海之盗尤易，去中国衣冠之盗尤难”。朱纨就是因为强力剿倭和缉私，得罪沿海富绅豪族，最终被参劾削职，这是他上疏自辩时说过的一句话。朱纨说，“就算天子不杀我，那些闽浙人也绝不会放过我的，我干脆自己裁决。”于是，在朝廷拘捕他之前，选择服毒自尽。浙直总督张经和浙江巡抚李天宠也双双被拘，生死未测。他们都是抗倭功臣，却接二连三地锒铛入狱。嘉靖一边以举国之力来平定倭患，一边却接二连三重治抗倭功臣，这真是走进了一个死胡同。

阮鹗将侦察到的情况告诉了俞大猷，并惋惜地说：“很抱歉，未能将那批硝石追回来。”俞大猷说：“弄清了这批货和万源绸庄有关，此行还是有收获的。下一步，我们就可以找个机会，设法端掉这个贩货渠道，不然，任由屠坤宁这么闹下去，还不知会捅出多大的娄子来。”

阮鹗说：“行，那我盯着他。”

华灯初上，西湖畔的西子楼里，空气中弥漫着淡淡的脂粉香，弦乐阵阵，歌舞喧哗，这里正在举行一场歌会。杭州知府何海澄、商会会长屠坤宁在众人的簇拥下，坐在歌厅的正中，正津津有味地欣赏着台上的歌舞。一曲歌罢，主持人宣布下面由钱塘歌女罗绮献舞，大厅里响起了热烈的掌声。何海澄身为杭州知府，有事没事就喜欢往歌楼里钻，他尤其喜欢这个名叫罗绮的歌女。他常将自己与曾当过杭州知府的苏东坡相比，说苏的小妾朝云就是钱塘歌女。所以，他喜欢个歌女也就不足为奇。

从戏台的出场门里，悠然飘出了一朵粉红的云。音乐如风，那朵云随着风变幻着形体，张开，收起，旋转，翻滚。云长着一双雪白的玉腿，从台上飘了下来，从每个人的眼前飘过。一双双迷离的醉眼使劲地眨着，还没看清，那朵云又飘走了，场中只留一片惋惜声。云停住了，只见罗绮身着一袭粉红的罗裙，亭亭玉立于台上，笑盈盈地看着大家。众人使劲地拍着巴掌，不住地叫好。

何海澄问坐在他身边的屠坤宁说："罗绮今晚穿的是什么衣服？"

丝绸有很多品种，根据组织结构和技艺的不同，最常见的就是绫、罗、绸、缎，以及绢、纱、缟、纨、绮、锦等。每一类里，又可为分不同的小类。屠坤宁是丝绸商人，天天和丝绸打交道，所以何海澄才会问他。

屠坤宁没料到何知府会突然有此一问，当下不知如何回答，罗绮今晚穿的这种罗他还真没见过，应该是种新品。他只好含糊地说："是罗。"

何海澄有点不高兴了，说："难道本官还不知道是罗吗？你就不能说得再具体点？"屠坤宁不知其详，只好无奈地把目光投向坐在他身后的丝绸商苏一纶。苏一纶知道屠坤宁求救，轻声说："软烟罗。"屠坤宁的这个举动，何海澄当然也看见了，所以屠坤宁告诉他说是软烟罗时，何的脸上一点表情也没有。

当他们在台下说话时，罗绮又换了一件长裙，自然又引起了一片惊叹声。她载歌载舞，唱的是吴文英的词《玉楼春》：

茸茸狸帽遮梅额，金蝉罗翦胡衫窄。乘肩争看小腰身，倦态强随闲鼓笛。问称家住城东陌，欲买千金应不惜。归来困顿殢春眠，犹梦婆娑斜趁拍。

吴文英的这阕词，说的是京都舞女卖笑的故事。罗绮扮的就是个倚门待招的歌女，美艳无双，却眨闪着一双可怜巴巴水汪汪的眼睛，惹人无限爱怜。她眼睛里的水波，比西湖的里水还要温柔几分。何海澄喃喃吟道："问称家住城东陌，欲买千金应不惜。好词。"又转过身对屠坤宁说，"一会儿下场时你问问罗绮，就说本府愿出价千金邀她到舍下一歌，看她意下如何。"

屠坤宁明白何海澄的意思，别看这个罗绮在台上风骚无比，可卖艺不卖身，何海澄早就对她有意思了，可她就是虚与委蛇，表面上嘻嘻哈哈，实则拒人于千里之外。男人往往就是这样，女人越是躲着，他越是念念不忘，欲罢不能。这个小罗绮，将何知府撩得神魂颠倒，三天两头地往西子楼里钻。屠坤宁明知这事有难度，不是钱多钱少的事，人家根本就不愿意，但嘴上还是说："行，请大人放心，这事小人迟早给您办成了，让她乖乖地躺到您的床上，这是抬举她呢，这个小臭婊子。"

何海澄一瞪眼："你说什么？"屠坤宁赶紧啪啪地打了自己两个嘴巴："对不起，小人失口说错了。"

何海澄说："苏东坡何曾为难过朝云，人家是铁着心跟他的，还为他生了孩子。懂我的意思了吗？"

屠坤宁说："何大人，我懂。"

台上的罗绮，此时穿的是一身大红的裙子，裙子提花绣着金色的孔雀羽纹，头上戴着件金色的孔雀头饰，整个人就是只孔雀的造型。她跳起了孔雀舞，纤细的胳膊，波浪一般抖动着，像孔雀在翩翩起舞。裙子的色彩太艳了，艳得灼人的眼。她跳动时，全身上下就像着了火一般。屠坤宁看得呆了，他天天和丝绸打交道，家里有十多家织染纺，数千机户，能生产什么样的产品，他的心里是一清二楚。罗绮身上这件长裙的提花织艺和鲜艳色彩，他的织染坊里绝对生产不出。

正在他发愣时，何海澄又问了："屠会长，你说，罗绮身上的这件裙子，是什么料子？"

屠坤宁一时语塞："这……"

何海澄说："你不会又不知道吧？"

屠坤宁的脸窘得通红。何海澄说："我看你这个会长是当到头了。"

无奈，屠坤宁只好又回头看看身后的苏一纶。苏一纶说："凤凰火。"

何海澄也听到了，说："这名字好，形象，回头问问她在哪买的，给我夫人送一匹过去。"屠坤宁连连答应。

过了一会儿，罗绮又换了一件裙子上来。绿色的底子，上面是盛开的大朵大朵的牡丹，千姿百态。屠坤宁又傻眼了，罗绮这裙子上的花色，需让画师在纸上先画出样子，然后由匠人以丝线随画量度，要做到不差分毫，否则，就影响效果。这手艺，屠坤宁的数千机户也做不到，他们有几斤几两，手下能出什么样的货，他心里很清楚。

何海澄自言自语：“今天罗绮的这几件衣服，倒是让本府开了眼界，是一件比一件漂亮，一件比一件精致。”

屠坤宁心里暗暗叫苦，不知道如何接话。偏偏何海澄又问了，说：“屠会长，罗绮的这件裙子是什么质地，这次你总该知道了吧？”

屠坤宁哭丧着脸，尴尬极了，只好又回头。苏一纶说：“云绫锦。”

何海澄站了起来，伸了个懒腰说：“今晚就到这里吧，本府乏了，要回去休息了。”

屠坤宁赶紧起身恭送，一边走一边附在何海澄耳边说：“何知府，我明天就买匹凤凰火送到您府上去。”

何海澄说：“怎么，还要你这个堂堂的商会会长去买吗？你的织染坊里都生产不出？不是本府说你，屠会长，你也该拿出一两件像样的东西了。”

屠坤宁说：“小人铭记大人教诲，马上就着手工艺改造，拿不出绝活誓不为人！”

散场了，屠坤宁来到后台，找到了罗绮。罗绮正在收拾衣服，屠坤宁拿着那件凤凰火，轻轻地摩挲着。罗绮一把拿过衣服说：“屠会长，本姑娘的东西，可不能随便乱摸。”

屠坤宁正要发作，想想暂时还是不能得罪她，只好换了副笑脸说：“罗绮，何知府对你今晚的衣服赞不绝口，你是在哪家店铺买的料子？”

罗绮说：“在哪买的是我的事，我为什么要告诉你，反正不是在你万源绸庄买的。说句不客气的话，你那绸庄里的东西都是大路货，白送本姑娘都不要！”

屠坤宁的心里那个气呀，依他的性子，恨不得将罗绮狠狠地掌掴几下。但她仗着有何海澄护着，平时说话就是这么横。屠坤宁赔着小心说：“是这样，何知府让我改天替他夫人送匹同样的料子过去，你就权当帮我个忙好不好？”说着，从袖子里掏出一锭银子，塞进了罗绮手中。

罗绮说：“好吧，告诉你也无妨，云锦堂。”

一听说云锦堂，屠坤宁如遭雷击，霎时就愣在当场。罗绮才不管他呢，收拾好衣服离开了。为什么屠坤宁一听说云锦堂的名字就愣了呢？因为云锦堂的主人就是刚才坐在他身后的苏一纶。这些年，苏一纶一直是他生意上的劲敌。云锦堂从江南农户那里收购生丝的价格比他的万源绸庄要高出一截，从机户那里收购的丝绸价格也要高出一截。因此，虽然他是商会会长，但云锦堂的生意和口碑都比他好得多。苏一纶有个女儿，人称桑娘，早就听说她是个纺织天才，只要她脑子里想出什么样子，手下就能织出什么样子。今晚罗绮展示的几样新款，肯定就出自桑娘之手。屠坤宁这些年要不是靠走私撑着发了大财，拼正经生意，万源绸庄早就被云锦堂挤倒了。

屠坤宁觉得自己被苏一纶挤对得没法活了，就拿今晚来说吧，可以说是颜面扫尽，恨不得找个地缝钻进去。现在，江南的机户也好，织坊也罢，有货第一个想到的是送到云锦堂去，云锦堂挑剩下的玩意儿，才送到他的万源绸庄。这样下去，自己在这浙江地面上还怎么混，不但会长当不成，他的万源绸庄说不定哪天就会关门大吉。

屠坤宁觉得，到了要对苏一纶动手的时候了。

杭州北郊的皋亭山脚下，一处村落里，分布着一栋一栋的机房，机杼声声，嗡嗡一片，像无数蜜蜂在飞舞。这里就是苏一纶云锦堂织纺所在地。皋亭山环境清幽，这里有许多古桃树，一到春天，桃花盛开，美不胜收，游人如织。杭人有“西湖探梅，皋亭观桃”的习俗。史上，皋亭山又是块耻辱之地，南宋时，此地是临安防守要隘，元朝大兵进攻临安时，南宋君臣在此向元军投降。当初建织坊时，苏一纶正是看中了这里优美的环境。

一辆马车在一栋织坊前停下了，苏一纶披着件斗篷，从马车上下来，径直朝里面走去。织坊里，摆着一排排高大的织机，各种花色的丝线来回穿梭，让人眼花缭乱。苏一纶走到当中的一台织机旁，对着一个女孩说：“女儿，该歇歇了，睡觉去吧。”

此人正是苏一纶的女儿桑娘。苏一纶的老婆去世得早，只留下这一个女儿，他平时当作宝贝疙瘩似的疼着。

桑娘抬起头，欣喜地说：“爹，您回来了，怎么了，您的脸色不太好。”

苏一纶心事重重地说：“女儿，我今天得罪人了。”说着，他将晚上的事说了一遍。

“爹，您没错啊，屠坤宁问，您总要回答人家吧，难道不作声，那岂不是更得罪人?”

“话是说的不错，可是，屠坤宁是何许人也，他要是稍微有些宽宏雅量，他还叫屠坤宁吗?”

桑娘安慰父亲说：“爹，咱们不怕，您先去休息，我处理下手头上的活，也马上就歇息了。”

“早点休息，活是永远也做不完的，累垮了身子可不是儿戏。”

苏一纶何尝不知道这些年屠坤宁一直做着通倭走私的生意，正是靠着这条暗道，屠坤宁才赚了大钱。钱来得容易，花出去也就不心疼，正是仗着大把大把地花钱，屠坤宁在官场上才混得很开，特别是杭州知府何海澄，是屠坤宁在官府的靠山，对他的所作所为睁一只眼闭一只眼。苏一纶坚持不沾私货，做的是正经生意，他早就感到屠坤宁对自己虎视眈眈，只是他坚持行得正，坐得端，让屠一直找不到把柄。今晚，他几次看到屠坤宁无意中目露凶光，他有一种不祥的预感，屠可能要找他的麻烦。自己真要有什么事，一点家产倒无所谓，钱是身外之物，生不带来死不带去，他最放心不下的就是女儿。苏一纶躺在床上胡思乱想，一晚上也没有睡着。

就在阮鹗到西兴镇去调查的第二天，屠坤宁就接到了曹氏塘行老板曹大塘的报告。作为贩私货的生意人，没有足够的眼线会死得很快，屠坤宁自诩在这方面做得不错。阮鹗的身份是浙江提刑按察司副使，他不会无缘无故跑到西兴镇去看钱塘江。屠坤宁有着敏锐的嗅觉，他意识到这事处理不好，可能会给自己惹来麻烦。那批硝石太敏感了，也是倭寇出价太高，才让他怦然心动，不然，他也不想去蹚这趟浑水。这不同于走私丝绸，走私硝石是帮倭寇打自己人，要是被军营里的那帮人知道了，非撕了自己不可。

但事情既已做了，怕也怕不掉，问题在于如何化险为夷。阮鹗这人他有所耳闻，是个认死理的读书人，要是有把柄落到他的手里，不死也要掉层皮。知己知彼，百战不殆，现在需要弄清楚的是，阮鹗到西兴镇所为何事，是不是与那批硝石有关。真要是，那就坏了，说明自己被人家盯上了。很快，阮鹗一行到西兴镇后到了哪些地方，接触了哪些人，屠坤宁弄了个一清二楚。他决定，立即将那个叫卢海生的挑夫带到杭州，阮鹗那天和他到底聊了些什么内容，不怕他不说。

可怜卢海生被人不明不白地关了起来，一番毒打，他挨不过，只好老老实实地交代了那天阮鹗的问话。真是担心什么来什么，得知这个结果，屠坤宁愣了，好险，幸亏自己多长了个心眼，好在一切都还来得及。

屠坤宁将自己关在房中，一天都没有出门，反反复复地考虑着对策。他的头脑中，一会儿是硝石，一会儿是苏一纶，一个是物，一个是人，同样都让他又爱又恨。对苏一纶，不是简单地下个套让他钻就行，打倒他并不难，难的是如何要占了他的织染坊，还要让桑娘乖乖地为他织丝染布。没有桑娘，就是占了苏家的织染坊又有何用？可是，怎样才能既害了人家的亲爹，占了人家的家产，又要他的女儿乖乖地服从安排？这实在太难了，但屠坤宁是个聪明人，聪明人是不会被难题难住的。他终于想出了一个办法，那就是，他必须要做苏家的大恩人。

只有做了苏家的大恩人，桑娘才会乖乖地为他效力。

一天，苏一纶的云锦堂有一批丝绸在西兴古镇过塘，通过钱塘江运向沿海府县，云锦堂在那边设有不少分号。可是，在过塘时，西兴巡检司一个姓彭的巡检带着一班人气势汹汹地前来检查，说接到线人举报，云锦堂的丝绸中夹有不明走私物品。结果一查，果真在货物中扒拉出两大箱油纸包裹着的物品，一拆开，众人都傻了眼，竟然是朝廷规定的违禁品硝石。事关重大，彭巡检立即向杭州府报告。杭州知府何海澄闻讯大怒，立即拘捕苏一纶，关进大牢。罪证确凿，苏一纶明知被人坑了，却跳进黄河也洗不清，只有闭着眼任人宰割。一番严刑拷问，苏一纶被打得皮开肉绽，可是，他就是坚持不承认，不画押。碰到这块不怕死的硬石头，何海澄也没辙。

听说苏一纶不肯画押，屠坤宁亲自带着一份写好的招供，拎着个食盒，来到了杭州府大牢。

屠坤宁捋开苏一纶披散的长发，瞧了瞧他惨白的脸，又假装关心地抚了抚他身上血糊糊的伤口，嘴里啧啧地说："这些人，下手也太狠了点，把人打成这样。"

苏一纶在昏迷中醒了过来，见是屠坤宁，说："屠会长，苏某人犯了大法，是罪有应得，你身为堂堂会长，怎么会来这种地方，莫非我苏某就是你害的？"

屠坤宁打开绸扇，一个劲地摇着，不时用手掩着鼻子，说："苏一纶，你就是只临死的鸭子，嘴硬。竟然敢卖硝石给倭寇，给他们增添火力，真是胆大包天，死有余辜。你心里很清楚，其实画不画押，结果都一样，没有人能救你。"

"哼，屠坤宁，你和何海澄合伙栽赃陷害我，以为世人不知道？天道昭昭，看你们能蹦跶到几时？只要我苏某人还有一口气在，你们就不要妄想着我会招供！我要到京城去告御状，这天下总有说理的地方！"

苏一纶的话将屠坤宁吓了一跳。他合起扇子，在苏一纶的头上敲了敲："我说苏一纶，你是生意场上的人，多少也算见过些世面，你以为你还有机会吗？你的话还有人信吗？你这么说，只会死得更快，你死了不要紧，云锦堂关门了也不要紧，我知道你不在乎，可是，你总要为自己如花似玉的女儿想想吧？"

苏一纶一个激灵，质问道："屠坤宁，你的话是什么意思？"

"你看你看，刚才还义正词严，怕了吧？你的命现在就在我手里，我叫你明天死，你就不会后天死；我叫你活着，你就死不了。桑娘的命也在我手里，她有一门好手艺，我当然舍不得害她。不过，那也看你肯不肯合作，你要是不肯合作，我打算过几天派人把她送给徐海。徐海你总知道吧，就是那个大名鼎鼎的倭酋，他多次派人给我捎话，让我替他寻个女人看管织坊。"

苏一纶的眼睛霎时变得血红，怒道："姓屠的，你这个断子绝孙的东西，你将来不得好死！"

"你骂吧，今天就让你骂个够。"说着，屠坤宁索性找张凳子坐了下来。

苏一纶无奈，沉默半晌，只好说："姓屠的，有什么话就直说吧，只要你放过我的女儿，什么事都好商量。"

屠坤宁拿出那张供状："你要是早有这种态度不就好了吗？白白受了那么多皮肉之苦。"

苏一纶只得在供状上画了押，画完后说："姓屠的，别忘了你说的话，你要是敢动我的女儿一根头发，我就是到了阴曹地府也不会放过你的！"

"你就放心吧，我保证桑娘好好的，还继续在云锦堂里织她的丝，哪个想动她，我还不答应呢。"屠坤宁收起供状说，"这个是交给知府何海澄的。"又从袖子里拿出一张纸，摊在苏一纶面前，"这是云绵堂织坊转让协议，你先过目一下。"

苏一纶快速地浏览了下协议，上面说他三年前借了屠坤宁一万两银子，现在身陷囹圄，无力偿还，愿以织坊和店铺抵债。看着看着，苏一纶的手就剧烈地抖动起来，痛苦地闭上了眼睛。

苏一纶说："姓屠的，我知道你想谋我的织坊也不是一两天了，我苏一纶碰上你这样的人，是上辈子造了孽。"

屠坤宁说："你也别再埋怨了，没有用的，这都是命，我的命硬，你的命软，命吃命，就是这么简单。"

苏一纶想了想，如果不签字，说不定屠坤宁立马就会要了他的小命；不如先签了，活下来再说。只要人还在，将来也许还会有翻案的机会。

离开监狱，屠坤宁又乘上马车，径直来到皋亭山下的云锦堂织坊。织坊里静悄悄的，所有的织机都停了。苏一纶被逮，身为女儿的桑娘束手无策，再也无心织造，人都愁病了。

屠坤宁在客厅里等了半天，桑娘才姗姗来迟。虽然难掩憔悴，但桑娘从容、淡定，有条不紊地施礼献茶，一点不像家里天塌了的样子。屠坤宁不禁暗暗佩服。

屠坤宁说："你父亲的事，我感到非常遗憾，身为会长，我们商会不能坐视不管，我会尽量帮助你们的。"

"家父是规矩人，他是冤枉的，是遭人陷害。"桑娘平静地说，语气中有着不容置疑的坚定。

"你看，"屠坤宁拿出了苏一纶的供状说，"你父亲全都招供了。"

桑娘看也不看，说："我不信，我不信家父会串通倭寇贩运私货。"

"通倭贩私，是要掉脑袋的大事，身为父亲，你爹不便告诉你完全可以理解。现在也不是你信不信的问题，罪证确凿，铁证如山，你父亲又亲自画了押，就是阎王爷也救不了你爹！"

桑娘这才紧张起来，问道："他们要将家父怎样？"

屠坤宁说："估计不日会押到定海县去斩首示众，杀一儆百。"

桑娘脸色苍白，脑袋一歪，身子栽倒在椅子上。侍女在她身上又拍又掐，弄了半天，才醒了过来。

屠坤宁说："桑娘，你不必过于悲伤，只要你按我说的去做，我们商会可以出面帮你们一把，虽然一时还不能将你爹从监牢里放出来，但至少能保他暂时不死。"

桑娘恢复了平静："那需要我做什么？"

"云锦堂暂时由我们商会接管，从明天开始，将织坊的工匠全部召回，要迅速动起来，你们生产的丝绸是很吃香的，停一天就是一天的损失。"

桑娘虽然知道他爹的案子疑点重重，但目前她还只有按屠坤宁的要求去办，先保住爹的性命再说，日后再寻良策。

一天，曾经给阮鹗送过鱼的桐乡渔民卢福全，跌跌撞撞地来到他的家中，向他报告说，自己的儿子卢海生不见了！

卢福全痛哭流涕，说卢海生自那天在钱塘江边偶遇阮大人之后，第二天就突然消失了，怎么也找不着，活不见人，死不见尸。他特地进城来向阮鹗求援，请他帮助设法寻找。

阮鹗好说歹说，好不容易才将卢福全劝走了。送走卢福全，他陷入了沉思，苏一纶出事，现在卢海生又不见了，怪事一桩接着一桩，真是诡异得很。他俩一个在杭州城，一个在西兴镇，看似没什么关系，细细揣摩，也不是断无关联的可能。只是，这眼前的局面像一团乱丝，哪里才是个头绪呢？

第三章

临危受命

一天，天刚蒙蒙亮，阮鹗就来到学宫，带着秀才兵们训练。阮良来到他身边，告诉他说，大街上一队队官军正在出城，不知道干什么去。阮鹗来到外面一看，果然不假，只见一列列士卒，手持刀枪盾牌，匆匆忙忙地往城外赶。阮鹗愣了，这是咋回事，没听说倭寇侵扰啊。看士卒们前行的方向，明显是武林门，城外就是运河，他们肯定是到码头上乘船。这是哪里发生了战事呢？阮鹗来到巡抚衙门，本想找胡宗宪打听下，却被告知说，胡巡抚和赵侍郎亲自带兵出城去了。

阮鹗来到幕僚室，胡宗宪新聘的幕僚徐渭正好在值守。徐渭，字文长，绍兴人，满腹经纶，好兵法，善书善诗，不过就是性格有些古怪。阮鹗和徐渭见过几次面，对徐这样有真才实学的人，他一向是佩服的。见提学来了，徐渭热情地和阮鹗打着招呼。阮鹗说："文长兄，刚才的出兵，能方便透露点情况吗？"

徐渭来到门口，四处望了望，见无人，这才关了房门，轻声说："我也是才听说，前几天，有股倭寇到南京附近抢劫，据说是徐海的人。应天府巡按御史曹邦辅率兵迎敌。你别说，这个曹巡按还真有几把刷子，七战七捷，杀得倭寇闻风丧胆。曹邦辅率兵沿运河一路追击，将这股倭寇围在苏州浒墅关。赵文华听说曹邦辅连连获胜，眼红得要死，又听说倭寇被围在浒墅，这不，和胡巡抚连夜组织人马，让总督杨宜守城，他们俩率军去增援。说白了，这不就是去抢功吗？"

阮鹗笑道："哈哈，看来文长兄也是个直性子的人。你这么一说我就放心了，我以为倭寇又在杭州周边闹事呢，有些担心，这才过来问一下。"

徐渭说："没事，杭州的局势还是很平稳的。"

"情况既然弄清楚了，文长兄，我就告辞了，改天有空请你喝酒，我们再好好聊聊。"

徐渭说："行，别人请我我还不一定去，但你阮提学有请，我必到。"

两天后，俞大猷又来到了学宫。阮鹗知道他肯定有事要告诉自己，忙将他引进书房。俞大猷气呼呼地将马鞭往桌上一扔，斜靠在椅子上，说：“阮学政，有好茶快泡一壶来！”

阮鹗一边在茶罐里抓着铁观音，一边笑着说：“俞总兵，听说你也到浒墅关去了，怎么，打了胜仗还不高兴？”

“铁观音多放点，那些龙井啥的江南茶叶我真是喝不惯，味道太淡了。”

“你们这些当兵的，天天打打杀杀，口味重，下次有龙井你拿来送我，我俩换。”

俞大猷说：“一点茶叶而已，还说换，也太小气了。你替人写写文章，就有人送吃送喝，我天天拎着脑袋杀倭寇，喝你点茶叶喝不得吗？”

“好好，一会儿送你一罐，行吧？”阮鹗笑道。

俞大猷说：“你刚才说打了胜仗，不说还好，提起来我就一肚子气。”

阮鹗说：“倭寇不是被围住了吗？身为副总兵，难道你就没有杀几个倭寇？一个真倭首级赏银五十两，比我一个月俸禄还多。”

“阮兄，你就别笑话我了。那个赵侍郎，想吃现成的果子，可惜他运气总是不好，他带着我们一路跑到浒墅关，你猜怎么着？”

阮鹗摇了摇头说：“我猜不着。”

俞大猷说：“战斗早就结束了，曹邦辅带着首级离开了，残敌已逃回松江府陶宅镇，据说向朝廷报捷的奏疏都出了门。四五千人跑了趟白路，阮提学，你说我们这趟路跑得憋气不憋气？”

阮鹗说：“那个赵侍郎，明明不懂军事，却时时处处充内行，对战功延颈企踵，我真是不能理解。”

俞大猷说：“有什么不能理解的，四个字，升官发财。”说完，两人都陷入了沉默。

浒墅关无功而返，赵文华非常郁闷。次日，他在自己的住处召见总督杨宜和巡抚胡宗宪。赵文华说：“你们俩一个被擢升为总督，一个被擢升为巡抚，转眼几个月过去了，一仗未打，寸功未建，浒墅关又白跑了一趟，功劳都让曹邦辅占去了。皇上现在天天等着这边剿倭获胜的捷报，我打算近期回京，这形势，你们说，叫我在皇上那里怎么交代？”

赵文华说得胡宗宪脑门上直冒冷汗，说：“赵侍郎，你有没有什么高见？”

赵文华说：“那股倭寇残部现在不是逃回松江府陶宅镇了吗，经浒墅关一败，谅他们也没多少人了，刚吃了败仗，士气肯定低落，趁此机会，我们不如来个主动出击！”

听说要主动出击，和倭寇硬碰硬，胡宗宪的冷汗出得更多了，他紧张地问道：“怎……怎么个出击法？”

“别那么紧张。”赵文华说，应天巡按曹邦辅现在还在苏州，他不是能打仗么，就以浙直总督的名义，命他暂时不要返回应天，速到陶宅镇去参加会剿。杭州现有五千兵，曹邦辅那边也有几千兵，加起来少说也有七八千人，难道还怕剿不了一股残倭？

杨宜说：“只要我们齐心协力，胜算还是有的。”

赵文华对杨宜说：“杨总督，你现在就回总督府，立即快马传令，让姓曹的速速率军到松江府陶宅镇会剿，务必于九月初九重阳节当天到达陶宅附近，贻误军机，军法从事！”

杨宜离开后，赵文华捋着胡须，低声说：“会剿还有个好处，胜了，功劳自然是咱们的；万一有失，嘿嘿，当然由那个姓曹的背黑锅，他不是能打仗吗？”

胡宗宪钦佩地说：“赵侍郎深谋远虑，谋划周全，宗宪十分佩服！”

赵文华说：“这世上，总会有人走好运，也总会有人当倒霉鬼，谁让姓曹的抢了咱们先呢，风光不能都让他一个人占去了，只希望打个胜仗就好。你赶紧回去部署，多带点火铳，后天一早出发！”

胡宗宪刚出门，一辆马车正好在赵文华住的官驿门前停住了，杭州商会会长屠坤宁从车辕上溜了下来。屠坤宁对胡宗宪耳语了几句，然后掀起车帘，车厢内整整齐齐地码着一匹匹丝绸。

胡宗宪将他领到赵文华面前说：“这是我们杭州商会会长屠坤宁，说有几匹新款丝绸，送给赵大人过目。”

屠坤宁说：“赵侍郎，小人的织坊最近改进了工艺，出了一批新产品，都是市场上才露面的新款，特地给大人送过来了。”说着，从马车搬下一匹匹丝绸，抱进了官驿。

因没抢到军功，赵文华这两天心情不佳，对什么都没兴趣。他瞟了一眼屠坤宁手里的丝绸，还真没见过，就说：“拿过来瞧瞧。”屠坤宁指着丝绸介绍道：“这几款分别叫软烟罗、凤凰火和云绫锦。”

赵文华点了点头说：“好名字，颇具诗情画意，颜色、花头和质地都不错，好东西，你是说在市场上才露面？”

屠坤宁说：“对对，因为是新款，所以先送给大人看看。”

赵文华说："很好，回去给我再弄一些来，我过段日子就要回京，给严大人带些过去。"

严大人就是内阁首辅严嵩，赵文华的干爹。屠坤宁激动地说："太好了，小人这就去办，能得到严大人赏光，是小人前世修来的福分。"说着，就告辞上了马车，直奔皋亭山，给桑娘安排任务去了。

再说应天府巡按御史曹邦辅，他在接连获胜后，本打算班师回应天，却意外接到了总督杨宜的命令，要他立即率军赶赴松江府。得知赵文华亲自参加这次会剿，曹邦辅知道此人不是善类，更是不敢怠慢，当即就整顿军马准备出发。他估摸着路程，他的军队应该比杭州官军早到陶宅镇。

杭州距松江府不远，乘快船不过一天的行程。九月八日上午，胡宗宪和赵文华率领着官军，浩浩荡荡地进入了松江府境内。本来和曹邦辅说好是到陶宅镇会合，赵文华却耍了个心眼，在到达距陶宅还有几十里地的砖桥镇时，他叫队伍停下，却让中军传令曹邦辅，命速到陶宅镇前与他会合。然后，下令就地安营扎寨。他的意思，让曹邦辅部先期抵达陶宅镇，和倭寇交上火，他率官军去迟点，好坐收渔人之利。哪有这样会剿的？副总兵俞大猷当即提出异议，说也没用，赵文华说自有安排，并不理会他。

胡宗宪和赵文华求胜心切，匆忙出兵，对陶宅镇敌情却并不了解。这股倭寇的首领就是徐海，他们本来盘踞在柘林，一个月前才转移到此地。在苏州浒墅关遭曹邦辅击败后，徐海损兵折将，只好四处招揽人马。就在两天前，有数千倭寇分乘二十余条大船抵达了陶宅。

虽然官军倭情不明，但倭寇很快摸清了这两股官军的来历。他们善于装扮成普通百姓打探消息。经过比较，他们舍近求远，选择对胡宗宪和赵文华部下手。

天黑时分，累了一天的官兵们一个个东倒西歪地躺在帐篷里休息。帅帐里，两根粗烛将大帐内照得亮如白昼，杨宜、胡宗宪和赵文华几人围在一张军事地图前，商议着明天如何进军。突然，有人大喊一声："倭寇来啦！"官军完全没料到刚遭挫败的倭寇竟然会主动出击。一时间，军营里大乱。

杨宜和胡宗宪手持宝剑，护佑着赵文华来到帐外，四处一望，到处是火光，到处是喊杀声。官军是来剿倭的，没想到，倭寇反将官军包围了，使的是他们擅长的蝴蝶阵。这时，俞大猷骑着马来到几人面前。赵文华喝道："俞大猷，怎么这么多倭寇，不是说只有几百人吗？"

俞大猷说："卑职也不知道。赵侍郎，怎么办？现在情况危急，敌我混成一团，全打乱了，火铳起不了作用，近搏我军肯定抵挡不了多久。快到运河边，我护送你们上船！"

赵文华说："我们……就这么走了？"

赵文华的意思，我们还寸功未建呢，怎么就开溜了？这时，只见一列倭寇向帅帐方向冲来，真倭们嘴里哇哇地乱叫着，内地的假倭们边冲边叫道："别走了赵文华！活捉严嵩干儿子！"

火光中，只见这列倭寇人人戴着面具，就像地狱中冲出来的厉鬼一般，手中雪亮的倭刀闪着惊心的寒光。赵文华脸色惨白，两腿一软，身子不由自主地哆嗦起来。俞大猷叫道："跟在我后面，快撤！"说着，一杆长枪连连点刺，接连放倒了几个倭寇，保护着赵文华几个向河边拼命杀去。

幸好船只无恙，俞大猷将赵文华几人扶到船舱里。赵文华说："快开船！"俞大猷在岸上说："你们快走，我来断后！"

船舱里，赵文华面如死灰，他侧了侧头，最后看了一眼官军的营寨。火光中，只见倭刀翻飞，官军像苞谷一般被放倒，哭爹叫娘的惨叫声此起彼伏地传来。赵文华的眼光突然凶狠起来，像两把雪亮的倭刀，刺在杨宜的脸上。杨宜知道赵文华怪罪于他，绝望地靠在船帮上。赵文华说："好你个杨宜，身为堂堂总督，敌情不明就贸然进军，结果反遭倭寇围攻。你，你是怎么带的兵？"

杨宜知道自己这次难逃一劫，横竖要倒霉，倒不如硬气一回。他回道："赵侍郎，卑职一直都紧跟在你后面，唯命是从，怎么说是我带的兵？"

赵文华没想到杨宜竟敢顶嘴，大怒道："快让杨总督下船，身为统帅，这不是临阵脱逃吗？"

这时候让杨宜下船，不是将他往死路上逼吗？胡宗宪劝道："大家都息息火吧，只怪倭寇太狡猾，谁会想到他们竟然主动前来攻击呢，我们根本没做任何防备。要是在白天，大家摆开战场来一场大搏杀，我们绝对不会输的。"

赵文华率军兴冲冲而来，以为此役必胜，完全没想到会是这样的结果。他闭着眼靠在船上，一动不动，像个死人一般。

伤亡情况第二天统计出来了，杭州官军在砖桥镇遇袭，死伤一千多人。倭寇在袭击了杭州官军后，第二天乘胜攻击曹邦辅率领的应天官军。听闻杭州官军败逃，应天官军士气低落，也被倭寇杀得落荒而逃，死亡数百。杭州方面，两名领兵指挥战死；应天方面，一名千户战死。为了震慑官军，倭寇斩下官军首级，在镇口堆了一堵首级墙，将尸体全抛到运河里，将砖桥段的河道都塞满了。

经历了砖桥惨败，赵文华才算真正领教了倭寇的残忍和凶悍，也彻底放弃了想捞点军功的想法，还是早点溜之大吉的好。一天清晨，一辆满载的马车缓缓出了武林门，吱吱呀呀，车身被遮盖得严严实实的，看不出里面装的是什么。赵文华跟在车后，他完成了祭海神的差使，离开杭州回京复命。按理，他身为钦差，地方上的文武官员应该来送行，可是除了巡抚胡宗宪，再没有看见一个别的官员。赵文华一言不发，只顾低头赶路。马车停在一艘大船边，车夫从马车上搬下一个个大大小小的箱子，每个箱子都加了锁。东西装好后，胡宗宪一直站在码头边，直到赵文华的船看不见了，他才反身回城。

十月，从京城又传来了坏消息。嘉靖下诏，将浙直总督张经和浙江巡抚李天宠双双处斩。一代抗倭功臣，却含冤横尸北京菜市口。消息传出，满朝震惊，人们纷纷为他俩鸣冤叫屈，浙闽正直人士都感到寒心，沿海的抗倭形势也一时陷入迷局。

赵文华回京后，将砖桥之败的责任一股脑儿推到总督杨宜身上，加之随后征调来浙江抗倭的永顺、保靖土兵在抗倭战斗中遇伏，保靖土兵全军覆没，杨宜的指挥才能遭到质疑，很快被免职。赵文华对曹邦辅恨之入骨，诬其三战三败，嘉靖不辨真假，竟下诏逮曹邦辅进京，后被谪戍他地。

张经和李天宠惨死，阮鹗也感到郁闷极了，接连好几天都没到学宫练兵。一天下午，百无聊赖，他拿出破罡剑，一个人在院子里练了起来。

这时，阮良进来报告，说俞大猷来了。

阮鹗出门迎接，俞大猷说："囗峰兄，你倒有闲情逸致练剑，走，我们到运河码头去喝一杯，今晚我请客。"阮鹗说："你到我家中来了，理应我请，等你打了胜仗，再请我一醉方休，如何？"

俞大猷重重地拍了下阮鹗的肩头："囗峰兄，惭愧啊，我倒是想打胜仗，可力不从心啊。你放心，那一天很快会到来的。"

阮鹗称赞说："好，身为副总兵，只有你有这份决心，就不怕打不了胜仗。"

两人来到武林门外的北关夜市，仍是上次的那家小酒馆。菜上齐了，阮鹗说："我们先敬张总督和李巡抚俩一杯。"俞大猷会意，两人各斟了满满一杯酒，打开了窗子。俞大猷说："张总督、李巡抚，我知道你俩是冤枉的，我和囗峰兄敬你们一杯！"阮鹗说："两位大人，你们放心地去吧，抗倭的事，就交给我们了！”两人举起酒杯，将酒慢慢洒进了外面的运河里。然后，两人才关好门窗，推杯换盏地畅饮起来。

三杯酒下肚，话就多了起来。俞大猷说：“㘣峰兄，这仗是没法打了，我，我到你的学宫里去当一名教书先生，你收不收？”

阮鹗虽喝了不少酒，但头脑仍很清醒，说：“就别说气话了，我还不了解你，身为副总兵，你就眼睁睁地看着倭寇荼毒生灵，这东南沿海的乱局何时才有个头？我的学宫不缺讲‘四书’‘五经’的先生。”

“这么说，你是不打算收我了？”俞大猷瞪着眼说，“可是，抗倭又有什么意思，功劳越大，死得越快，朱纨、张经、李天宠，还有曹邦辅，一个个结果如何？你还是让我到学宫去，保命要紧。那个昏庸的皇帝，常年不上朝，躲在深宫里沉迷修道，他想把自己修成一个仙人，实际上却变成了一个睁眼瞎！什么天子，就是一个傀儡！他娘的，老子不干了，还不行吗？”

阮鹗任他说够了，骂够了，才说：“你说得对，骂得也对，可是，任你有一千个一万个理由，这穷凶极恶的倭寇不能说不杀了吧？”

俞大猷说：“㘣峰兄，你说得对，倭寇一定要杀，要千刀万剐，才解我心头之恨！”

“那不就行了，喝完这杯酒，我们就回吧，我还等着你请我喝庆功酒呢。”说着，二人相视大笑，一路互相取笑而归。

胡宗宪自到浙江担任巡按御史，及至擢升巡抚，仅参加过屈指可数的几次抗倭战斗。然而，就是这有限的几次战斗，也让他屡屡命悬一线。倭犯嘉兴王江泾，他无兵可用，在逃亡中落水，差点淹死，最后不得不以毒酒退倭；陶宅会剿，他和赵文华靠临阵脱逃才捡回一条性命。经过和倭寇几次面对面的交锋，他真的怕了，这个仗要是这么打下去，到哪一天才能清除倭患？说不定倭患未除，自己的性命就先搭进去了。胡宗宪和赵文华有过密谋，决定调整此前的做法，实施“攻谋为上，角力为下”的抗倭策略。

当前最大的倭酋有二，一曰王直，一曰徐海，都是他的徽州老乡。王直和徐海出道时曾效力的主子亦是徽商。徽州出商人，胆大者如许栋、林碧川、徐惟学、王直、徐海等，携手浙闽不法奸商，通番贩私，远涉东亚和南洋各国。海禁令让他们不得不武装对抗明朝官军，进而发展为公开的烧杀抢掠。擒贼先擒王，要平倭，胡宗宪认为，必须先从王直身上下手。王直盘踞在日本五岛列岛，徐海亦听从他的调遣。具体做法是，派遣使团赴日，名义上是出使，其秘密使命是和王直进行接触，了解他们的真实想法，最终达到对倭寇进行招降的目的。若王直等倭酋有意接受朝廷招降，则无须劳民伤财地苦战，沿海倭患就有望从根本上消除。

想是这么想，但实施起来难度很大。一则倭酋们愿不愿意接受招降，会开出多高的价码；二则倭寇在沿海烧杀抢掠多年，攻州夺县，杀死的朝廷命官和百姓不计其数，他们的罪行罄竹难书，招降主张一旦提出，无论在朝中还是在沿海地区，会招来谩骂声一片，弄不好会引火烧身。陶宅会剿之败，让胡宗宪觉得，这事不能再拖了。若招降成功，倭患平定，自己将立下盖世奇功。

一天，巡抚衙门前贴出了一张告示。主要内容是，朝廷决定不日将派遣使团出使日本，现公开招募使团正、副使人选。人们围着告示指指点点，悄悄议论着，了解内情的人都知道，胡巡抚这是派人去五岛招降倭寇。深入虎穴，想想就让人不寒而栗，就是傻子也能看到其中的风险。因此，告示贴出多天，一直无人问津。

宁波府鄞县有个生员名叫蒋洲，平时好高谈阔论，纵论古今，自称纵横家。因犯法被拘，身在监牢里的他得到消息，声称愿出使日本。胡宗宪听说后，非常高兴，终于有了自告奋勇的人。于是，他亲自接待，想看看这个狂妄的书生有什么高见。

乍见胡巡抚，蒋洲知道此生咸鱼翻身的机会来了。错过这个机会，这条咸鱼就只能烂在监狱里。他压抑着内心的兴奋，不卑不亢地说，汉之所以困于匈奴，是由于有个叫中行说的太监为他们出谋划策；宋之所以患于西夏，同样是依仗了汉人张元。东南沿海倭乱，始于徽人王直。王直现居日本五岛，频频到东南沿海抢掠的那些倭寇，都是他的羽翼。只要收服王直，倭患可除。王直的母亲、妻子和儿子现在都被关在金华府大牢中，建议放出并厚待他们，说明朝廷招降的诚意。王直虽是杀人如麻冷酷无情的海盗，但毕竟是人。只要是人，就不可能不念及骨肉亲情。放出王直的家人后，再由胡公手书一封，说明利害，派使团到五岛招降，则事情可成。

蒋洲滔滔不绝，句句说在胡宗宪的心坎儿上。胡听后，连声称赞说："好计！好计！"当场宣布免除蒋洲罪行，释放出狱。

但派出代表明廷的使团，毕竟兹事体大，胡宗宪不敢擅自做主，主动向朝廷报告。他在给嘉靖的奏疏中，说募人出海，是为了通谕日本国王，让他们约束倭夷，不要侵扰我境。嘉靖自然同意了。蒋洲另推荐鄞县生员陈可愿作为自己的助手。两人分别被任命为浙江市舶司提举和副提举，担任使团正副使。摇身一变，从普通的生员成了从五品和从六品的朝廷命官。胡宗宪又将牢里关押的与倭寇打过交道的海盗放出两人，命他们各招募二十人，作为使团成员，随蒋洲和陈可愿出使日本。经过精心准备，十月中下旬，出使日本的使团带着名贵礼品，从浙江定海县出海，前往王直盘踞的五岛，进行招降。

再说杭州商会会长屠坤宁，那天将新款丝绸送给赵文华后，意外得到他的赞赏，大为高兴。回来后，他当即将织造任务增加了一倍。尽管桑娘说难以完成，屠坤宁以她父亲的性命相威胁，迫使桑娘不得不答应他的要求。为了完成任务，桑娘不得不从下面机户中抽调一批织工进驻云锦堂，西兴镇渔民卢福全的女儿卢海琴，就是这批被抽机户中的一个。由于她心灵手巧，很快被桑娘相中，并留在身边，当了自己的助手。

卢海琴发现，桑娘确是织造方面的天才，一架普通的织机，一根根多彩的丝线，到了她的手上，就像听话一般，机杼声声，经纬交错，织出来的东西和别人就是不一样；一个图案，她只要瞄上一眼，就能迅速地在丝绸上绣出来，分毫不差。卢海琴常常看着她灵巧的手发愣，十根白皙修长的手指，像十条雪白的蚕，在织机上翻转腾挪，不知疲倦。在她的指缝间，吐出鲜花，吐出飞鸟，吐出如画的十里钱塘。

桑娘总是忙碌个不停，吃饭睡觉都在机房里，由于睡眠不够，她总是留着黑眼圈，眼珠里布满血丝。桑娘总是沉默寡言，一天到晚话也说不上几句，还常常暗自垂泪。卢海琴还发现，桑娘特别害怕屠坤宁，只要他来到织坊，她就很紧张，心神不宁，手上的绣针也变得不听话了，常常会刺破手指。卢海琴想，这个与自己差不多大的姑娘，心里肯定埋着什么伤心事。

一天，桑娘又在垂泪。卢海琴实在忍不住了，轻声说："桑娘姐，你心里肯定有事，能和我说说吗？你家在哪里，家里都有什么人？我都来快一个月了，怎么从来没见过你回家？"

没想到，卢海琴的话正说到桑娘的伤心处，她再也忍不住，趴在织机上放声大哭。

待她哭够了，卢海琴才慢慢追问，桑娘这才将最近的家庭变故如实告诉了卢海琴。桑娘伤心地说："海琴妹子，你说我这日子还怎么过，要不是惦记着老父还含冤关在牢里，我都想一死算了。"

了解了桑娘的遭遇，卢海琴的心里就像平静的海面上突然刮起了风暴，她咬牙切齿地说："难怪我看着那个姓屠的就不像个好人，原来还此等险恶。"

桑娘说："他每次来时都要朝你的脸上看上半天，海琴妹子，你要当心他使坏。"

卢海琴说："他敢？别看本姑娘才十六岁，可天不怕地不怕，我可是敢拼命的人。对了，桑娘姐，你写封状子，我给你送出去。"

桑娘黯然地说："屠坤宁和官府串通一气，写也是白写，没用的。"

卢海琴说："我认识一个大人，他绝对是一个好官，你写，我替你送去，说不定有用呢。"

桑娘眼前一亮，她血红的眼里活泛起来，目不转睛地瞅着卢海琴。卢海琴说的好官就是指提学副使阮鹗。怕桑娘不信，她将阮鹗在武林门下如何冒险救助百姓的事，添油加醋地说了一遍。

桑娘点了点头说："照你这么说，还真是个好官。行，我今晚就写。"

当天晚上，桑娘就写好了状子。第二天，卢海琴借口采买丝线，来到了城中。她曾随父亲到过阮鹗位于按司后衙的住处，轻车熟路地就找到了原处。一打听，阮鹗到学宫里去了，卢海琴只好又往学宫里赶。

阮鹗学宫里书斋的墙上，挂着一张他自制的海防图，图中标明了各府县和沿海海岛及有关卫所的位置。凡是倭寇入侵的府县，他都做出了标记。这天，他正在研读着海防图，阮良进来了，说外面有个姑娘，自称是西兴渔民卢福全的女儿，要找大人告状。

"哦，"阮鹗一愣，一个姑娘家告状，这是要告谁呢？就说，"带进来吧。"

卢海琴进了书房，先是恭恭敬敬地给阮鹗磕了个头，然后才从怀里掏出桑娘的状子。她双手递给阮鹗说："阮大人，桑娘家天大的冤情，就指望着您替她洗清了！"

阮鹗快速地扫了眼状子，初步判断其中所言不虚。不然，凭桑娘一个姑娘家，不会无缘无故地主动找屠坤宁的麻烦。真没想到，屠坤宁身为杭州商会会长，竟然对同行做出这等缺德的事。看来，这事自己还不能不管。当下，他对卢海琴说："你回去告诉桑娘，就说她的状子本官收了，待我进一步调查，如确有冤情，一定会还她一个公道。"

卢海琴等的就是这句话。她又磕了个头，回去复命了。

卢海琴走后，阮鹗陷入了沉思。屠坤宁在浙江官场和商场盘桓多年，路子广泛，耳目众多，在没有掌握确切证据的情况下，贸然动手，只会弄巧成拙。

可惜苏一纶已经招供，案子基本已成定局，现在一时还真不好下手，只有慢慢寻找机会。不出手便罢，出手就要一击而中，让他绝无反驳的机会。

嘉靖三十四年冬，一股倭寇进犯浙江萧山县龛山镇。龛山位于钱塘江南岸，因山形如龛而得名，山上有军寨。此战由胡宗宪指挥，会稽典史吴成器统兵进击，经过苦战，大获全胜。胡宗宪的幕僚徐渭作《龛山凯歌五首》歌颂此役，其二诗云："短剑随枪暮合围，寒风吹血着人飞。朝来道上看归骑，一片红冰冷铁衣。"虽然龛山之战斩倭不过五百，但这场胜仗对胡宗宪来说，实在太重要了。捷报报到宫里，好久未听到获胜消息的嘉靖皇帝龙颜大悦，他当即要召见严嵩和赵文华。浙直总督杨宜被免职多日，该把这总督和巡抚的人选定下了。

早在嘉靖二十一年之后，嘉靖就搬出乾清宫，住进了永寿宫里，一住就是十几年，平时很少出宫。从全国各地搜刮来的奇珍异宝，也被他收藏在永寿宫里，天天陪伴着他。

嘉靖很少召见大臣，就是内阁首辅严嵩，一年也难得见到他几回。赵文华就更不用说了。今天他收到胡宗宪的捷报，心情大好。

永寿宫本就有地龙取暖，四角又燃着好几个炭炉，室内温暖如春。暖阁里，雕着盘龙的铜香炉内，燃着龙涎香。嘉靖坐在龙椅上，他斜倚着肥胖身子，半闭着眼睛，他就喜欢这状态，像老僧入定，谁也不知道他在想些什么。

龙涎香香味极浓，比麝香还要香，一般的人闻了根本受不了，太冲。奇怪的是，嘉靖极喜欢这种香味，一天十二个时辰都要点着。龙涎香非常难买，它源自海外，价格昂贵不说，偏偏货源奇缺。嘉靖虽贵为一国之君，却常常为龙涎香不足而烦恼。

嘉靖的全身浸润在龙涎香的香气里。他感觉自己的五脏六腑被香气撑满了，身子越来越轻，最后飘了起来，越升越高，成了一个云端之上的仙人。

这时，身边的太监俯身提醒他说，两位大人到了。

嘉靖这才睁开眼睛，黄色的纱幔外面，跪着严嵩和赵文华。嘉靖拿起了铜磬中的那根铜杵，敲了一下，铜磬发出一记清脆的响声，意思是外面被召见的人可以说话了。

两人这才行礼，自报家门。嘉靖说："宗宪的捷报朕看了，他能打仗。"

严嵩说："宗宪有勇有谋，可堪大任。"

赵文华说："奴才才从江南回来，江南士民对宗宪信任有加，都说他是平倭奇才。"

嘉靖明白他俩的意思，就说："那就让他接了总督一职吧。"

严、赵二人说："皇上圣明，我们代宗宪谢谢皇上。"

半晌，嘉靖又说："那个空出来的巡抚之位，你们看谁合适?"

两人一心只想着推荐胡宗宪，巡抚人选还真没想好，一时回答不上。嘉靖说："上次张经在奏疏中，说浙江提学阮鹗率秀才兵抗倭守城，救了数万百姓；十年前，俺答来犯，阮鹗亦率诸生登城防守，还向朕上《御虏十事》。张经说他文韬武略，有胆有识，向朕推荐，你们看如何?"

嘉靖一提张经，严嵩和赵文华的心里几乎同时咯噔一声，感觉身子往下一沉。张经身为前浙直总督，取得了王江泾抗倭大捷，却生生被他俩害死了。现在嘉靖说阮鹗是张经所荐，他俩哪敢说半个不字。赵文华说："阮鹗保城安民，臣在江南亲有耳闻，他救民数万，有口皆碑。"严嵩说："不如就依张经之言，擢升阮鹗接任巡抚。"

铜磬又当地响了一声，这是提醒事情办完了。严嵩和赵文华告辞退出。

嘉靖三十五年二月，胡宗宪擢升兵部左侍郎兼都察院左佥都御史，总督浙江、南直隶和福建等处兵务。阮鹗接任胡宗宪之职，出任浙江巡抚。

按官场惯例，官员新获提拔，同僚和下属都会到其府中祝贺，当然少不了带上一份贺礼，且贺礼还不能轻了，因为日后还要图个照顾或提携。胡宗宪府中，这几天宾客如云，浙江的文武官员、地方乡绅和富商都纷纷前去祝贺。

阮鹗当然知道这些官场俗规，提前就对阮良打了招呼，若有人来，就说主人外出公干，一概不会客，不收礼。阮鹗府中，整日大门紧闭，祝贺的无一例外都吃了闭门羹。

一天上午，阮鹗待在书房里，分析着从学宫里带回的那张海防图，思考着募兵问题。阮良走了进来说："外面有个叫屠坤宁的人求见，自称是商会会长。"

阮鹗说："我不是说了不会客吗?"阮良说："我说大人外出公干了，他不信，说您就在府中。"

阮鹗有些不悦，这不是有点厚颜无耻么。又一听屠坤宁这名字，觉得有些熟悉，他忽地想起卢海琴替桑娘递交的那封状子，桑娘要告的不就是这个屠坤宁吗?自己正愁着这个案子如何入手，人家现在主动送上门来，不正是一个好机会吗?只有和他假装亲近，最好打成一片，让他放松戒备，才好方便搜集证据。要是拒人于千里之外，引起他的警觉，于办案不利。想到这里，阮鹗说："快，让他进来!"阮良不知道主人的态度为什么会突然变化，带着疑惑去通报。

屠坤宁抱着一捆丝绸进来了，满脸堆笑地说："阮大人您好，恭贺大人高升，屠某的织坊刚出了几款新品，给大人送点过来，谨具贺仪，聊表寸心。"

阮鹗问道："屠会长，不用这么客气，不过，你是怎么判断出本官就在府中的呢？"

"我在前厅看见阮良和徐勇都在，您到哪一般不都是带着他俩么，再说最近也没听见有什么倭情，所以我估摸着大人这是低调行事，不想见客，这才推托说外出公干。"

阮鹗一愣，这个屠坤宁还真不简单。看样子，他对自己还了解不少，今后和他打交道，要多长个心眼。

阮鹗说："屠会长，你说的不错，除你之外，我这两天真还没见一个客人。承蒙天恩，擢升阮某任浙江巡抚，眼下的形势我不说你也知道，倭患如火，府县告急，官府缺兵缺饷，这巡抚不好当啊。巡抚掌管一省钱粮，可连年剿倭，府库空虚，今后这钱物的事，还要仰仗你们商会多多支持。"

"阮巡抚，您放心，剿倭是大事，上阵杀敌不行，但该我们出多少银子，一两也不会少的。"

屠坤宁离开后，阮良在整理他带来的丝绸时，发现里面夹着一枚信封，就交给了阮鹗。阮鹗打开一看，里面是一张崭新的五百两银票。他又为难了，这张银票该如何处理呢？

第四章

首撄其锋

派往日本五岛的使团有人回来了。

去年十月下旬，蒋洲和陈可愿率领使团从定海出发后，虽中途也遭到小股海盗袭击，但总算有惊无险地抵达了日本五岛。他们先是见到了王直的义子毛海峰，并在他的引见下，顺利见到了王直。蒋洲再次鼓弄他的三寸不烂之舌，说得王直怦然心动，表示愿意有条件地接受朝廷招降。为了表示自己的诚意，王直提供了一个情报，说徐海正在日本各岛广招死士，联络各部，明春肯定要到东南沿海大肆劫掠。为了让官方早做防备，蒋洲当机立断，安排副使陈可愿先期回国，将这消息立即向胡宗宪报告，他自己则在日本诸岛继续宣谕。目前，盘踞在日本海岛的倭酋主要有王直、徐海、陈东、麻叶等人，手下各有一班倭寇，以王直和徐海势力最大。徐海曾为王直部下，但后来独立发展，二人还曾为争夺舟山烈港地盘有过冲突。倭寇外出抢掠时，常结伴而行，互为联络，但各部不相统属。

陈可愿带回的消息，让胡宗宪又喜又忧。喜的是，王直愿意接受招降；忧的是，倭寇各部互不统属，各自为战，这务必增加了招降的难度。更让人揪心的是，徐海等将大肆来犯，东南沿海眼看着又要陷入一场新的劫难。于是，胡宗宪抓紧募兵。可募兵令发下去，响应者寥寥。都知道募兵是为了抗倭，可抗倭风险极大，这样的差使，一般的人避之唯恐不及，哪里还敢报名呢。

胡宗宪性好宾客，他担任总督后，广开幕府，延揽文武人才。重要幕僚除徐渭外，还有唐顺之、茅坤、郑若曾等人，替他出谋划策。他还重用俞大猷、卢镗等将领，特别是将登州卫指挥佥事戚继光，调任浙江都司佥书，不久就派上了抗倭战场。

胡宗宪的对倭策略，与前几任浙直总督一味主剿不同，他主张招抚，反对清剿。这种策略，是此前没有过的，也与明廷主流抗倭政策大相径庭，连胡宗宪的幕僚都为他担心。一次，茅坤就提醒他说，一旦招抚不成，总督大人的命运会是怎样的呢？胡宗宪说，狂奴肆毒地方，惨祸已极，愿上天保佑社稷生灵，使得此计成功。万一天不顺我，哪怕身败名裂，也在所不辞！茅坤等幕僚大为感动，主动捐资万金，作为招抚费用。

胡宗宪既铁心主抚，自然不会全力备战，直接影响当时的抗倭准备。但是，倭寇变化无常，且各部互不统属，万一招抚不成，如不能及时转抚为剿，那将彻底陷入被动，造成无法估量的损失，并为沿海百姓带来灾难。幸好新任浙江巡抚阮鹗弥补了这个不足。

阮鹗虽是一介文臣，但对倭寇，他向来立场坚定，态度鲜明，反抚主剿。他在给胡宗宪的信中讥讽他的主抚策略是“宋家和议”。督抚意见相左，也给阮鹗的政治命运埋下了隐患。

嘉靖三十四年，为了有效防御倭寇侵扰，朝廷进一步明确划分了总督、巡抚、总兵以及地方官的职权，即总督主征集官军，指授方略；巡抚主督理军务，筹措粮饷；总兵主教练军队，指挥战阵；有司主保守地方，固守城隍。明代督抚权力很大，可以自辟参佐，开置幕府。但总督的权限比巡抚要大得多，管理数省军政大事，拥有便宜行事之权，即可在一定权限内自行斟酌处理，而不必向朝廷请示。

自从得知倭寇明春将大举来犯，阮鹗的心里一天也没有轻松过。他日夜焦虑，可巡抚的权限远不能和总督相比，作战方略和调兵遣将之类的事，没有总督府的命令是不能擅自行动的。可总督府那边，整日里高朋满座，觥筹交错，笑语喧哗，看不出半点备战的紧张气氛。陈可愿自日本回来都几个月了，总督府一共才募得三千新兵。

学宫里训练已久的生员们，阮鹗根据他们的意愿，动员他们报名从军抗倭，不愿从军的仍留在学宫里学习。结果，有四五百人报名，阮鹗将他们作为亲兵留在身边。

倭寇真的来了。

嘉靖三十五年三月下旬，徐海、麻叶勾结日本大隅岛主之弟辛五郎，率萨摩岛日本浪人及大量海盗，分乘数百艘战船，直扑浙江沿海，在松江府柘林登陆。此前盘踞于松江府新场镇的倭寇陈东得知后，焚毁巢穴，前往柘林与徐海、麻叶会合。几股倭寇会于一处，商议着要大干一场。

四月十九日，徐海、陈东、麻叶等率数万倭寇，水陆并进，分多路大举进犯浙西，声称要先夺嘉兴湖州，再袭杭州和金陵。徐海部在浙江平湖乍浦镇登岸，登岸后即焚毁所乘船只，大有破釜沉舟的决心，下令人人死战。一时间，烽烟四起，东南沿海震动，百姓惊慌失措，难民成群结队，四处逃窜。

与数万气势汹汹的倭寇相比，明军的实力实在过于孱弱。前期参与王江泾大捷的湘西客兵皆已遣返，目前杭州城新兵老兵总计不过五六千人，另加上征调来浙支援的河朔兵八百人。河朔泛指黄河以北地区，河朔兵骁勇善战，由将军宗礼、副将霍贯道率领。宗礼系宋代抗金名将宗泽后裔，善骑射，号称猿臂王，嘉靖年间以武举第一名被授予游击将军。他率领的河朔兵虽只区区八百骑，却是一支不可多得的抗倭劲旅。

听说徐海率倭寇已逼近崇德县城，胡宗宪大为紧张。崇德位于嘉兴与杭州之间，向东可以威胁杭州，向东北可以威胁桐乡、嘉兴，形势非常危急。胡宗宪急率新募的三千新兵于杭州城北的塘栖镇防守，命阮鹗驰援崇德县。至于杭州，胡宗宪大唱空城计，下令大开城门，又命地方官招集百姓万余人，于城外林中摇旗呐喊，虚张声势，让倭寇误以为此地有官军潜伏。还别说，此举还真将倭寇吓住了，一时不敢西进。

阮鹗仅带着阮良和徐勇二人，向崇德县城赶去。

途中，阮鹗心急如焚，不知倭寇是否已攻占崇德城。城系新筑，工程尚未竣工，要是倭寇突然来袭，根本无法抵挡。要是让倭寇抢了先，城里百姓遭殃，局势会更加恶化。

三人正骑马急驰。忽然，徐勇指着远处说："大人，您看！"

阮鹗抬头一看，只见远远地过来一支队伍，队列齐整，鲜盔亮甲，两位将领骑着马，走在队伍前面。阮鹗说："看样子是官军，我们过去看看。"

来到近处，果真是官军，是宗礼、霍贯道两位将军率领的八百河朔军。阮鹗和宗礼本是故人，二人关系素来友善。阮鹗大喜，叫道："宗老将军，没想到我们在这地方偶遇，你们这是要到哪里去呢？"

宗礼也很高兴："回阮巡抚，卑将奉胡总督之令，驰援嘉兴府。你们就这么几个人吗？听说倭寇已到崇德，这里很危险啊。"

阮鹗说："没办法，情急之下，也来不及调兵。"阮鹗心下有意将宗礼留下来，帮忙剿除崇德的倭寇，就对宗礼说："宗将军，现在嘉兴尚未听说有倭情，倒是崇德县城形势危急，在下有个设想，能否请老将军帮忙，先就近扫除崇德倭寇，再去嘉兴不迟。"

宗礼爽快地答应了："既然阮巡抚有令，宗礼哪敢不从，就按您的吩咐行事。"

阮鹗大喜："那就请将军远远地跟在我们后面，与我们保持两三里地，以免打草惊蛇。我先到崇德城去看看情况，要是有倭寇，届时再给他们一个突然袭击。"

宗礼说："倭寇狡诈，阮巡抚多加小心。"

偶遇宗礼部，阮鹗当下心里踏实多了。他们很快就到了崇德县城，阮鹗一看，城头上安安静静，没有发现倭寇侵袭的迹象。他松了一口气，看这情形，倭寇应该还没有到来。

徐勇朝城头上喊道："浙江巡抚阮鹗阮大人从杭州赶来支援，快放下吊桥，我们要进城！"

喊了几遍，城头上出现了几个士卒。其中一个叫道："请走水门！"

三人来到运河边的水城门前。只见栅栏吊起，里面出来一条小船，船上有三个百姓，显然是来接他们进城的。阮鹗心想，这些守城士卒够谨慎的，让他们走水门，不放下吊桥打开城门，是怕倭寇突然紧跟而至，到时来不及关城门，就有城破的危险。非常时期，谨慎点总是没错的。

船近了，阮鹗一见，心头一喜，划船的百姓他认识，就是西兴镇的渔民卢福全。阮鹗问道："卢老汉，你怎么到这里来了？"

没想到，卢福全不停地对他使眼色。阮鹗大惊，知道情况有异，他本准备上船，见状立即退了回来。卢福全来到他身边，假装替他牵马，低声说："我在江上打鱼，被倭寇抓来做向导。现在县城已被倭寇占领，阮大人快走！"

好险，原来如此！要不是卢福全暗中相告，他们三人要是乘船进了城，当即要横尸当场。好狡猾，难怪沿路上没有看见一个倭寇的影子，原来他们早已占领了县城，看来自己还是来迟了。阮鹗想着，好在身后还有河朔军，何不将计就计，将倭寇引出城来，杀一个是一个。

看卢福全刚才的眼色，船上的另外两个百姓，显然是倭寇伪装的。这时，他俩也在不断催促着阮鹗上船。阮鹗说："本官是堂堂浙江巡抚，岂能走水门，快回去打开城门，叫你们县令出城迎接！"说着，跨上马，又回到了刚才的城门前。

小船很快退了回去。突然，城门大开，只见一列倭寇，有两百多人，从城里冲了出来。为首一人，身披红色大氅，显然是个倭酋。他大叫道："活捉浙江巡抚阮鹗！"众倭跟着喊叫。

阮鹗三人早有防备，掉转马头驰行。徐勇边跑边喊："倭寇来啦！倭寇来啦!”意在提醒宗礼将军。

宗礼和霍贯道一直注意着崇德城方向的动静，听到徐勇的喊叫，命军士埋伏了下来。那些倭寇追得兴起，根本没想到阮鹗后面还会跟着官军，不知不觉跑进了包围圈。

宗礼见这股倭寇只有两百来人，急下军令，要快速清剿，速战速决。凭河朔兵的人数优势，在短时间内解决这股倭寇绰绰有余。要是时间纠缠长了，城里的倭寇得到消息，会迅速出来支援，那反而就麻烦了。

河朔军中已有人认出为首的倭酋正是徐海，告诉了宗礼。眼见倭寇进入了伏击圈，宗礼大叫道：“杀啊，不要放走了徐海!”

官军将这股倭寇团团围了起来，徐海大惊，他见阮鹗一行只有三人，本想趁机活捉，没想到中了埋伏。但他毕竟久经战阵，临危不惧，命倭寇排开一字长蛇阵，和官军厮杀起来。

河朔军素来以骁勇善战著称，加上又有人数上的优势，还配备有几十支火铳，倭寇虽然凶悍，但也抵挡不住进攻。只听一阵火铳响，就有一排倭寇被放倒了。倭寇惊魂未定，河朔军挥动长枪又冲了上来。倭寇阵脚大乱，节节败退，然而哪里逃得出去。经过一番搏杀，倭寇倒下一片，只剩十几个人护着徐海逃进了崇德城。

河朔军砍下倭寇首级，拴在了马脖下。阮鹗对宗礼和霍贯道说：“二位将军，辛苦了!”

宗礼说：“剿倭本是我们分内之事，辛苦二字谈不上。”

阮鹗说：“此地不宜久留，我看徐海回城后，肯定会率众倭前来复仇。”

宗礼说：“那我们怎么办?”

阮鹗说：“倭寇锋芒正健，听说有数万之众，我军仅几百人，不宜硬拼。胡总督率军驻守塘栖，谅倭寇一时也不敢西进。此地离桐乡不远，下一步，我判断他们可能会沿运河东进，抢掠桐乡。你们不是到嘉兴府吗?正好路过桐乡，我们可以一道。”

宗礼说：“很好，那我们赶紧离开此地。”就这样，河朔军迅速撤出了战场，向北面的桐乡方向奔去。

他们沿京杭运河走了十余里，就到了位于崇德县和桐乡县交界处的石门镇。吴越相争时，此地设有一道石门，作为两国国界，集镇因此石门而得名。镇中有座福严古寺，以寺弄为界，寺东称石湾，属桐乡县；寺西称石门，属崇德县。

石门是运河上重要的军事要塞和交通要道，朝廷在此设有课税局。倭寇进入崇德后，包括石门在内，附近集镇家家关门闭户，外出逃难。

河朔兵到石门后，阮鹗正想让大家休息一下，准备吃点干粮。这时，一匹快马从崇德方向奔来，留在后面观察崇德城动静的哨探前来报告，说大批倭寇出了县城，正乘船向这边追来。

这是意料之中的事，只是没想到倭寇来得这么快。阮鹗问宗礼说："老将军，你看怎么办？看来我们是遇上麻烦了。"

宗礼说："还能怎么办，兵来将挡，水来土掩，大不了再杀他一场。"

"倭寇人数众多，不宜硬拼，我们再来打他个措手不及。"阮鹗指着运河河道说，"将军你看，河正中有座拱桥，他们不是乘船来的吗？我们砍些树木拦住桥洞，他们必然要在此下船。我军埋伏于运河两岸，趁此混乱，一番截杀。将军意下如何？"

宗礼说："好计！"于是指挥士兵砍伐运河两岸的梧桐树，将两个桥洞拦了个严严实实。然后，河朔兵分成两队，在运河两岸潜伏下来。

桐乡多梧桐，无论是城里还是乡村，到处是枝繁叶茂的梧桐树。桐乡原名梧桐乡，早在五代十国时，方志中就有梧桐乡之名。桐乡于明宣德五年建县，将原崇德县梧桐乡等东片六乡划出，另置桐乡，县治位于凤鸣寺后北街。

没多久，倭寇乘着几十条快船，沿运河追了过来，船队一眼望不到尾。领头的船只到了石桥边，被壅塞的树木挡住了。接着，更多的船只被挡住了，满载着倭寇的船在湖心里打转，船上的倭寇一个个骂骂咧咧。这时，徐海的船也到了。他走出船舱一看，树木是新砍伐的，明显是有人故意为之，大叫道："大家快上岸，河心里危险！"

可是迟了，火铳和弓弦声大作，埋伏在两岸的河朔兵一齐射击。河心里发出一声声惨叫，一批倭寇被击中，扑通扑通地落水。有的当场死了，有的在水里挣扎着，河水都被染红了。倭寇们不敢再待在船上，纷纷跳进水里。由于正值春汛，河水较深，水里的倭寇好不容易游到岸边，还没上岸，又被河朔兵杀掉一批。这一番折腾，又死了两三百人。

见前面的一批船只遭到袭击，后面的倭寇及时停船靠岸，但也不敢往前硬冲，搞不清前面究竟有多少埋伏，怕吃亏，上岸后就地蹲伏下来。

阮鹗和宗礼隐蔽在一棵梧桐树下，商议着下一步该怎么办。这时，阮鹗看见卢福全老汉划着一条小船过来了。阮鹗向他招着手，卢福全会意，将船停在岸边，悄悄向阮鹗所在的大树下走来。阮鹗问道：“卢老汉，你怎么过来了？”

卢福全说：“我跟他们说到前方去查看河道，特地来告诉你们个消息，赶紧撤吧！”

阮鹗问道：“怎么，倭寇人很多吗？”

卢福全说：“我从来没见过那么多倭寇，崇福县城里都住满了，少说也有四五千人，听他们说这还是前锋，大队人马还在源源不断地往这边赶。他们不光有火铳，还有铜将军。”

铜将军就是铜炮，在当时属于一种重量级武器，一般是用来攻城的。徐海这到底是要干什么，看这架势，他这次是彻底豁出去了。

卢福全说：“我暗地里听徐海说，已派人通知陈东和麻叶，他们要联手攻城，先攻桐乡，再攻嘉兴。”

桐乡距石门不过十几里路程，这样看来，桐乡就悬了。县城里无兵，只有临时招募的乡勇，人数也不会多，一般只有四五百人。在这么多倭寇面前，根本不堪一击。阮鹗焦急万分，桐乡县城虽不大，但城里人口众多，且多富绅大户，要是有失，损失就大了。

阮鹗说：“卢老汉，谢谢你冒着危险来告诉我们这些，你说的信息很重要。快回去吧，待在贼窝里，千万要小心。”

卢福全神情黯然地说：“我老伴被他们抓去了，同时被逮的还有好几百妇人，关在桂山脚下的一个村落里，倭寇抢了不少蚕茧，逼着抢来的妇女替他们缫丝。我要是不想着救出老伴，早就逃了。”

阮鹗叹了一口气，看来桂妈这次遭难了。倭寇抢来女人，白天缫丝，晚上淫乐。为了防止逃跑，不许她们穿衣。有的妇女不堪凌辱，就选择自尽。卢福全要想将老伴救出来，谈何容易？阮鹗安慰他说：“倭寇人多势众，个个冷酷凶残，你要见机行事，慢慢想办法，千万不要硬来。不然，到时人没救出来，反而把自己搭进去了。”

卢福全哭了：“要不是念着还有双未成家的儿女，我早和他们拼了！”阮鹗又安慰了他一番，卢老汉才哭哭啼啼地走了。

卢老汉离开后，宗礼对阮鹗说：“阮巡抚，我有个建议，建议你们三人先期离开，赶赴桐乡，理由有二：其一，您在这里，我还要安排人手保护您，有所顾忌，就不能专心杀贼；其二，也是最主要的原因，桐乡现在可能未做防备，眼看着倭寇就要兵临城下，要是城池不保，城内百姓遭殃，那罪过就大了。我河朔军在这里挡他一挡，能挡多久是多久，您去桐乡组织乡勇守城，早做防备，不是两全其美吗?”

阮鹗说：“可倭寇越来越多，你们太危险了。”

“您在这儿我们同样危险，您要是离开了，我们还可以见机行事，打得赢就打，打不赢就跑，要自由得多。”

阮鹗见宗礼说得有理，眼下桐乡的形势太过危紧，要是不迅速组织乡勇守城，城池必破无疑。阮鹗说：“那我就先去桐乡，你们河朔兵也向桐乡靠拢，争取甩掉倭寇，今天就能进城最好，我们一起守城。”宗礼答应了，阮鹗和河朔兵告别，带着阮良和徐勇向桐乡赶去。

阮鹗离开后，宗礼和霍贯道整顿军马，沿运河一路向桐乡撤退。倭寇目前正在石门集聚人手，他们很快会清理掉障碍物，然后沿河一路追赶。眼下的形势，对河朔兵很不利，他们是孤军奋战。早晨出门时，他们算计着路程，至迟当晚能到达嘉兴。军士们每人只带了一天的干粮。没想到半路上遇到了倭寇，且被他们咬上了，要是晚上不能进入桐乡，他们将食宿无着。更严重的是，经过崇德和石门二战，火药和箭矢都消耗不少，无法得到补充。宗礼传令，叫大家尽快向桐乡方向撤退。好在石门距桐乡并不远，要是顺利的话，一个时辰足以赶到。

没想到，河朔兵撤得快，倭寇追得更紧。崇德和石门两战，倭寇一再受挫，早憋了一肚子怨气，他们仗着人数上的优势，发誓要一洗前仇。倭寇本来善于长途奔袭，很快，他们在一个叫作皂林的地方，将河朔兵撵上了。皂林是一个村落，村里的百姓早逃光了，只剩下一座空村，这里距桐乡城只有五六里地。一支倭寇截断了河朔兵的前路，宗礼不得不下令停止前行。现在，他们前有劲敌，后有追兵，虽然桐乡城近在咫尺，却再也无法前进一步。

倭寇非常狡猾，他们被眼前的这支官军打怕了，一个个不敢近前，只是围而不攻。天渐渐暗了，经过一天的鏖战，河朔兵人人疲惫不堪。宗礼心急如焚，徐海果然不是一般之辈，他判断河朔兵内无粮草，外无援兵，围而不攻正是击中了他们的软肋。宗礼想着，待天黑后，一定要设法突围出去。这样僵持下去，他们可能会全军覆没，皂林将会是他们的葬身之地。

黄昏时分，晚风习习，田野里禾苗青青，蛙鸣阵阵。河朔兵们一个个又困又乏，他们在运河边上蹲了下来，饮几口河水，洗把脸，擦洗着身上的血迹。运河里，看不见舟来楫往，要是没有倭寇，这河面上哪天不是舟如蚁聚？可倭寇一来，一切都改变了。

天完全黑了，倭寇在几个路口燃起了巨大的火堆，每个火堆边都有人把守。他们将抢来的牲畜宰杀了，串在木棍上，在火堆上烤着，发出诱人的香味。他们端着酒碗，划拳行令，边吃边喝，大声喧哗，故意夸张地浪笑着，笑声像夜枭一般狰狞。宗礼很清楚，这一切都是做给他们看的。黑暗中，不知有多少倭寇手持弓箭和利刃等着他们突围。宗礼暗暗叫苦，这些倭寇太厉害了，他们预料到河朔兵会趁夜色突围。可是，这样耗下去不是个办法，就是拖也会把河朔兵拖死。

副将霍贯道请示宗礼说："将军，怎么办，突围吗？"

宗礼说："突围是死，不突围也是死，不如跟他们拼了！"

霍贯道说："好！"于是，河朔兵人人抖擞起精神，准备拼死一战。霍贯道命令集中了一批火药，团成了几个巨大的药球。瞅着不远处的火堆，他扔过去两个药球，只听轰轰两声巨响，药球爆炸了。倭寇哪里会料到有此一招，避闪不及，围在火堆边吃喝的倭寇被炸得血肉横飞。

包围圈突然出现了一个缺口，河朔兵大喜，趁乱向前冲去。倭寇们又从夜色里冲了出来，双方又展开激烈的厮杀。经过一番苦战，河朔兵终于冲了出来，沿运河向桐乡方向跑去。

可才跑了一段路，前方突然停了。宗礼问道："怎么回事？"在前方开道的霍贯道回来了，报告说："将军，前方本来有一座绣溪桥，可桥被倭寇拆除了，无法通过，我军陷入了绝境。"

宗礼叹了口气："唉，看来，老夫今晚要命丧于此了。咱们回头，和倭寇拼了！"

河朔兵呐喊着，转身又冲进了倭寇群中，人人死战。倭寇们哪里见过这等不要命的兵，一时被他们的气势吓倒了，纷纷后退。宗礼命前军用火铳组成火墙，其他的人就地休息，然后轮换。

天渐渐亮了，一夜混战，河朔兵人人又累又饿。天亮后，倭寇不等他们松口气，采取车轮战法，轮番前来攻击，但并不贴近搏杀，只为消耗他们的火药和箭矢。就这样，双方又对峙了整整一天。

第三天，河朔兵的火药和箭矢都消耗完了。上午，徐海差人登上皂林龙翔寺边的一棵古梧桐树，四野一望，河朔兵已被团团包围，远处并不见一个人影。就是说，三天了，并没有人前来支援。徐海大喜，说："他们是一支孤军，三天没吃饭了，火药和箭矢也已用尽，现在正是消灭他们的好时机。”他下令收缩包围圈，向河朔兵发起最后的进攻。

血战到中午时分，河朔兵再也抵挡不住，死伤殆尽。看着自己的兵一个个倒下，副将霍贯道也死了，宗礼知道自己今天难逃此劫。一群倭寇将他围了起来，宗礼浑身是血，他看了看手中的长刀，连刀刃都卷了。宗礼将刀扔了，抽出佩剑横在颈上，说：“老夫一生征战，岂能死于你们这般鼠辈之手?”说着，一仰头，自刎而死。倭寇们被宗礼将军的气势震住了，对这支河朔兵是由衷地敬佩。

绣溪桥头，横七竖八的到处是河朔兵的尸体，河水都被染红了。

再说阮鹗，他于三天前进入桐乡县城后，果然发现城内未做多少防守准备。桐乡县令名叫金燕，南直隶安庆府潜山县人，嘉靖三十二年进士。桐乡地处海滨，过去没有城池，金燕是个有眼光有作为的县令，他到任后，见倭寇频繁侵扰，遂将筑城列为头等大事。去年底，城池刚刚竣工，没想到倭寇转眼间就来了。金燕说：“好险啊，要不是筑了城池，桐乡百姓这次可就惨了。”

阮鹗说：“这次来的不是一般的倭寇，为首的倭酋是臭名昭著的徐海，他还纠集了陈东、麻叶、辛五郎等部，人数有上万之多，我们可能面临一场生死之战。”

金燕脸色惨白，两股颤颤，他好不容易考上进士，任县令之职才三个年头，没想到就遇上此等大事。阮鹗神色严峻，他抽出剑，放在金燕的项上，说：“金公，身为地方官，守土安民是我们的职责，桐乡绝不能破，你我要和桐乡共存亡。你逃，我要杀了你；我逃，你杀了我！”

金燕一挺胸脯说：“阮巡抚，您有此决心，金燕钦佩，我虽是七品县令，但也决不做逃兵！”

于是，阮鹗和金燕商议，连夜动员招募乡勇守城，人数越多越好。桐乡城内人口众多，富家大族亦不少，加之近些日子乡下避难的百姓大量涌进城里，将城里的大街小巷挤得满满当当。招募令一发，大家都知道事情轻重，城内的青壮年男丁纷纷报名。城头上，火药、箭矢、檑木、石块等物资堆积如山。河朔兵牵扯住了倭寇，给桐乡城争取了宝贵的三天准备时间。

八百河朔兵全体阵亡，徐海松了一口气，他下令，立即乘势进攻桐乡县城。很快，陈东、麻叶和辛五郎都率本部倭寇陆续赶到了。徐海在东门，另三股倭寇分别围住了其他三座城门，万余倭寇将桐乡围得铁桶一般。徐海信心十足，凭这么多人手，拿下一座小小的桐乡城只是举手之劳。况且，这次他还准备了多套攻城器械，正好可以派上用场，大显身手。

危机四伏，桐乡危如累卵。

第五章

桐乡血战

天亮后，桐乡城头上的守军发现，东门城墙下不远处竖起了一根竹竿，上面像是吊着什么东西。仔细一看，原来是两颗血淋淋的人头。

阮鹗和金燕得报后，慌慌张张地来到了城头上。三天来，阮鹗心里一直惦记着八百河朔兵的命运，自在石门镇和他们分别，就再也没有他们的言信。阮鹗在心里一直暗暗祈愿他们顺利撤走了。他也想到过支援，可是桐乡仅有几千乡勇，守城都勉为其难，哪里谈得上和凶悍的倭寇对阵？看到城下密密麻麻的倭寇，再看竹竿上的两颗人头，阮鹗的脸霎时就灰了。金燕也猜了个八九不离十，他问道："阮巡抚，是不是宗礼和霍贯道将军？"

阮鹗的泪水涌了出来，唉，不是他们还会是谁？三天前，他还和两位将军彼此嘘寒问暖，共商抗倭。没想到，转眼之间，就已阴阳相隔，真是生死无常。忽然，那两颗首级在阮鹗的眼里飘浮起来，活了起来。只见霍贯道副将的嘴唇在一动一动地，大声地说："阮巡抚，我们河朔兵死得好惨啊，饿着肚子苦战了三天，我们不是被打败了，而是弹尽粮绝，无法再战，你们为什么不来支援啊？"宗礼也说："阮巡抚，我们河朔兵是好样的，没有一个当逃兵，老夫是最后一个死的，我对得起您了！"

阮鹗的身体站立不稳，突然摇晃起来，他赶紧扶住了城垛，金燕关切地问道："大人，您没事吧？"

阮鹗摇了摇手："我没事的，这些河朔兵个个都是好汉，都是血性男儿，可惜我们势单力薄，无力支援，否则……"阮鹗说不下去了，他大声地说，"两位将军，放心地去吧，我们来替你们报仇雪恨，不杀尽倭寇誓不罢休！"

桐乡城方圆五里，城墙高三丈，城头阔一丈八尺，城壕宽六丈，深二丈五尺，置东南西北水陆城门各四，其中东门是水门。桐乡城并不大，因此有"碗大桐乡城"一说。虽然小，但毕竟有了座城池，不然，倭寇前来侵扰，就会长驱直入，百姓连个躲避的地方也没有。

此时，太阳已升得老高了，艳阳高照。城下的倭寇突然拔出倭刀，齐刷刷地举向空中，然后不停地转动，嘴里狂叫着，像疯了一般。上万把雪亮的倭刀将阳光折射向城头，无数道亮光刺向守卒和乡勇的眼睛，刺得人睁不开眼睛。那阵势确实有点吓人，城头上的守军哪里见过这等阵势，人人脸色大变。阮鹗知道，这是倭寇惯用的伎俩，名曰刀阵，在双方未交手前，就先在气势下吓倒你，然后趁对方惊魂未定时突然发动袭击。倭寇们常用这一招抢占先机，明军多次吃亏。这仗还没开打呢，当然不能在气势上就输了。阮鹗命城头上的守军也人人举起兵器，朝城下大吼。城头上站着四五千人，一时间，狂吼声突然爆发，汇聚在一起，不亚于一颗颗火药球，在倭寇群中炸开了花。倭寇们被这惊天动地的吼声惊呆了。多年来，他们攻州夺县，打下的城池多不胜数，还没见过这般敢和他们对着干的守军。看来，他们这次遇上劲敌了。

徐海部围南门，陈东部围西门，麻叶部围北门，东门是水门，由辛五郎带着部分倭寇围守。此时，徐海身披红氅，坐在一座木制高台上，静静地观看着城头上的动静。他的身边，是他的好友，同样身披红氅的日本人辛五郎。辛五郎也一动不动地看着城头上的动静，先是骂道："浑蛋!"又对徐海一摊手说，"徐海君，你的，没用!"

这首级和刀阵恐吓都是徐海精心安排的，目的就是吓住守军，最好吓得他们放下兵器溜之大吉。现在看来，这桐乡守军和别处还真不一样。徐海很清楚，这和浙江巡抚阮鹗在城里有关。徐海的刀下，杀过总兵，杀过知府，杀过县令，杀过参将，至于把守千户之类，就数不胜数了。但他还没有杀过一省的巡抚，就连比他势力更大的王直也没有杀过。这次要是能杀了阮鹗，或者当场活捉，那他徐海就会声威大震，甚至能超过王直了。他发出悬赏令，谁能拿到阮鹗首级，赏银万两！然后，辛五郎吹响了海螺，悠长的海螺声就是命令，遍野的倭寇行动起来，像一阵阵疾风，向桐乡城刮去。

海螺声让人胆战心惊。倭寇们抬着长长的云梯过了护城河，一架架云梯靠上了城墙。待他们爬到云梯半腰时，纷纷抽出腰间的弓箭，朝城头上的守军放箭。倭寇弓长矢重，射程不远，他们一般不轻易使用，但只要张弓，往往一击而中，中箭者必死。而明军的弓箭，弓软箭轻，哪怕射中，往往也只能造成伤害，并不会让对手毙命。故对阵中常有被弓箭射中的倭寇，夸张地拍着自己被射中的臀部，故意羞辱明军。好在是守城，以上射下，力度会大得很多；倭寇在云梯上，很难使得上全力，又是以下射上，弓箭威力顿减。阮鹗和金燕在城头上紧张地跑动着，哪里吃紧，就到哪里指挥和支援。除弓箭外，城头上礌石、滚木，也纷纷砸向倭寇。一时间，桐乡城下，杀声震天，惨叫声四起，杀得天昏地暗。

阮鹗和守军反复交代过，一定不能让倭寇登上城头，而要将他们截杀于城墙上。一旦登上城头，倭寇单兵作战能力极强，倭刀长达六尺，守城士卒和乡勇缺乏实战经验，有的还是初次参加战斗，大多是短兵器，有的还是农具，势必难以抵挡。但万一冲上城头了怎么办呢？阮鹗还有杀招，他早备下了几只火铳，专用来对付登上城头的倭寇。

一上午的攻城，险象环生，倭寇好几次爬上城头，幸好都及时地被火铳击毙了。下午，倭寇暂时停止了攻城，估计是商量对策去了。

金燕疲惫不堪，嗓子都有点沙哑了，他来到阮鹗身边，指了指城内，意思是叫他下去休息。阮鹗说："从今天开始，本官和你吃住都在城头上。"

金燕说："我是一县之主，守城保民是卑职本分，只是阮巡抚，委屈您了。"

阮鹗说："只要保桐乡平安，我们就是再苦再累，哪怕是丢了性命，都是值得的。要是倭寇进了城，会是什么后果？尸横遍野，血流成河。只要本官有一口气，就和倭寇斗到底。否则，如何向桐乡百姓交代，如何向八百河朔兵交代！"

这时，一个皮肤黝黑、身材敦实的汉子走了过来，说："阮巡抚和金县令雄心可嘉，只是城下的倭寇实在太多，这样下去，这桐乡恐怕很难守得住哦。"汉子在说话的时候，露出一口齐整的白牙。说完，也不管阮鹗和金燕什么反应，兀自走了。

阮鹗问道："这是什么人，为何会说这些泄气的话？"

金燕摇了摇头。这时，有乡勇过来报告说，刚才那人是城中沈氏冶坊的沈铁匠沈东溪。

金燕说："沈铁匠我知道，世代名匠，一向口碑甚好，他不是说风凉话的人，他这是话里有话呢，说不定他看出什么问题来了，或者说，他有什么招数也说不定。"

阮鹗说："你说的有道理。"金燕说："我一会儿到他的冶坊去看看，探个虚实。"

"求良策就要虚怀若谷，刘备还三顾茅庐呢，为了表示尊重，还是本官去吧。"阮鹗说。

阮鹗带着阮良，一路问到了沈氏冶坊。一问，沈东溪家人回话，说冶坊力夫应募到城头守城，冶坊早熄了炉，主人天天在凤鸣寺与老和尚下棋。

阮鹗不禁哑然失笑，都什么时候了，还有心思下棋。看来，这个沈东溪，虽是个铁匠，一介莽夫，却还不失闲情雅致。

阮鹗来到凤鸣寺，这是一座千年古寺，庙宇栋栋，古柏森森。在寺门口的一棵古树下，沈东溪正和一个老和尚在专注地下棋，并未发觉巡抚大人的到来。阮良正要叫，被阮鹗做了个手势制止了。待一棋终了，沈东溪伸个了懒腰，才发现巡抚大人正在一边观看。沈东溪说："阮巡持，抱歉，东溪专心下棋，未及时招呼，还请恕罪。"

阮鹗说："没关系，倭寇下午停止了攻城，情况不甚紧急。再说，本官这也是公干，是来向沈师傅请教守城良策呢。"

沈东溪说不敢当。老和尚将他俩延请进斋房喝茶。沈东溪说："在下倒是有一策，可教倭寇退却，保桐乡固若金汤。"

阮鹗大喜："金县令猜得不错，沈师傅果然不是说风凉话的人，师傅不妨说来听听。"

沈东溪说："我是个冶匠，冶坊之内，最厉害之物，不过于烧化的铁水，沾上一点，皮开肉烂。如若在城头上多砌几座冶炉，多收集锅釜之物，烧成铁水，待倭寇攻城时，凌空泼洒，倭寇哪有不退之理？此策可抵十万大军。"

阮鹗激动得站了起来，紧紧握住沈东溪的手说："沈师傅果真有良策，我看可行，还请师傅助我，多招一些匠人，赶紧就到城头上砌炉冶铁。如此，桐乡有救矣！"

于是，四座大号冶炉分别在东西南北四门城楼上连夜砌了起来。每座冶炉安排专人寻锅釜类之物、专人司炉。天色未明，四座冶炉同时烧了起来，很快，炉内的铁水沸腾起来。上午，倭寇果然又驮着云梯前来攻城。待他们贴近城墙时，守城的乡勇用戽斗将滚烫的铁水朝爬城的倭寇泼去。倭寇哪里会料到有此一招，只要沾上一滴，就被烫得发出撕心裂肺的惨叫，直接掉下云梯。而且铁水在城墙根下冷却后，凝成尖锐的铁碴，哪怕是穿了鞋子，行走都要小心翼翼，要是不幸跌倒，会被刺得头破血流。铁水守城果然好使，倭寇闻风而退，在护城河处摇旗呐喊，其实只是虚张声势，并不敢贴近进攻。

虽然桐乡获得了暂时的平安，但倭寇并未退去，他们在桐乡四周驻扎下来，搭起了帐篷，建起了营寨。看来，大有不破桐乡誓不罢休的势头。要是就这样围而不攻，时间一长，城内粮食有限，到时也会不攻自破。

阮鹗问金燕说："金公，城中粮食大概能支撑多久?"

金燕说："前些日子风闻倭登陆时，我还采购了一批粮食，但关闭城门前，城内突然涌进了上万难民。我看，即使省着吃，粮食顶多也只能支撑一个月。"

阮鹗说："一个月时间够了，倭寇是流动作战，长途奔袭，速战速决，向来不肯打消耗战的，估计不会相持那么久。从今天开始，城中存粮实行限量管制，不分贫富，每日均按人头供应。"

金燕说："我们再坚持些日子，要是再不退的话，就派人向胡总督求援。"

阮鹗说："胡总督不过就三千新兵，就是全派来支援又如何，这么多倭寇，无异于以卵击石，说不定又落得个全军覆没。依我看，胡总督不会派出援军的，我们还是早做打算得好。"

金燕说："不会吧，难道胡总督见死不救，眼睁睁地看着桐乡城破人亡?"

阮鹗本想说说胡宗宪正在实施"宋家和议"，又怕影响金燕的士气，想想还是忍住了，说："看情况再说，但愿胡总督能体谅桐乡的艰难，早点派援军过来。不过，就算没有援军，我们也要挺住。"

金燕说："阮巡抚，还有个情况要和您报告下。"金燕接着说，"王江泾大捷前，当时，张经率领的主力尚未赶到嘉兴，胡宗宪被一股倭寇追赶，败逃时舟覆落水，被乡勇沈坤和钱璨二人救了。钱璨就是桐乡人，此人素来不安分守己，与倭寇暗通款曲，本就有案在身，那次有幸救了胡宗宪，胡自然免了他的罪行。钱璨从此以总督恩人自居，纠集了一批臭味相投之士，横行乡里，气焰更是不同往日。"

胡宗宪在王江泾之战中落水，差点淹死，幸被乡勇所救，这事众所周知，阮鹗当然也知道。只是听金燕所说，才知道那两名乡勇中有一位是桐乡钱璨，更没想到他竟然是这样的人。阮鹗问道："钱璨现在何处，你的意思是说他旧习未改?"

"他就在城中，"金燕贴近阮鹗耳边说，"要谨防此人有异动。"

阮鹗一惊："你是说，他可能趁乱……"

金燕点了点头："桐乡城中，富绅大户不少，他本在钱塘江一带活动，倭寇迫近时，他突然率人来到城中，深居不出，这太不正常了。在下判断，他在等待时机，要趁乱抢大户。我听沈东溪说，他们一班人就住在凤鸣寺的禅房里，老和尚无奈，赶也赶不走。"

阮鹗说："你该早说啊，好在现在还不迟，我立即安排徐勇日夜盯紧他们，一有异动，马上逮捕收监。”说着，阮鹗叫过徐勇，对他叮嘱了一番，徐勇领命去了。

一天晚上，天上只有几点寒星，阮鹗在城头巡查。每个垛口边都安排有两名乡勇，下半夜换班，分上下半夜休息。阮鹗沿城转了一圈，和乡勇们打着招呼。每天晚上，在睡前、午夜醒来和早晨天亮前，阮鹗必巡城三次。乡勇们见堂堂巡抚大人都吃住在城头上，且夜间坚持巡城，守城的信心大增，自然也不敢懈怠。

因怯于铁水，倭寇接连几天没有攻城。与城头上安静相比，城下倭寇营帐中则格外热闹。一座营帐连着一座营帐，到处燃烧着火堆，烟熏火燎，绵延数里，一眼望不到头，看上去让人不寒而栗。帐中，酒肉飘香，嬉戏浪笑，乱成一团，不堪入目。一转眼，自进入桐乡城，五六天过去了，无论是军心还是民心，那种焦躁之气，就像倭寇营垒中火堆一般，愈烧愈烈。可是，城里的人着急，城外的倭寇们难道就不着急吗？他们只会更急，现在比的就是谁更有耐心。

城头上有一间哨屋，平时是巡城的哨探夜间所住，临时用作阮鹗的住所。阮良为了保护主人，在哨屋后临时搭了顶帐篷。阮鹗巡城回来，刚刚躺下，看到窗外有黑影一闪。开始，他以为是阮良，又一想不对，阮良根本没有如此敏捷的身手。那又会是谁呢？不好，难道是有人想行刺？阮鹗迅速爬了起来，并顺手抓起枕头放进被窝，装成仍睡在床上。然后，持破罡剑在手，屏声敛息，立于门后。

果然，门被轻轻挑开了，一个黑影闪身进来，向床上唰地刺了一刀。一看这刀，阮鹗就知道眼前的刺客是个倭寇。

阮鹗快速出剑，向倭寇的后背刺去。没想到，倭寇见刺中的目标有异，已知上当，一个飞跃，人已到了床上，贴壁而立。看见阮鹗立在门后，立即挺刀刺来，连给人喘息的机会也不留。

阮鹗使出全身力气，用破罡剑直接向倭刀砍去。刀剑相撞，在暗夜里发出一声脆鸣，连倭寇都忍不住赞道：“好剑！”

阮鹗喝道：“你是何人，竟敢行刺本官？”

来人拉下面罩，压低着嗓音，说：“阮鹗君，在下辛五郎，只要杀了你，桐乡就群龙无首，剩下的都是乌合之众，何愁城池不破？再说，你的首级值银万两，有钱，又岂能不赚？”

没想到眼前的辛五郎汉话说得如此流利，他深更半夜竟然在守军的眼皮子底下潜上城楼，可见胆识和本领过人，不愧是独行侠，看来倭寇中有能人。现在怎么办？阮鹗立于门后，动一下都暴露在辛五郎的刀锋之下，逃无可逃。辛五郎两刺不中，倒并不显慌乱，他显然成竹在胸，料定阮鹗今晚在劫难逃。

两人你来我往地又交手了几个回合，辛五郎毕竟是专业武士，阮鹗哪里是他的对手？他手忙脚乱，只有招架之功，危险频现。正在这节骨眼儿上，门突然开了，一支火铳伸了进来，原来是阮良来了。只听砰的一声响，一道火光向辛五郎射去。只听哇的一声惨叫，一把铅珠打在辛五郎的面门上，他顿时满脸乌黑，血顺着脸颊流了下来。辛五郎突遭暗算，怒不可遏，连人带剑向门口的阮良飞去！

阮良已射出一枪，根本来不及添加火药，见状立即仰面倒在地上。幸亏辛五郎受伤，否则今晚还不知道是什么后果。更多的乡勇闻声涌了过来，辛五郎在城头上一路狂奔，甩开乡勇，然后站到垛口上，飞身一跃，像一只大鸟落进了城下的护城河里。

金燕带人赶来了，紧张地问道："阮巡抚，您没事吧？吓死人了，您要是出了什么事，我金某如何向天下人交代？"

阮鹗说："幸好我早有防备，不然，今晚已命丧辛五郎之手。这个倭寇确实厉害，你看他中了火铳竟还能轻松逃走，身手不凡啊，我官军中要是有人有此本领就好了，何愁倭寇不破？"

金燕说："这些浪人自幼习武，嗜武如命，他们不拼不打就会饿死，而我官军衣食无虞，军职世袭，哪里会产生此等人才？"

阮鹗点了点头说："你说得有理。"金燕再也不许阮鹗住到城头上，让他搬到城下来，说那个浪人还有可能前来偷袭。阮鹗只好听从金燕的安排，搬到了城门边的一幢民房里。

辛五郎行刺，倒是提醒了阮鹗，要提防倭寇夜间袭击。他下令征集灯笼，每垛一盏，上盖席帽，防止下雨减灭；下附石块，以防风摆。将长约五尺的竹竿，系于垛口，平伸出垛外，将灯笼挂于竹竿一头。一到夜间，数百盏灯笼一齐点亮，照彻城墙，若有倭寇活动，就能看得一清二楚了。

倭寇又开始攻城了。

他们不知从哪弄来了一辆巨大的撞车，有一丈多高，接近城墙的一半。难怪倭寇停歇了几天没有来攻城，原来他们在打造撞车。撞车的重要构件就是撞木，是百年老树主干制作，前端裹以铁皮，用绳子吊在设有车轮的底座上，由人推至城门边，用绳索控制，拉动撞木，撞击城墙或城门。车上有“人”字形顶篷，上覆多层生牛皮，防火防箭，即使铁水也莫能它奈何。

阮鹗熟读兵书，对撞车自有破解之道。他命人找来一根长竹竿，一根长绳，将长绳绾成一个活套。待撞木伸出开始撞击时，将绳套套于撞头上，然后城上之人快速拉动长绳，则冲车自倒，无法作业。只是这放套之人，要胆大心细，眼疾手快。重赏之下，必有勇夫。乡勇中有严氏五兄弟，老五名叫严小鹏，个矮身轻，身手敏捷得像个猴子，他自告奋勇，愿意一试。

阮鹗对严小鹏耳语一番，严小鹏心领意会。眼看着倭寇将冲车慢慢推到了城墙前，然后推动撞木。粗大的撞木撞在城墙上，发出“轰”的巨响，所撞之处，墙砖就碎了，城头上的守军大惊失色，人人都感到城池在震动。要是继续这样撞下去，后果实难预料。严小鹏隐身在城垛后，将悬着绳套的长竿伸了下去，眼看撞木又向城墙撞了过来，严小鹏一晃竹竿，叫了一声“着”，绳套准准地套在了撞木上。他又大叫一声“拉”，城头上的乡勇拽动长绳，撞木应声被拉倒了。有倭寇前来割断绳索，可第二个绳套又伸了下去，撞车根本就发挥不了作用。倭寇无计可施，灰溜溜地将撞车推回去了。

城头上的守军松了一口气。很快，通向运河的水城门又发现有倭寇活动。阮鹗、金燕来到东门一看，只见运河上突然增加了许多船只。金燕说：“阮巡抚，他们这是要攻打水门啊，水门只有一道铁栅栏，我担心会被破坏。”

阮鹗说：“你快叫人搬些桐油到水城门边，城头上多备礌石和滚木。”

阮鹗来到城头上，端来一把椅子，看着城下，坐镇指挥。运河上，倭寇开始上船，每只船上有十几名倭寇，他们在船上伏下身子，在头顶上再倒扣上一只渔舟，以遮挡城头上的落物和箭矢。阮鹗一见，不由暗暗佩服，这点子想得真妙。看来为了破城，他们什么点子都想尽了。

自阮鹗安排金燕命人搬运桐油，金燕就知道这是要火攻，但还不知道具体怎么个攻法。眼见倭寇的船只慢慢靠近了水城门，阮鹗命令乡勇向运河里倾倒桐油。一桶桶桐油倒进了水里，油比水轻，浮在水面上，且桐油很快随着流水淌到了城外。阮鹗又命点火。一只火把丢进运河，只听呼的一声，水面上的桐油全烧着了，载着倭寇的船只也很快被烧着了。躲在船舱里的倭寇再也忍耐不住，纷纷跳水。乡勇放箭的放箭，抛礌石的抛礌石，水里的倭寇只有挨打的份儿，运河里很快横七竖八地漂了一层尸首。眼见水城门又攻不破，倭寇又退去了。

晚上，阮鹗和金燕在灯下商量着对策。金燕忧郁地说：“阮巡抚，这股倭寇和以往大不相同，今日一战，我真的怕了。”

阮鹗说：“当然，徐海亲自率领的倭寇，且陈东、麻叶、辛五郎各部都来了，会一样吗？不过，他们也没占到什么便宜。”

“下一步，他们还不知会想出什么攻城的点子呢，赶紧向胡总督求援吧，把形势写严重些，说再不派援军，桐乡就要被攻破了。”

“真的要求援吗？要不要再挨几天？”

金燕说：“大人，快送信求援吧，我害怕守不住，自己死了事小，城破事情可就大了。再说，真要守不住，万一胡总督以后责怪，说我们为什么不求援呢？”

阮鹗想了想，说：“你说的有道理，我今晚就修书一封，明天晚上叫人设法送出城去。”

当天晚上，阮鹗就写了一封求救信。信中，他简要介绍了河朔兵的抗倭情况和桐乡当前形势，核心内容是桐乡危在旦夕，请胡总督赶紧派兵救援。

次日晚，阮鹗将信用蜡丸封了，交给阮良，并悄悄打开水门，让他从水门出城。阮良从小在长江边长大，水性好，可以在水里游一二里地不露头。阮良顺利出城后，直奔塘栖镇，去寻找胡宗宪。

听说是桐乡派来求援的，阮良顺利进了总督大营。见到胡宗宪，阮良如同找到了救世主一般，递上了阮鹗的求救信。没想到，胡宗宪在看过求救信后，脸色铁青，冷若冰霜，当即提笔，唰唰唰一番龙飞凤舞，很快就写好了回信。

阮良见胡宗宪压根儿就没提救援的事，着急地问道：“胡总督，桐乡危急，一刻也等不及了，您什么时候发救兵？”

胡宗宪没有直接回答他的话，而是用手指敲了敲桌上的信说：“本官在信里都写清楚了，阮巡抚看后自然会明白的。”

阮良愣了，胡宗宪这态度不知是什么意思，让他不明白的是，桐乡被上万倭寇围了十多天，他身为堂堂浙直总督，怎么就一点也不着急呢？

阮良循原路回到桐乡，阮鹗在看了胡宗宪的手书后，一言不发，阮良情知不妙，也不敢多问。金燕听说胡宗宪来了回函，兴冲冲地前来打探情况，见阮鹗冷着脸沉默不语，已知求援未果。他安慰道：“阮巡抚，不必烦恼，坚持一天算一天吧，撑到哪天算哪天，只求无愧于心，上对得起君主，下对得起百姓。”

阮鹗说："金公，你这种态度让我倍感欣慰。一句话，桐乡不能破，你我与桐乡共存亡。"

金燕走后，阮鹗再次打开胡宗宪的手书，有一种如坠深渊的感觉。胡宗宪在回函中只字不提他抗倭守城之苦，只字不提援兵，反而将他怪罪一番，指责他好兵浪战，进入桐乡是轻率避险，对他延请另有任务的河朔兵剿倭导致全军覆没颇有微词。真可谓字字锥心。

阮鹗怒不可遏，他就搞不懂，怎么抗倭就成了好兵浪战，难道倭寇来了只能任其宰割不成？他进入桐乡守城何错之有，难道任由倭寇攻破城池？自接到胡宗宪手书，阮鹗就气愤难平。此前，他俩因是同年，关系颇为融洽，彼此称兄道弟。现在看来，根本就不是一路的人。

在城中潜伏多日的钱璨终于伺机出手了。

一天晚上，城中四处火起，惊心的海螺号响了起来。大街小巷响起撕心裂肺般的喊声："倭寇进城了！倭寇进城了！"阮鹗大惊，迅速登上城楼，见楼下倭寇营中并没有动静，四座城门边也没有厮杀的情景，且城中火起处皆是零星火光，他判断可能是前些日子金燕说的钱璨作乱。可是，如果钱璨有异动，怎么不见专门监视他的钱勇前来报告？阮鹗命令金燕驻守城头，所有守城乡勇原地待命，他自己带着一班人，向凤鸣街奔去。此街是桐乡城最繁华的街道，集中的富绅和大户最多。

阮鹗来凤鸣街，见到处是四处乱窜的百姓，安慰大家说："倭寇并未进城，可能是盗匪作乱，大家不要乱跑了，快回去救火，清理被盗财产。"

见阮巡抚带着乡勇到了，本来忙着逃命的百姓，一个个都镇定下来。阮鹗问盗匪逃去的方向，有百姓说看见他们抢劫了不少物资，向河边搬运。阮鹗明白了，他们可能要从水门出城，立即带着乡勇沿河追去。

赶到水门附近时，还是迟了一步。三艘满载着货物的小船已贴近水门，只见为首一人，膀大腰圆，对着铁栅栏，左膀右臂连连猛撞，铁栅栏竟被他撞弯了。接着，他伸出铁钳般的大手，抓住栅栏，使劲晃动起来。接着大吼一声起，小舟乱晃，砖石坠落如雨，数百斤的铁栅栏硬是被他举了起来，扑通一声扔进了水里。很快，几艘小船箭一般出城而去。

阮鹗大惊，此人有此等蛮力，真是闻所未闻，就是人称徐千斤的徐勇也不一定能及，难道他就是钱璨？一问身边的乡勇，果然就是。现在他们已逃到城外，追也来不及了，还是赶紧修好水城门要紧，遂命金燕连夜抢修。

阮良带着垂头丧气的徐勇来了。原来，徐勇天天在凤鸣寺附近转悠，早已被钱璨看出破绽。徐勇贪杯，被钱璨安排人灌醉了，五花大绑地捆在了凤鸣寺，锁在斋房里。徐勇啪啪地打着自己的脸说：“阮巡抚，我有罪，我不是人，我误了大事！”

阮鹗说：“现在不是责怪的时候，以后千万不能再犯了，你去看看被盗户的情况，损失如何，到时好找钱璨算账。”

徐勇领命去了。这时，金燕领着一个乡绅模样的人过来了。金燕说：“阮巡抚，这位是严乡绅，曾在福建等地当过知县，他有话要对您说。”

严乡绅说：“见过浙江阮巡抚，老夫先谢谢大人救命之恩。”

阮鹗说：“严乡绅言重了，守土保民仍是本官应有职责。”

严乡绅说：“话是这么说，可倭寇势强，要不是有大人和金县令率桐乡百姓死战，桐乡早如慈溪、崇德等县一样，城池失陷，我等也早到阎王爷那里报到了。老夫今来，还有一事相求。今晚歹徒钱璨作乱，从我府中抢走金银细软不算，只是有一祖传之物，拜托阮巡抚日后能否相机替老夫找回，老夫百年之后于九泉之下，也不会忘了您的大恩大德。”

阮鹗说：“只是不知是何物？”

严乡绅说，被窃之物乃是一方北宋歙石眉子砚，砚台纹理交织，形成的图案如少女的温婉细眉，故名眉子砚。相传此砚为苏东坡所用，乃是严家祖传之物，如在他这一辈丢失，对不起列祖列宗。

阮鹗说：“我明白了，日后一定尽力替严老索回。”

严乡绅说：“老夫有五子，分别名大胜、大成、大年、大力、小鹏，幼子小鹏就是替你们挑竿套撞车那个，老夫以五子为荣，整日里含饴弄孙，倒也逍遥，只是这倭寇来了，倒是让老夫明白了一个道理，这逍遥也是有代价的，只不过是有人默默替你做了。所以，老夫决定，将五子交与阮巡抚，让他们鞍前效劳，略尽微力。阮巡抚不必推辞，用大人的话说，身为桐乡百姓，这也是应有职责。”

阮鹗感动地说：“那本官就谢谢严乡绅深明大义，有此百姓，何愁桐乡不保？”

送走严乡绅，徐勇的统计也大略出来了，当晚钱璨等匪徒所盗富绅大户有十余户，想来都是早就瞄准目标，一抢一个准，总计被盗金银超过万两，可谓损失惨重。

次日，严氏五兄弟来阮鹗处报到。严小鹏此前已熟悉，阮鹗打量其余四人，个个体格健壮，精明强干，遂将他们留在身边听令。意外得严氏五兄弟，阮鹗守城信心倍增。

第六章

首级之语

又是一天过去了，太阳升起，运河蜿蜒向南流去。城中，炊烟袅袅，家家户户都在忙着做早餐。站在城头上，阮鹗能闻到各种香味，稀饭的香，玉米饼的香，馒头的香，春卷的香，咸鸭蛋的香……各种香味搅和在一起，连风也是香的。嗅着这股香气，阮鹗觉得，这些天来的生死经历都是值得的，甚至胡宗宪对他的指责也是可以忍受的。在百姓的生死面前，什么都是渺小的。

阮鹗一直担心的铜将军终于登场了。

倭寇的营寨本来就挨在护城河边。一天，守城的乡勇发现，南城门前，倭寇突然将营寨后撤了五六百步。阮鹗情知不妙，他们说不定又在玩什么新的攻城花样。稍后，果然见他们抬出了一尊铜炮，城头的上乡勇惊慌失措，纷纷逃窜。

铜炮因威力巨大，俗称铜将军。阮鹗暗暗叫苦，这可咋办，倭寇从哪里弄来了铜炮呢？那天在石门镇听卢福全老汉说倭寇有三尊铜将军，他还有些将信将疑，没想到是真有。这尊铜将军是从日本带过来的，还是从明军兵仗局走私的，现在还不好说，阮鹗巴不得是后者。因为如果是从日本带过来的，必然配有炮师；若是从明军走私偶然所得，那有炮师的可能性就不大。有了铜炮，还要有炮师，才能发挥它的威力。阮鹗判断，倭寇中应该没有会操炮的人，不然，他们断不会到今天才抬出这个硬家伙。希望上苍眷顾桐乡，不然，这么多天可就白守了。

金燕的脸都吓白了，他望着阮鹗，哭丧着脸说：“阮巡抚，这次我们真要完了。”

阮鹗说：“别急，你看他们摆弄了半天，还没有开炮，嘿嘿，本官判断，倭寇可能还没有找到会操炮的师傅。”

金燕一喜：“原来如此。大人，您说的果真不假，看他们摆弄半天了，炮还没有打响。唉，希望它是座哑炮就好了。”

就在两人在低声议论的时候，只听轰的一声巨响，一个巨大的火球向城中飞来。火球并没有击中城墙，而是从城头上飞过去了，落进了城里。被击中处，民房烧了起来。很快有人来报告，说有几名百姓被炸身亡。铜将军一响，守城乡勇的士气受到重大打击，人人都担心城墙会被轰塌。接着，倭寇又放了几炮，每次不是近了就是远了，城墙完好无损。

金燕又说："阮巡抚，您判断得不错，倭寇确实没有会操炮的师傅，并不能打中城墙，只是任由他们这样弄下去也不是个办法，他们天天朝城内开炮，城内百姓还有的活吗？再说，他们就算瞎猫碰上死耗子，也总会有打中的时候，到时城墙还不是被他们炸塌了吗？"

阮鹗皱着眉说："这班倭寇确实难缠，他们和桐乡较上了劲，大有不破城池不罢休的势头，现在他们和我们隔着五六百步远呢，我们只有被动挨炸的份儿，却没他们半点办法，万一城墙被炸塌，我们也只有舍命和他们拼了。"

金燕说："我有一个主意，不知是否可行？"

阮鹗说："快说！"

金燕说："倭寇每放一炮，他们也并不知道打中了哪里，更不知道城墙是否塌了，我们能不能做个假象，让他们误以为城墙塌了，倭寇必纷纷涌到墙根，贴近了好用铁汁浇他们。"

阮鹗大喜："金公，你真是守城守出经验来了，完全可以一试，反客为主，不能完全被动挨宰。"

金燕命乡勇用筐迅速搬运残砖瓦砾到城头，做好准备，眼见倭寇又放了一炮，乡勇们隐身到墙垛后，迅速将残砖瓦砾一齐倾倒下去。只见烟尘腾空，哗的一响，瓦砾声大作，远处的倭寇大喜，以为城墙炸塌了，驮着云梯纷纷朝城墙下涌来。刚刚走到墙根，滚烫的铁汁雨点般落了下来，一个个又被烫得鬼哭狼嚎，在身上又抓又挠。好不容易逃到安全处，死猪般躺在地上，再也爬不起来。如此三番五次来回奔波，倭寇被折腾来折腾去，士气衰落，再也没有进攻的劲头。

铜将军偶尔也有命中城墙的时候，可桐乡城墙坚固，哪怕被飞弹命中，也只不过炸飞数十块城砖，或者在墙体上炸个小洞，不会导致城墙成段坍塌。也就是说，由于没有娴熟的炮师，铜将军不能集中火力命中一处，对桐乡尚构不成破城威胁。眼见天色渐晚，一天下来，铜将军先后放了二十余炮，桐乡仍安然无恙。倭寇无奈，只好将炮又抬回去了。

晚上，阮鹗和金燕照例在城头上巡城。金燕说："这铜将军的威力还真不容小觑，要是他们请来了娴熟的炮师，我们可就惨了。”

阮鹗说：“那样的炮师只有我们官军中才有，倭寇哪里会有那样的人才？上次我听卢福全老汉说倭寇共有三尊铜将军，他们这次只搬出了一尊，虽说今天攻城尚未能发挥它的神威，但将来要是临阵咋办？一炮炸开，铅珠满天飞，无人可抵挡啊。”

金燕说：“说的是，我觉得官军也要配备这类火器，要是我们有铜将军守城，倭寇还敢靠近吗？”

阮鹗说：“金公，你的话倒是提醒了我，待解了桐乡之围后，本官要迅速采购足够的火器充实军营，与倭寇对阵，手中没有利器怎么行？”

倭寇围城约二十天后，一天上午，身披红氅的倭酋徐海，突然在众倭的簇拥下，出现在南城门的吊桥前。只见他坐在高台上，双手衬在一把倭刀上，对城头上喊道：“叫浙江阮军门出来，我有话说！”

阮鹗见他们不像是要攻城，既然倭酋指名要见，岂有不见之理，那不是显得怯了他吗？阮鹗来到城头上，站到垛口处，说：“本官就是浙江巡抚阮鹗，你勾结日本海盗，引狼入室，狼狈为奸，劫掠东南多年，杀我朝廷命官，伤我黎民百姓，其罪罄竹难书！听说你在杭州虎跑寺当过和尚，我看你是既无慧根，也无善心。你口口声声要见本抚，本抚在此，你到底有何话要说？”

阮鹗一番话，说得徐海无地自容。徐海说：“阮大人息怒。”他指了指身边的倭寇，继续说，“我等也是被朝廷海禁令所苦，生活无着，不得已才走了这条道。今天不说这事了，我特地来告诉大人，承蒙胡宗宪总督厚爱，平息干戈，引我弃暗投明，我已答应胡总督接受招抚，再过几天，我们打算撤除对桐乡的包围。今后，我们和阮大人就是一家人了！”

徐海说完，他身边的倭寇们发出夸张的浪笑，喊着：“一家人，一家人……”

“住口！”阮鹗大吼一声，“你们就别做白日梦了！一家人，那些被你们杀死的百姓能复活吗？那些烧毁的房屋能还原吗？那些抢劫的财物能归还吗？你们犯下的滔滔罪行，岂能一招了之！本官话已至此，告辞！”

晚上，阮鹗坐下灯下，想想白天徐海的话，越想越觉得不对劲。他倒不是怀疑徐海所说的真实性，而是觉得胡宗宪的所作所为，实在匪夷所思。身为浙直总督，身边有数千军马，桐乡被围二十余日，他视而不见，不发一兵一卒的救兵，却与倭寇议和！这不是与虎谋皮吗？特别是徐海说的，倭寇以后和官军就是一家人了，这真叫笑话呢。胡宗宪和赵文华谋划招降不是一日两日了，自两年前胡宗宪到浙江出任巡案御史，就一直在明里暗里地准备招降，还正儿八经地派出了招降使团。关于此事，阮鹗一直认为胡宗宪是在瞎胡闹，没想到弄假成真了。别的不说，这数万倭寇如何处置，不是养虎为患吗？身为浙江巡抚，阮鹗觉得自己有义务和胡宗宪说一声，表明自己的态度，同时解释一下上封信中胡对他的指责。信是这么写的：

贼围城已二十日，初七日始接手教，弟非敢于轻率，使当时左顾右盼，迟到一刻，今无桐乡矣。钱璨诸贼引而据为巢穴，弟恐两昕不能高枕而卧也。弟之来桐乡，亟为生民之计耳。至于宗礼、霍贯道原奉兄调去嘉兴，适与贼遇，一战而死，此亦分之所宜，非弟之力所能调也。

朝廷遣将，本为捣巢，今巢贼犯浙月余，大兵按而不举，弟实未解。昨南门、东门贼伙洪东冈系漳人，黄侃系浙人。兄旧年、今年曾令蒋洲、蔡时宜、潘一儒呼他来通贡，再不加兵。今又朱朝凤等入杭，吾兄再讲前事。当此危急而不加兵，甚与贼言相合，若果如此，祸且不论，又是宋家和议，弟死不敢与也。

弟之轻躁，不过去官，不救桐乡之难，又干灭族之诛。且昼夜攻城，半月不解，其使来者本非有求贡之意，不过缓官军之迫，以困桐乡耳。今兄将浙江衙门原募义兵、原选正兵，俱付与弟，则今日之危不悔矣。旧年灭贼，即此兵也。何今遽谓之弱乎？而不与旗牌关防并交代耶？且处兵不过三千，乃乍浦久困苏之卒耳。今调二千浙东，以解余姚之围；调一千崇德，以阻犯杭之路；至于水兵不能随战，兄所知也。此外更无兵矣。

昨桐乡外坍敌台，内坍城墙，而贼人云梯、云楼、望高台、铜将军，凡自古攻城之法，无不备矣。兄何忍弃弟至此，不以忧国家为念，保城池为心，而反以好兵为词，恐非豪杰本心也。祸福自有天命，不当推避如此。心在社稷，不暇他顾，冗中布忱，不忍终默。

信仍由阮良按原路送出去，只不过，这次，胡宗宪没有回信。阮良倒是带回了一个让他震惊的消息：钱璨逃出桐乡后，恰逢胡宗宪的总督府为招降倭寇公开向社会募捐，钱璨不失时机地捐了笔银子，又送了胡总督私人一件宝物，加上他本就是胡的救命恩人，胡遂将他编入行伍，并授予千户之职。这就是说，钱瑑和阮鹗从此就成了一家人。

阮鹗想起严乡绅拜托他查找那方北宋眉子砚的事。胡宗宪是徽州绩溪人，徽州是文房四宝之乡，胡虽为总督，毕竟也是一介文人，对这些案头之物，向来喜好收藏。钱瑑肯定知道总督的雅好，那方古砚，肯定送给胡宗宪了。真要是那样，想要索回，可能要费些周章，只有待日后有机会拜托徐渭暗中查寻。

又是数日无战事，倭寇虽未撤退，但已停止攻城，阮鹗又喜又忧。喜的是桐乡获得了暂时的安宁；忧的是，他担心胡宗宪的招降是引狼入室。

一天中的大部分时间，阮鹗都是待在城头上。没事的时候，他就爱端张凳子，靠在城垛上看云。空中的云来来往往，从东到西，或从西到东，慢悠悠的，像一只只蜗牛，在不疾不徐地飘动着。专注地看着那些云，人就会慢慢淡忘地面上的事，心不知不觉就被它们带远了。心也成了云。

阮鹗想起自己的老父，讳名廷瓒，那真是一个可爱的老头。他一天到晚笑呵呵的，一团和气，没有半点脾气，像朵软绵绵的云。没事的时候，就喜欢端把椅子，坐在门口看云。看长江上的云，看白荡湖上的云，看㘝山顶上的云。老父将他的书房起了个好听的名字“爱云之窝”，乡邻们由此给他起了个雅号“爱云翁”。他自然乐而受之。阮鹗少时，曾不解地问过父亲，云有啥好看的呢？父亲说，你不懂，等你长大了，就会明白的。长大后，阮鹗真的明白了，并且也迷上了看云。

其实，老父的命挺苦的。在父亲十岁那年，祖母就去世了；次年，祖父也去世了，留下父亲和伯父兄弟俩，还有一笔丰厚的家资。身为兄长的伯父成了一家之主，他待父亲极为苛刻，将少年的父亲当成家里的长工，让他没日没夜地苦作。一次，父亲耕田时，被石头伤了脚趾，坐在田埂上休息，伯父以为偷懒，将他一顿痛揍。父亲爱读书，在耕牧之余，常借书诵读，被伯父发现了，大骂不止，父亲跪在他面前请罪，默默将书还给了人家。伯父的行径连邻翁都看不下去了，在一旁吟诗曰“煮豆燃豆萁，豆在釜中泣”，含沙射影地规劝。父亲成年后，伯父怕花钱，不给父亲娶妻。然而，父亲却并不记恨伯父，一次伯父身患恶疮，父亲日夜在床前悉心照料，并以嘴吮吸脓血。伯父病愈后，大为感动，才给父亲说了一门亲事。结婚时，父亲都已二十八岁了。在“爱云之窝”里，还悬着一块匾，上书四字“义敦棠棣”，这是县里督学为表彰父亲的高风懿德而赠送的。

想到这里，阮鹗不禁哑然失笑，怎么在这时候想起了父亲呢？可能是数年没有归家，他有些想家了吧。此时，那个可爱的老头怕也正在江边看云吧。江面上的云才叫好看呢，江天一色，白云悠悠。看云时，心静如水，心事如云，那是难得的自在时光，多好。

一天晚上，阮鹗正在灯下看书，忽然接到阮良报告，说倭寇营寨里出现了火光。阮鹗来到城头上，只见远处的倭寨里，烧起了一片大火，夹杂着混乱的人声。他大喜，当时的第一个想法，是不是自己的那封信起了效果，总督胡宗宪派的援军到了？可是，大火烧了一会儿，渐渐熄了，倭寇营寨里又恢复了平静，根本就不像是有人劫营。阮鹗大失所望，看来是有人不小心失火所致。

可是，第二天早晨，南门外又竖起了一根长竹竿，上面又吊着一颗血淋淋的首级。阮鹗、金燕还有诸多乡勇都在城头上看过了，隔得有点远，看不出是谁。同上次悬挂宗礼、霍贯道的首级不同的是，倭寇吊了首级后，隔一会儿就有人拿着鸟铳对着竿头上的首级开火；还有人将首级当成靶子，朝上面射箭，首级上挂了好几支箭矢。无论是开火的人，还是射箭的人，嘴里都骂着可耻的卧底、奸细之类的脏话。阮鹗就纳闷了，这会是谁派去的卧底呢？桐乡这边吗？不可能，自己明明就没有派人出城。胡宗宪那边吗？他连一兵一卒的援军都不肯派，而且正在和徐海议和，他会派出卧底吗？想来也不大可能。许是胡宗宪的招降策略起了作用，现在倭寇围城不像以前那么严密了，阮鹗遂安排阮良从水门里出城，到外面去打探打探。

阮良装扮成一个百姓，在四处村落里一番转悠，情况很快就打听清楚了，那颗首级不是别人，正是给倭寇当向导和舵工的卢福全老汉。

事情是这样的。倭寇在从崇德县搬运铜将军到桐乡攻城时，三尊铜将军分别放在两艘渔船上。途中，有一艘渔船在过石门桥时翻了，两尊铜将军掉进了河里。由于正值春汛，河水较深，再也寻不到了。阮鹗还一直纳闷呢，先前卢福全明明说有三尊铜将军，可攻城时只看见一尊，原来另两尊掉进了水里。倭寇怀疑卢福全做了手脚，但又找不到证据，也只好作罢，但倭寇由此对他产生了怀疑。

听到这里，阮鹗什么都明白了，他心如刀绞，眼泪不由自主地流了出来。卢福全老汉那憨厚质朴的样子浮现在他的泪光里。阮鹗想起他们一家人到按司后院与他道别的情景。多善良的百姓啊，身为地方官中的一员，他只不过做了自己该做的事，可百姓却感恩戴德，这怎不叫他们这些为官者感到惭愧呢？

阮良说："主人，还有呢。"阮鹗不忍再听了，摆了摆手，示意阮良不要再说下去了，他再也接受不了。阮良欲言又止，见主人伤心落泪的样子，只好悄悄带上门出去了。

晚上，阮鹗来到了城头上。望着城门下竹竿上的卢福全首级，他的眼泪又涌了出来。实际上，根本看不清首级，更看不清五官，只不过看见一团黑乎乎的东西吊在竿头上。阮鹗独自在城头上坐着，望着那首级发愣，他喊道："卢老汉，我看你来了！"

竹竿上的首级似乎动了一下，阮鹗听见了卢福全的声音："阮巡抚，您怎么哭了？"阮鹗一愣，一点不错，是卢福全的声音，爽朗而又有点怯怯的。

阮鹗说："我是为你而哭呢，你死得太惨了！"

"大人，我死得值了。"

"那艘装铜将军的渔船是你弄沉的吧？"

"哈哈。"卢福全笑道，"我在水里泡了半辈子，渔船能听话呢，我叫它沉它就沉，我叫它斜它就斜，大人您信吗？"

"我信，我代表桐乡百姓谢谢你，要不是你弄沉了那两尊铜将军，我们不知还要吃多大的亏呢。"

"没啥，本想把那最后一尊也弄沉，可倭寇将它团团看住，我没办法下手。这事都不算啥，大人，老汉我还有故事呢！"

"你还有什么故事，说来听听。"

"我的老伴，人称桂妈，您见过的，那天离开杭州向您辞行时她也在场。本来，我们一家人过得和和美美，可倭寇一来，就全乱了。一天，我和她在钱塘江上打鱼，倭寇夺了我的渔船，让我当上了向导和舵夫……"

说到这里，卢福全停了，半晌不语，阮鹗情知不妙，问道："那，桂妈呢？"

卢福全的声音变了，有点哆嗦，他的首级在竹篙上，风吹雨打的，肯定有些冷了吧。仿佛是卢福全咬了咬牙，能听见牙齿咯嘣咯嘣地响："被倭寇带走了，好多女人，关在桂山下的一个村落里。倭寇为了防止她们逃跑，不让她们穿衣服，一个个都赤条条的，白天替他们缫丝，晚上……哎呀，我都说不出口了。"

"桂妈的事，记得你跟我说过，你还说要想办法将她救出来，那你后来救出来了吗？"

"哪有那么容易？"卢福全说，"那地方只有一条道可以进村，有倭寇日夜守着，我没办法下手。"

“那桂妈呢，还没救出来吗?”

“大人，您别急，听我慢慢说。倭寇围了桐乡后，那些女人们还在崇德那边呢，路太远了，晚上没法陪他们喝酒作乐。桐乡被围，方圆几十里内的村庄、城镇被洗劫一空，倭寇营寨边有个空了的村子，叫桐村，倭寇把女人们全弄到了桐村，路口依然派人日夜把守着，只有他们自己人才能进出。”

阮鹗恍然大悟，说：“我明白了，倭寇营寨中那晚的大火就是你放的吧?”

“一天晚上，机会来了，正在桐村作乐的倭寇酒喝完了，安排我去送酒。我装了一船的酒，运到了桐村边，再一坛一坛地搬进了村，放在一家祠堂门口。搬完后，我没有离开，机会难得，我决定找找桂妈。”

听卢福全这么一说，阮鹗的心提到了嗓子眼，卢福全肯定被倭寇发现了，不然怎么被杀了呢?

夜色中，那个声音暂时停了，好像在沉吟着该怎么说。过了一会儿，卢福全的声音又响了起来：“我又悄悄地来到了那家祠堂门口，里面亮着灯，但没有喧闹的声音。我扒在门缝里一看，里面有好几百倭寇，一个个全都睡着了。那些抢来的女人们该在哪里呢? 我又来祠堂附近找，终于发现，不远处有一幢房子里有响声。我过去一看，门是关的，里面全是女人，少说也有一二百人，一个个赤身裸体的，有的在缫丝，大多数躺在地上睡着了。我犯难了，这怎么救人呢? 我分不清哪个是我的桂妈，要是弄出点响动，倭寇们立即就会过来，到时一个也救不出去。我该怎么办呢?”

阮鹗也知道那种情况下要救一个人很难，卢福全要救桂妈，别的女人知道了，肯定也都要离开，最后一个也走不了。卢福全说：“我想来想去，还是放弃了，我救不了桂妈，她白跟我这个窝囊废了，自己的女人也保护不了。再经过祠堂时，我决定跟倭寇们拼了。倭寇在屋里呼呼大睡，我将门从外面锁死了，在房子周围，特别是门前，码上了生丝和蚕茧，这些东西桐庄到处都是，堆积如山。弄好了，我又打开了几坛酒，将酒倒进了室内。然后，一把火点着了。我迅速爬到了不远处的一棵梧桐树上，躲在茂密的树叶间看着那边的动静。”

阮鹗听卢福全平静地说着，好像讲着一个与他无关的故事，他开始钦佩这个貌不惊人的渔民了。他那憨厚朴实的外表下，隐藏着惊人的智慧和力量，一旦迸发出来，将产生惊人的效果。

卢福全说：“大人，您知道世间最可爱之物是什么吗?”不待阮鹗回答，他又继续说道，“我在水上漂了半辈子，靠水吃水，一直以为水才是世间最可爱之物，当那场大火烧起来的时候，我才发现自己错了。世间最可爱之物是火。火在眨眼之间冲天而起，我要是跑得慢一点，差不多就要烧到我的脚后跟了。老祠堂烧着了，那些梁柱桁条椽子面板全都是陈木，挨着火就着，那是一场多么壮观多么美丽的大火啊，冲天的浓烟挟裹着火苗，在夜色里快乐地跳着、飞着，越飞越高，像大海里突然刮起了风暴，像海水长了翅膀，全飞了起来。火光里，倭寇在张牙舞爪，寻找着逃路，哪里会有逃路呢？到处都是火。噼噼啪啪的炸裂声，是木头，还是倭寇的骨头在炸裂呢？我分不清了。我身上的血也被那场大火烧热了，我在树上手舞足蹈，得意忘形，开心地叫着。唉，说起来都是命，一时间，我竟然忘了自己是在什么地方，结果不用说了，我被那些闻讯赶来救火的倭寇发现了。要是我再冷静一点就好了，要是待在树上一直不吭声，说不定他们发现不了我。"

"唉，多可惜，卢福全啊卢福全，你怎么就一点沉不住气呢？"阮鹗惋惜地说。

"我这辈子也值了，有那么多倭寇给我垫背，大人，您知道吗？整整一百多个倭寇呢，全烧死了，一个都没能逃出来，都烧成了焦炭。这真叫罪有应得，恶有恶报。"

这时，天光渐亮。卢福全说："阮巡抚，我这辈子算完了，可老汉我还有事情拜托您呢。"

"有什么事，你说，你是对朝廷有功的人，我一定力尽所及地帮忙。"

"我走了，家里还有三口人，我老婆桂妈，儿子卢海生，女儿卢海琴，拜托大人多关照。"

卢福全老汉的一双儿女，阮鹗当然记得。他在西兴古镇查寻军营里流失的那批硝石时，卢海生还给他提供过线索。卢海琴他也有印象，是个心灵手巧性格爽直的姑娘，她替桑娘到学宫里递状子，由于忙于抗倭，那个案子他一直还没查呢。阮鹗问道："听说你儿子失踪了，后来回来了吗？"

卢福全说："难得大人还记得犬子。人是回来了，可被打得遍体鳞伤，虽经治疗，但是身体大不如前了，人也变得傻乎乎的，不仅不能干活，生活都要人照料了，可怜啊！拜托大人方便时多加关照。老汉走了，阮巡抚保重！"

天亮了，望着城下竹竿上卢福全的首级，阮鹗没想到昨晚上和卢老汉说了一夜的话。那颗首级渐渐清晰起来，阮鹗的心又隐隐作痛，仿佛那吊着的是他的首级。这人死了，总该入土为安吧，总不能将首级就这样一直吊着吧，而且倭寇朝它又是放火铳又是射箭，让人实在不忍目睹。阮鹗想起了身手如猴子般敏捷的严小鹏，命阮良将他叫了过来。

严小鹏来了，阮鹗指着城下竹竿上的首级说："你晚上能不能将它盗过来？"严小鹏说："没问题，我从护城河里过去，他们晚上也不会派人守着一颗首级。"

当天半夜时分，倭寇营寨里静悄悄的。严小鹏从水门出了城，沿着护城河一路悄悄游到南门，果真顺利地盗回了卢福全的首级。阮鹗松了一口气，命清洗干净，暂时放在凤鸣寺内，待倭寇退了后再行安葬。

二十多天过去了，桐乡城中，眼看着粮食一天天紧张起来，阮鹗和金燕也一天比一天焦急。要是这样围下去，到粮尽的那一天，桐乡是不攻自破。阮鹗、金燕和守城的乡勇们，天天望着城下的倭寇营寨发愣。倭营总是老样子，酒肉飘香，嬉笑浪语，天天如此。这情景让城里的人愁死了，可又无计可施，只能一天一天地挨着时光。

就在桐乡城内阮鹗等人焦急万分时，一天，倭寇大营里来了一位陌生的客人。此人白面书生，头戴儒巾，身着襕衫，腰系蓝色丝绦，一身典型的儒生衣冠，风度翩翩，手持一柄折扇，大摇大摆地进了倭酋徐海的大营。他就是浙直总督胡宗宪派来的招降使者，名叫罗龙文。他的后面，跟着几辆马车，车上的东西码得山高，将车轱辘压得吱呀呀地响，重量显然不轻。

罗龙文是歙县人，和徐海既是老乡，又是旧时相识。还有一层特殊的关系，连徐海都不知道。徐海在嘉兴曾抢过一个女人，是个名妓，名叫王翠翘。她出身贵族世家，后家道衰落，才不得不寄身青楼。王翠翘容貌出众，亦颇为见识，很得徐海宠爱。王翠翘在青楼时，曾和身为徽州富商的罗龙文有过一段情缘，一说曾是他的小妾。倭寇劫掠，冲散了二人，罗龙文进入京城。他善制墨，是当时墨工中的牛耳级人物，凭此一技之长，奔走于权贵之门，加上善钻营，油滑世故，竟攀上了内阁首辅严嵩的儿子严世蕃，成了他的幕宾，得官内阁中书。徐渭和罗龙文是好友，罗与徐海以及王翠翘的关系，徐渭一清二楚。胡宗宪要招降徐海，罗龙文是不二人选，徐渭就向胡宗宪推荐了罗龙文，罗这才重返江南，当了一名说客。

故人相逢，格外亲热。寒暄一番后，徐海一把拉住罗龙文的手，开门见山地说："故人今天来，是为胡公做说客的吧？"胡公就是指胡宗宪。

罗龙文摆摆手笑道："非也，非也，我怎会是胡公说客，我今天来，是给兄弟你指一条光明的大道。"

徐海一愣："大道，大道何在?"

罗龙文说："古人云，识时务者为俊杰。兄弟你是个聪明人，自然不用多说。现今是什么形势，兄弟有没有考虑过自己的归宿?"说着，罗龙文凑近徐海耳畔，"王直都降了，他派遣义子毛海峰入京，朝廷已免了他的罪行。朝廷还说，此时归降，一概宽大处理，说不定还会捞个一官半职。兄弟何不趁此时放下屠刀，立地成佛，错过这次机会，将来必被官军所俘。真要到了那时，一切都晚了!"

罗龙文说毛海峰入京，朝廷已免了王直的罪行，是子虚乌有之事。王直只不过有条件地初步同意招降，他派毛海峰陪同使团到定海，具体对接招降事宜。王直是倭寇中的头号人物，罗龙文说他已行动在前，徐海不可能不心动。徐海当过和尚，自然也知道放下屠刀、立地成佛的含义。

说着，罗龙文拿出一封伪造的书信，是假拟毛海峰的语气，劝降徐海。徐海不辨真假，读后怅然若失，怔道："老船主都降了吗?"

老船主是徐海对王直的尊称。倭寇虽各部互不统属，但王直入道比徐海早，势力和影响也比徐海大。连王直都降了，他哪能不感到震惊呢?!罗龙文来时，适逢徐海小病初愈，他对这种打打杀杀刀头上舔血的生活也产生了厌倦，想和王翠翘一起过一种安定的生活。听了罗龙文的话，他颇为动心。

"作为老朋友，我话已至此，主意还是由你拿，是福是祸在此一举了。"罗龙文说着，指了指马车的货物说，"几件礼品，送给尊夫人的。告辞了，我在杭州等着你的好消息!"

王翠翘接到老情人罗龙文的礼品，包括珠宝、高档丝绸、杭州名匠打造的首饰以及脂粉等物，顿时心花怒放，对他的意图自然心领神会。她在徐海耳边吹起了枕边风，徐海很快就答应了。

继罗龙文之后，过了几天，胡宗宪去年派到日本使团中的夏正、童华等人又来到了徐海营中。夏正是浙江都司指挥，他的到来，让徐海进一步相信王直归降是真的。徐海要接受招降，还有一个问题。年初，他与麻叶、陈东约好分三路同时进军，到东南沿海大肆劫掠一番，现在他率先归降，麻叶、陈东是否有归顺的意图，尚不得而知。想到这里，徐海忧心忡忡地说："我们是三路进军，不由我一人做主。"

夏正不失时机地离间说："陈东已和我们谈妥，就剩下你了!"

徐海大惊，半晌说不出话来。徐海心里那个气呀，恨不得将陈东劈成两半，他妈的真不愧是做贼的，人心隔肚皮，一个个心怀鬼胎，竟然背着我和官军谈妥了，将老子瞒得紧紧的。

算了，降就降了吧，归了朝廷，修成正果，也是桩美事。夏正说：“同意归降就要拿出诚意，先从桐乡撤军，解了桐乡之围。”

在夏正的劝说下，徐海同意接受招降，并付诸了行动：一是当即释放被掠的两百余名男女百姓，由夏正带回；二是主动从桐乡撤军。

桐乡被围的第二十九天，徐海下令从南城撤军，后退三十里。一天早晨，阮鹗和金燕接到乡勇报告，说南门倭寇突然撤退了。二人大喜，来到城头一看，果真如此。这是怎么回事呢？一开始，阮鹗还将信将疑，怕是一个圈套，安排人到倭寇营寨中打听，说是徐海接受了胡宗宪招降，主动撤军了。阮鹗得知这个消息，像吞下一只苍蝇，心里不是滋味。按徐海所说，今后，他们就是一家人了。

徐海、陈东和麻叶三人中，徐海多智，所以有什么事，陈东、麻叶向来由徐海拿主意。眼见徐海招呼都不打一个，就撤了人马，陈东很不理解。他在徐海撤军的第二天，单枪匹马地来到徐海的营寨中质问。陈东说：“我们围了二十多天，眼看着桐乡快撑不住了，在这节骨眼上，你却撤了人马，是什么意思？”

徐海说：“老船主都答应归降了，已派遣义子毛海峰对接，赏赐丰厚，荣耀无比，我也要走老船主的路。”

陈东大骂道：“你这个不义之徒，朝廷不过是骗你的，你倒当真了！”

徐海怒道：“你小子率先打了白旗，和胡宗宪都谈好了，倒有脸来问我？”

陈东一头雾水，说：“你说我谈好了，我和谁谈了，谈了什么？”

徐海说：“别和我装聋作哑，你做的事自己心里明白！”

两人不欢而散，猜疑自此日深。事情都弄成这样，陈东和麻叶觉得凭他俩的势力，再围着也没多大意思了，也分别从桐乡撤退。麻叶因小时得过天花，脸上有麻子，故人称麻叶。他素来骁勇，性子直，连徐海都让他三分。麻叶和陈东关系素来较好，他俩的想法是一样的，虽然撤军，但不愿归降，整理装运抢劫来的财物，准备返回日本倭巢。

持续二十九天的桐乡攻防之战，以倭寇主动撤军而宣告结束。阮鹗怎么也没料到会是这样的结果，倭寇虽然退了，他却并没有多少喜悦，这胜利来得太不是滋味。不管如何，这次守城，冶匠沈东溪是立了大功的。阮鹗亲自手书“退寇全城”四字，制成了匾，派人送到了沈东溪冶坊。

阮鹗收拾着行李，准备返回杭州。这时，阮良进来了，说桂妈跳水自尽了。原来桂妈被倭寇放出来后，得知丈夫为救自己，死得凄惨，再不愿独生，就跳河了。阮鹗想起那晚在城头上和卢福生的对话，还答应照顾他一家人呢，这倒好，又死了一个。阮鹗对阮良说："通知他们的儿女来吧，把他们父亲的首级拿回去，与母亲合葬。"并叮嘱阮良买两副上等棺木。

到了离开桐乡的时候了，阮鹗坐在船上，带着阮良、徐勇，还有新收的严家五兄弟。船行水上，由桐乡到皂林，到石门，到崇德，一路走来，还是熟悉的地方，却已物是人非。不过月余的时光，恍惚中仿佛过去了许多年。

阮鹗感觉自己仍被围在城中，他还需要突围，去追寻一片云。

第七章

督军来了

阮鹗回到杭州家中的时候，两个夫人围着她哭成了一团。他的原配张氏在生下长女和长子后，第二年就去世了。阮鹗后来又续娶了三房夫人，继配程氏，生次子和两个女儿；程氏带五个孩子在桐城老家服侍二老，其中长子阮自崙现年二十一岁，次子阮自恒十四岁。三夫人吴若瑶和四夫人范琼留在自己身边。

阮鹗看了看两个夫人，两人都瘦了一圈，吴若瑶才三十八岁，看上去却像个半老夫人了；范琼二十四岁，也憔悴了不少。吴若瑶一边揩着泪一边说："官人，你不知道这些日子我们是怎么过来的。我和妹妹天天在家担惊受怕，都说你在桐乡被好几万倭寇围住了，怕是回不来了。我说官人怎么这样命苦，才当上巡抚没几天呢。"

两个夫人平时以姐妹相称，范琼自己脸上还挂着泪，倒劝起了吴若瑶说："姐姐不哭了，这不是回来了么！"

阮鹗说："真是一言难尽，我也没想到会被围这么久，也不知道是否还能活着见到你们。还好，菩萨保佑，我回来了。"

让阮鹗没想到的是，他死守桐乡二十九天的消息很快就在省城杭州传开了，引起了巨大反响。无论是同僚还是百姓，到处是一片盛赞声。前来他家里看望的友人络绎不绝，他都有些招架不过来了。

一天，俞大猷来了，此时，他已擢升浙江省总兵。他的身后，是一位身材魁梧、虎头虎脑的年轻人。俞大猷说："阮兄，今天我做东，请你喝几杯，怎么样？"阮鹗说："今天你到我府上来了，按理应由我做东，但你提拔了，当总兵了，老杜诗云，秦王拨乱资，一剑总兵符。怎么说也是指挥千军万马的人了，请客是应该的。"

"还千军万马呢，说起来真够惭愧地，我手下有多少兵不说你也清楚。"俞大猷说着，拉出了身后的年轻人，对阮鹗说，"我来介绍下，这位，姓戚名继光，字元敬，今年才二十九岁，世袭登州卫指军佥事，才被胡总督调到浙江都司任佥书。他是名将之后，祖上曾随太祖作战。"

戚继光一抱拳说："参见阮巡抚！"阮鹗将戚继光上上下下打量一番，拍了拍他的肩头说："良将也，久仰，当下正是用人之际，你来得太及时了！"

俞大猷说："你认识他？"

阮鹗说："嘉靖二十九年俺答入侵，他们武举人在京城会试，被紧急编入守城部队。俺答退后，戚继光当时作《备俺答策》，被兵部刊刻，发给将士学习，名闻朝廷。我当时还留存了一份，现在也不知弄到哪去了。"

戚继光说："阮巡抚好记性，是有这事，我当时被任命为总旗牌官，督防九门，都是十来年前的旧事了。"

三人乘了辆骡车，出了武林门，又来到北关集市，进了那家常去的鱼馆。阮鹗看了看窗外，正好有一大片荷塘。五月，荷叶亭亭，尽情地舒展着。沿堤边是一丛丛的菖蒲，笔直地立着，像一杆杆标枪。空气中是荷的清香，直往鼻孔里钻，沁人心脾。

俞大猷先倒了一杯，端起来说："阮兄，祝贺你从桐乡得胜归来！"

阮鹗压了压他的手说："俞兄，这杯酒我不能喝，阮某何胜之有啊，不过是还活着而已。"

"不能这么说，你和金燕县令带着一班乡勇，守城二十九日，挡住了万余倭寇的进攻，且为首者徐海、陈东、麻叶、辛五郎等，都是臭名昭著的倭酋。试问自倭患以来，有几人做到了？依我说，不但是胜，而且是大胜！"

"这杯酒要喝，"戚继光也端起了酒杯，站了起来，说，"我和俞总兵共同敬阮巡抚！"

阮鹗说："戚将军，你坐下，待我先把俞兄升官的酒敬了。"

戚继光的脸红了，说："我现在还不是将军，还没和倭寇正儿八经地打过一次仗呢。"

阮鹗说："别急别急，仗有的打，你也很快会是将军，我不过是早叫了几天而已。"

明朝在地方上共设立了十五个都指挥司，处理地方军务，统辖卫所。这个体系的职能在于蓄兵，包括训练、军屯等事宜。卫所军官无权指挥军队，能够统兵作战的，是总兵、副总兵、参将、游击、把总这些统兵将领。卫所将领只有通过兵部由皇帝授予统兵头衔，才能拥有领兵作战的权力。戚将光世袭登州卫指军佥事，新近调到浙江都司任佥书，目前尚无统兵权，也就谈不上和倭寇作战了。

喜欢喝酒的人，总是要为劝对方多喝一杯酒而找出种种理由，而对方也会找出无数借口来反驳。喝酒的乐子，就在这种你来我往的争执中。看似无谓，实则必不可少，否则酒局上就冷清了，酒也喝得没滋味。这样拉拉扯扯，一个时辰下来，三个人都喝了个酣畅淋漓。

刚回到家，阮良就说："总督府派人送来了通知，明天午时，浙江主要文武官员都到运河码头迎接京城来的督军赵文华。"

阮鹗感觉脑袋突然重了起来，像是有人在脖子上悬了块石头，他一下子瘫倒在床上，什么也不管了，呼呼大睡。

迷迷糊糊中，也不知睡了多久。突然海螺声响起来了，倭寇来了。他试图爬起来，可感觉有什么东西压在身上，很重很重，身子软得像团棉花，一点力气也没有，怎么爬也爬不起来，只有大口大口地喘着粗气。他伸出手，试图去抓悬挂在床头的破罡剑，可怎么也够不着。好不容易爬了起来，他拿着剑来到外面，街巷里人来人往，热热闹闹，同平时没什么两样。阮鹗大叫道："快来人啊，快来人啊，倭寇来了！你们没听见海螺声吗？这是倭寇杀人抢劫的信号你们都不知道吗？"阮鹗兀自叫着、喊着，可是，没有一个人理他，人们该干吗干吗。

也不知折腾了多久，阮鹗才醒了过来，感觉遍身是汗，衬衣都湿透了，原来做了个梦。他看了看挂在床头的破罡剑，此刻，它静静地睡在剑匣里。再看看外面，星月满天，没有海螺声，也没有倭寇。许是自己太紧张了，以为还置身桐乡，才会做这样的怪梦。月光照着案上一本摊开的书，那是本《稼轩词》。阮鹗喜欢稼轩的词，"醉里挑灯看灯，梦回吹角连营""沙场秋点兵"，这样的句子，读来让人心潮澎湃。想想自己，连营何在，兵又何在，怎么又到了无兵可用的境地？

次日午时前，运河码头前的树荫里，站了一长溜浙江省主要文武官员，总督、巡抚、巡按、布政使、按察司、都指挥使、总兵、参将等，一个个身着官服，神情严肃，不时抻着脖子望着远处的河面。阮鹗打量着运河边一棵棵千疮百孔的老柳树，树干都被虫蚁蛀空了，可树还是活的，枝叶纷披，真不是一般的顽强。这些树忍着疼生长，活得忍辱负重。

阮鹗对赵文华没有半点好印象。去年四月，赵借到松江府祭海神之名，却管着整个东南沿海的事，颠倒是非，拉帮结派，没有半点底线和原则。要不是他，前浙直总督张经和前浙江巡抚李天宠何以会命丧北京菜市口，真是天大的冤案。要是这样的人成了自己的上司，那和活在噩梦里有什么区别？去年十月，赵文华离开杭州回京复命，阮鹗还暗暗高兴，心想这个瘟神终于走了。这才过去五六个月，没想到，这家伙又杀了个回马枪。

赵文华去而复返的原因，大家都已知道了。嘉靖三十五年五月，因东南倭患不仅未了，反而愈演愈烈，朝廷拟再遣重臣前往东南督兵。严嵩不失时机地再一次推荐自己的干儿子赵文华。嘉靖顺水推舟，命赵文华以工部尚书领右副都御史衔，提督浙直军务。这次，赵不是祭海神了，而是身膺重职。可是，他哪里懂什么军务呢？

一艘两层的官船从远处渐渐出现，等待的人群骚动起来，大家一个个整理着官服官帽，准备迎接督军。这时，俞大猷在阮鹗身后将他往前推了推，阮鹗明白了，他是巡抚，怎能往后缩呢？场面还是要顾的。他往前走了几步，走到了胡宗宪边上。

船慢慢靠岸了，赵文华站在船头上，穿着簇新的红色官服，胸口的补子上是一只振翅欲飞的锦鸡。此时，他已是正二品的朝廷大员。身后一人，捧着只红绸包裹着的大印，那肯定是督军的关防。这时，胡宗宪已经向船上作揖了，他朗声叫道："赵尚书，一路辛苦了，欢迎到浙江来督军，卑职率浙江文武同僚恭迎大人！"

赵文华朝众人拱着手说："大家都是熟人，就不用客套了，本官重回浙江，不剿平倭寇绝不还朝，今后还要仰仗各位鼎力支持！"

当晚，西湖边的楼外楼，楼上楼下全包了下来，总督府举行酒宴，为新到任的督军接风洗尘。浙江主要文武官员以及有影响的富绅们都来了。胡宗宪知道赵文华喜欢热闹，接风宴自然是人越多越好。

这样热闹的场合，自然少不了歌舞，西子楼的头牌歌女罗绮提前三天就预约了。酒过三巡，歌舞上场。只见罗绮披着一袭凤凰火罗裙，带着一群歌女，个个如花似艳，在台上扭着、跳着。总督府的宴会，她们个个都很卖力。只听罗绮唱道：

江南好，风景旧曾谙。日出江花红胜火，春来江水绿如蓝，能不忆江南？

声音水灵灵的、脆生生的，像刚起泥的嫩藕。酒过三巡，这样的声音来得正好，像一剂醒酒汤，让人如沐春风；又像一杯清酒，酒不醉人人自醉。

赵文华端着酒杯，挨桌敬酒。他说：“白乐天的这几阕《忆江南》，好像就是专为本官填的啊，风景旧曾谙，他好像知道我会去而复返似的。”

胡宗宪说：“赵尚书不辞劳苦，两度来浙，都是身负圣命，荣膺重任，实乃浙直文武和百姓之幸也！”话音刚落，一片附和之声不绝于耳。

赵文华今晚兴致很高，他的兴趣在罗绮和她唱的那阕词上，胡宗宪显然阿谀得不在点子上。赵文华端着酒杯，醉眼迷离，目光围着罗绮上上下下地转。他说：“江南好，山好水好风景好，美酒好佳肴好，更重要的是，江南佳人好！”

席间一片窃笑声，有人说赵尚书醉了。赵文华说：“谁说我醉了，叫罗绮过来，陪我再喝几杯！”

罗绮过来了，端着一杯酒，笑盈盈地站在赵文华身边。她粉嫩的脸，如同一朵初绽的荷花。赵文华伸出手，想摸摸她的脸，在快要挨着时，突然想起自己的身份，赶紧又缩了回去。赵文华说：“罗绮，这名字好，像一幅画，挂在床头；像一支曲子，响在梦里；像一根绫子，只可远观而不可亵玩，眼里渴得心里急得，徒唤奈何，只想上吊。”

满屋哄堂大笑，胡宗宪的那些幕僚们，一个个争着夸赵尚书太幽默了，夸人都显才高八斗。罗绮掩着嘴笑，说：“赵尚书说笑了，奴家先敬一杯。”

赵文华来到浙江后，住到了专门为他安排的督军府里。督军府由一位富绅的豪宅改造而成，位于苏堤南起点的南屏山麓，山环水绕，风光绝佳。赵文华住了进来，门房、师爷、厨子、仆妇、侍女等一大班服侍的人跟着。官员新到任上，按官场规矩，下级要送礼祝贺。一时间，浙江文武官员和富绅纷纷奔走其门，生怕自己落了后。督军府里热闹了起来，整日里人来车往，这个才走，那个又来了，没个消停的时候。

阮鹗有个原则，别人怎么做他不管，但他是从来不送这些虚礼的。一天，他到总督府议事，偶遇俞大猷。他和俞是无话不谈的好友，开玩笑更是常有的事。俞凑到他耳边小声说：“还是当巡抚好啊，一出手就是八百两，哪像我们带兵的寒酸。”

阮鹗忙将他拽到一边，问道：“你说什么，哪一个出手就是八百两？”

俞大猷指着阮鹗笑道：“你看你，送就送了，还和我装聋作哑干吗？老兄你这么做就不厚道了。”

“你说什么我真的一无所知，我阮某做事兄弟你还不知道吗？向来光明磊落，做就做了，没做就是没做。”

俞大猷见阮鹗一脸认真状，不像是说谎的样子，这才说出实情。他说他昨天到督军府送礼，师爷在登记礼单时他偷偷扫了一眼，排在他前面的就是阮鹗，且送了八百两。俞大猷只送了一百两，还是把荷包底都掏了出去，当时脸上就挂不住，赶紧告辞。

听了俞大猷的话，阮鹗将信将疑地问道："你确信自己没有看错？"

"怎么会呢？这浙江文武官员，就你一个姓阮的。"

阮鹗愣了，难道是有人替自己送礼了不成？这种事情官场上常有，送礼者的目的，自然是想让被代的人欠自己一个人情，但这人不会白白出一笔钱，会设法让被代者知道的。

俞大猷见阮鹗愣神的样子，又揶揄说："你就别想了，反正占了便宜，管哪个冤大头出的，还是当巡抚好，可怜我们这些当兵的。"

阮鹗说："不行，我得赶紧把这人找出来，他怎么能这么做呢？我可不想送这个礼!"

话这么一说就复杂了，俞大猷见阮鹗话风不对，赶紧找了个借口走了。一路上，阮鹗都在想，会是谁替自己送礼呢？难道是胡宗宪，他和自己是同年，又一同到浙江做官，两人平时关系还不错。可是，自桐乡围城，胡宗宪不发一兵一卒援兵，阮鹗对他的印象已彻底改变，两人的关系冷淡了许多。保不成是胡宗宪想修复关系，又知道自己的脾性是不会送礼的，这才替他垫上一份？完全有这个可能，除了胡宗宪，阮鹗实在想不出还会有谁。

正当他坐在书斋里苦思冥想的时候，阮良进来禀报说："屠坤宁在门外求见。"阮鹗眼前一亮，有没有可能是屠坤宁？或者，屠坤宁就是特地来告诉他讨这个人情的？有可能，一会问问看。阮鹗命叫他进来。

屠坤宁进来了，又拎着一大包东西。阮鹗说："下次不要带东西进来，巡抚后院的规矩你不知道吗?"

屠坤宁说："大人，衙门里也好，衙门外也好，那些规矩不过是给人看的，有几条真的做到了？杭州的官员走马灯一般地转，真还没见过您这么较真的。您在桐乡打了胜仗，我代表杭州商界前来祝贺一下还不行吗?"

"哪里打了胜仗，不过是没有被倭寇杀了而已。"

"阮巡抚，话不能这么说。全杭州的人都说您打了胜仗，坚守桐乡二十九天，换第二个人，那个碗大的城早破十回了。"

你别说，这个屠坤宁还真会说话，说得你心里熨帖，还找不到反驳的理由。

屠坤宁说:“就说铁汁退倭吧,除了您,谁还会想到这样的点子?”

“那不是本官想的,那是桐乡冶匠沈东溪出的点子。”

“一回事,功劳是您的。您看您,人家是抢功劳,您到手的功劳还要推。还有,您派出勇士火烧倭寇,并提前将倭寇的两尊铜将军沉到运河里。这些事,都被编成茶楼里鼓书的说辞了,茶客们听着可带劲了。”

阮鹗一愣,还有这样的事?他说:“火烧倭寇和弄沉铜将军,都是西兴镇渔民卢福全主动干的,不是本官授意的。”

“我说您推功劳吧,您就别推了,再说您不管怎么推,别人也捡不去。您这是运筹帷幄于桐乡,决胜于千里之外。”

阮鹗有点哭笑不得:“你今天来就是告诉我这些事?”

“不不,”屠坤宁说,“我今天来主要是祝贺您在桐乡打了胜仗,顺便告诉您一件事,我替您在督军府那边……”

阮鹗不待他说完,就接上说:“是不是替我送了一份人情?”

“大人,您的消息真快,什么都瞒不过您。”

“屠坤宁啊屠坤宁,你这就叫好心办坏事,这是害了本官啊!”

“小人怎么会害了您呢?送礼不是好事吗?您看督军府里一天有多少送礼的。小人知道您的脾性,手头又不宽裕,就怕您落了后,惹赵尚书不高兴,这才自作主张,还望恕罪。”

阮鹗心想,我担任巡抚时的五百两贺礼还没退你呢,又给我来一份这么重的人情,这样下去,我以后还怎么办你的案子?可婉拒还要注意方式,要是引起屠坤宁的警觉就适得其反了。他说:“你先回去吧,待我想想这事怎么处理,不管怎么说,这笔银子还是要还你的。”

“大人,千万别还,那就见外了,就当是大人给了在下一个效劳的机会。”屠坤宁说着,退出去了。

屠坤宁走后,阮鹗马上出了门,来到总督府幕僚室,找到了徐渭,看他能不能帮上忙。那晚在接风宴上,阮鹗看见徐渭和督军府的师爷聊得很热乎,绍兴出师爷,他们应该是绍兴老乡。徐渭正在练习书法,笔走龙蛇,见阮鹗来了,忙停下笔,将门关上了,问道:“阮巡抚,您急匆匆地赶来,莫不是有什么要紧事?”

“不是要紧的事,是件普通的私事,看文长兄能不能帮我个忙?”

于是,阮鹗将有人自作主张替他在督军府那边垫了一份贺礼的事说了一遍,只是没提是屠坤宁所为。徐渭说："这礼都送出去了，您认了这份人情就是了。"

"文长兄，你还不了解我吗？我阮某什么时候给上司送过这么重的礼？而且这份人情我也不能接受，受了以后办事就掣肘了。"

"那我试试看吧，督军府的冯师爷和我倒是熟人，要是那份礼单给赵文华看过了，那就绝不能再拿回了；要是没有看过，我说明原委，倒还有商量的余地。"

阮鹗说："行，就按你说的办。"

第二天，很快就有消息反馈过来了。幸好，赵文华这几日忙，冯师爷的礼单尚未送他过目，当然更谈不上入库了。冯师爷出身会稽世家，行走江湖大半辈子，什么样的事没有经历过。听徐渭说明原委，当即就把屠坤宁代送的那八百两银子撤了出来，银票当场就交给徐渭了。

徐渭帮自己解决了一桩难题，阮鹗决定请他喝一杯，地方就选在北关集市上阮鹗常去的那家鱼馆。绍兴人喜欢喝黄酒，徐渭自然也不例外，阮鹗也就陪他喝黄酒。一坛酒见底，阮鹗说："文长兄，愚兄还有件麻烦事，不知你肯不肯帮忙？"

"我算是明白了，您说的麻烦事，一般都不是小事，能不能办，要看具体情况而定，我不能草率答应。"

"不愧是做师爷的，说话滴水不漏。"

徐渭说："我说的是实话，要是答应了，到时又办不了，不是误了阮兄您的大事吗？"

"这件事比刚才的事应该好办些。"

"我看不一定，您先说说看。"

阮鹗于是将桐乡被围期间钱璨作乱，盗走了严乡绅祖传的北宋眉子砚献给了胡宗宪，以及严乡绅委托他寻找的经过说了一遍。刚说完，徐渭一言不发，先将桌上满满一碗黄酒一口气干了，抹了抹嘴巴，舒了口气，才说："我说您的事一点也不小吧？"

阮鹗只得摇摇头苦笑。

"这事您要是早点告诉我，我兴许还能帮得上忙，但您说迟了，我爱莫能助。"徐渭说得阮鹗一愣一愣的，他接着说，"那方古砚是个好玩意儿，大家是读书人，对文房四宝都是识货的，赵文华来的第二天，胡总督就将它作为贺礼送给他了。您说，这还能讨回来吗？"

阮鹗的心像是一下子沉到了江底，凉透了。他也学着徐渭刚才的样子，干了满满一碗黄酒。可是没用，还是有一种掉进了水里浑身湿透的感觉。这可咋办呢？严乡绅那边该如何交代，他可是满口答应过的。

可能见了阮鹗沮丧的样子，徐渭有点于心不忍。他说："虽说我没办法替您讨回，但是，不代表别人也不行啊，我推荐个人一试。"

阮鹗大喜说："文长兄知我也，快说，谁？"

徐渭说："罗龙文。"

见阮鹗半天不吱声，徐渭说："我知道大人对此人印象不太好，不错，他是圆滑世故了点，可是，不如此，他又怎能游走于权贵之间？正因为他喜欢逢迎拍马，所以，只要大人您开了口，他一定会想办法替您完成的。当然，您也就此欠了他一个人情。除了他，我还真想不出有第二个人能完成此事。"

徐渭说的不错，罗龙文是严嵩之子严世蕃的幕僚。幕僚的角色，说不重要，就是个抄抄写写吃闲饭的；说重要，往往一句话就能改变主子的命运。罗龙文在严嵩父子面前是能说得上话的人，这样的人自然是赵文华讨好的对象。罗要是肯出面，讨方砚台这个面子赵文华还是会给的。那方北宋眉子砚，在别人眼里价值连城，可在赵文华眼里，也许就是方古砚而已，他的府上，好玩意儿毕竟太多了。

阮鹗说："好吧，就按你说的，改天有机会我找他说说看。"

再说屠坤宁，他凭着桑娘织的极品丝绸攀上赵文华后，每有什么新品，必先给他送几匹过去，两人的关系也渐渐亲近起来。那天在赵文华的接风宴上，赵瞅着罗绮那色眯眯的眼神，嘴里还一个劲地说着佳人好，可以看出，他是好这一口的。也难怪，他到浙江来督军，又没有带家眷，也许是故意不带，这身边没个女人怎么行？不但要有，而且越多越好。可罗绮的主意是打不得的，她卖艺不卖身，要是和她提这事，肯定会招来一顿臭骂。这女人性子太烈，看着像狐狸，内里是条不折不扣的母狼，多少想打她主意的男人都知难而退。

除了她，还有谁合适呢？屠坤宁坐在灯下，脑子里闪过一个又一个女人的脸。想了一会儿，他的嘴角浮上了一丝阴险的微笑。有了，他想到了卢海琴。

自卢海琴第一次来到云锦堂位于皋亭山脚下山的织坊，屠坤宁就对她印象不错。这姑娘长得俊，要身材有身材，要脸蛋有脸蛋，特别是笑起来很可爱，笑意像一阵清新的风，能吹到人的心里。不过，也许她不喜欢屠坤宁，他是难得看见她笑上一回的。本来，屠坤宁打算放长线钓大鱼，给自己留着。现在他改变主意了，将她送到督军府去。虽然有点舍不得，但为了攀个靠山，舍不得也要舍得，舍得是为了将来有更多的获得。

只是这姑娘性子有点烈，平时，他要是对她多看几眼，都会招来白眼，要是说让她去服侍一个男人，还不知会气成什么样。不过，屠坤宁早就想好了，他有办法治她，再烈的女人，在他这样的老江湖面前，都不过是个小丫头片子而已。

来到皋亭山下的织坊，只听见一片机杼声，蜜蜂般嗡嗡嗡，非常好听，屠坤宁的心里像吃了蜜一般甜。晾竿上，晾晒着色彩缤纷的各式丝绸，花团锦簇，让人赏心悦目。进了车间，大大小小的织机旁，姑娘们都低着头在忙碌着，谁也没有发现他走了进来。屠坤宁很满意，这些织工们，一个个没日没夜地劳累着，她们把自己也忙成了一架架织机。

屠坤宁命人将卢海琴叫到了一边，卢海琴扑闪着大眼睛，不解地望着他，不知道将她叫出来干什么。屠坤宁假装关心地问道："海琴姑娘，天天织布累吗?"

"俺不累。"

"你累我也知道，没日没夜地趴在机子上，怎么会不累呢？人又不是机器。"

卢海琴不耐烦地说："会长，你还有事没，没事俺忙去了啊?"

"有事，当然有事，没事我会叫你出来吗?"屠坤宁说，"我打算让你换个事干，想听听你的意见。"

"你打算让俺干啥事?"

屠坤宁说："去服侍人，一个贵人，只要你把他服侍好了，就有享不尽的荣华富贵。"

"俺不要荣华富贵，俺只要有碗饭吃就行。"

"没出息，谁不爱荣华富贵呢？人活着，不就是这点念想吗？不然活着还有什么意思？会长我是相信你，看你还算聪明，才决定给你次机会，别人想还想不到呢!"

"俺没那念想，你把机会给别人吧，俺要忙去了。"卢海琴说着，就要掉头而去。

"站住，你别敬酒不吃吃罚酒，你要是不听从我的安排，我要让你哭都找不着地方!"屠坤宁声色俱厉地说。

"屠会长，你是让俺去给人做小吧，恐怕不是服侍人那么简单?"

"你很聪明，知道了还问我？"

"屠会长，俺回家缫丝去，大不了少挣点，俺不在你这干了，总行了吧？"

"不行，你现在走不了了，你只有一条路可走，就是乖乖地听我的话。"

"真是笑话呢。"说着，卢海琴将系在身上的围裙解了下来，在衣服上掸了掸，看样子是要打算离开。

屠坤宁凑近她耳边说："我知道你家里还有个傻哥哥，你今天要是回去，我保准你明天就要给他收尸。当然，他是掉进运河里淹死的，和任何人都没关系。"

卢海琴一愣，杵在哪里，就像被雷击中了一般，半晌一动不动。她的眼泪顺着脸颊淌了下来，滚落到地上。哥哥本来是个活蹦乱跳的壮小伙，可去年突遭不测，被人莫名其妙地打了一顿，伤好了，人就有点傻了。现在，她的父母已经走了，只有傻哥哥唯一一个亲人了，无论如何，她不能再失去他。屠坤宁心狠手辣，他的话绝不是戏言。看来，自己今天是在劫难逃了。

卢海琴决定豁出去了，走一步算一走吧，想到这里，她狠了狠心说："屠会长，行，俺听你的。"

屠坤宁乐了："早知如此，何必弄得大家不愉快？记住了，从现在开始，你就是我的干女儿了。你先去收拾收拾，我明天派人来接你。"

紧接着，屠坤宁来到督军府，对赵文华说，打算将他的干女儿送过来服侍他。赵文华自然求之不得，将屠坤宁夸赞了一番。

次日一大早，屠坤宁就安排了辆马车，将卢海琴接到自己府中。又安排好几个妇人，将她梳妆打扮了一番。卢海琴一身盛装，由于化了妆，更显迷人了。屠坤宁点了点头，感到很满意。他凑近卢海琴耳边说："过去之后，好好听赵大人的话，他叫你做什么你都要答应。你得罪了我不要紧，要是得罪了他，这杭州可是要塌天的。"卢海琴的嘴里哼着。最后，屠坤宁亲自将卢海琴送进了南屏山麓的督军府。

赵文华对卢海琴很满意，临走的时候，屠坤宁还对赵文华耳语了一番，说如果这个姑娘要是不听话，就如此这般这般，包管她就乖了。

可第二天一大早，屠坤宁就接到督军府的通知，叫他过去一趟。屠情知不妙，急匆匆赶到督军府。他到的时候，赵文华正坐在客厅里生闷气，衣衫不整，脸好像也没洗。见屠坤宁来了，他瞪着眼说："屠会长，你送来的那个卢姑娘不是一般的聪明，昨晚上就给我灌醉了，本官早晨醒来一看，人没了。你应该知道她到哪去了吧，要是不将她找回来，本官饶不了你!"

屠坤宁吓得脸色苍白，赶紧跪下磕头说："赵尚书莫急，她跑不了，小人这就带人去抓!"

赵文华说："带回来就成，小姑娘胆小，别吓着人家。"

屠坤宁心想，我呸，你这狗官害起人来不眨眼，对娘们倒是怜香惜玉。出了门，他就隐隐有了担心，本来送个姑娘想巴结一下，这下倒好，弄巧成拙。都是卢海琴这丫头闹的，看样子不给她点颜色看看还真不行。

屠坤宁带人赶到西兴镇，到了卢海琴家门口一看，"铁将军"把门。问左邻右舍，说是看见卢海琴昨晚上回来了，将她的傻哥哥接走了，至于到哪去了，谁也不知道。

第八章

翦除羽翼

阮鹗不能不承认，身为浙直总督，胡宗宪还是有些本事的，只不过手段有些阴暗，为正人君子所不屑。在这方面，他比酒囊饭袋的赵文华要强得多。可世间的人，只在乎结果，有多少人在意过程呢？况且是对杀人越货罪恶累累的倭寇。只要他们死了，世人还在乎你是用什么方式将他们弄死的吗？是内讧死的，毒死的，直接杀死的抑或被一根面条噎死的，似乎都不那么重要了。胡宗宪本来想做个好好先生，他倒是乐意和王直、徐海等倭酋成为同僚的。可惜，他的招降策略实施起来并不顺利。不仅在浙江福建遇到了巨大阻力，在朝中也引起轩然大波。这些来自民间和官方，甚至包括嘉靖皇帝本人在内的过激反应，是胡宗宪当初始料未及的。

赵文华是支持招降的，毕竟，凭当时的明军实力，无力与倭寇一战。即使获胜，代价也会相当惨重。胡宗宪看到了这个利害，所以才力主招降，想尽快息事宁人，这也是朝廷想要的结果。

招降开局良好，胡宗宪对徐海、陈东、麻叶三股倭寇势力进行分化瓦解。这三股倭寇，总人数万余人，他们以徐海为首，相约而来，先是围攻桐乡二十九天，后胡宗宪启动招降，他们这才主动撤围。关于是否接受官方招降，三人意见并不一致，徐海同意，陈东、麻叶反对，反对者执意要带着抢劫的货物返回日本倭巢。从桐乡撤围后，徐海一心归降按兵不动，陈东和麻叶仍四处抢掠，依然故我。

胡宗宪决定，一边对徐海实施招降，一边巧妙利用徐海和陈东、麻叶的矛盾，引起他们内讧，以贼杀贼。这倒是一着不错的棋。

自桐乡撤下来的倭寇，正兵分三路，分别向海宁、海盐和嘉兴进发，形势一时又紧张起来。阮鹗在家还没住上几天，又要离开杭州了，赵文华、胡宗宪和他要率军赴平湖县城，以防不测。平湖临海，扼守钱塘江出海口，在此驻守，能阻止倭寇逃窜。总兵胡宗宪，参将卢镗、戚继光等人，正率兵在王盘洋和海盐等地防守。戚继光已被任命为宁绍台参将，负起了宁波、绍兴、台州三府的抗倭任务，正式率兵走上抗倭战场。

离家的头一天，卢海琴领着他的哥哥卢海生突然来到了阮鹗家中。兄妹俩进门就给阮鹗跪下了，卢海琴说：“阮大人，快救救我兄妹！”

阮鹗将他俩扶了起来，他想起在西兴镇见到卢海生时，海生还是一个健壮活跃的小伙子。可现在的他，举止缓慢，目光呆滞，缩手缩脚，哪里还有半点往昔的影子。说起来，还是自己无意害了他，就因为和他多说了几句话，就被屠坤宁折腾成这样。待听卢海琴说屠坤宁将她送进督军府时，他的目光好几次投向放在案上的破罡剑，真恨不得一剑杀了姓屠的。破罡啊破罡，你能破猎猎罡风，可你能破世上的冤屈么？卢海琴说她昨晚设法从督军府逃了出来，她情知屠坤宁不会放过她，请阮大人一定要收留他们兄妹，哪怕在府上当个仆人，她也心甘情愿。

阮鹗说：“你放心，到我这来了，就绝对不会有人敢动你们一根手指头。但我府上人多眼杂，我给你们兄妹安排一个去处，比我这要好。”

“我听从大人的安排。”卢海琴说。

阮鹗的想法，将卢海琴兄妹安排到桐乡严乡绅府中。严乡绅家中上次虽被钱璨盗过一回，但他府上田产、店铺、房产甚多，这些东西是盗不走的，多两个人生活不成问题。他还有个想法，严氏五兄弟中尚有三人未婚，卢海琴也到了婚嫁年龄，下一步可根据她的意愿，在他们三个兄弟中择一个嫁了，岂不两全其美。

阮鹗命人叫来了严小鹏，命他弄条船，悄悄将卢海琴兄弟送到他桐乡家中，并转告他老父亲，说那块砚台他正在索取中，已有了眉目，请他不必着急，会物归原主的。严小鹏领命去了。

临行前，总督府召集诸将秘密聚会商议，参会者除总督胡宗宪外，还有督军赵文华，巡抚阮鹗，巡按御史赵孔昭，总兵俞大猷，参将卢镗、戚继光，以及总督府幕僚徐渭，招降说客罗龙文、陈可愿、袁华、夏正、蔡时宜、朱尚礼等人。阮鹗环顾众人，发现说客们的人数比将领还要多。这些人除罗龙文外，都是上次以朝廷名义派往日本招降的使团成员，个个能说会道。阮鹗心里不免有点暗暗好笑，难道要靠他们去劝退倭寇？

胡宗宪说，现在的形势大家都知道了，贼众我寡，浪战伤兵，虽胜犹负，不如离散其党，以计擒之！各位一定要听从本督调遣，违令者军法从事！胡宗宪还透露了一个重要消息，说徐海为了表示愿意接受招降的诚心，已将他的弟弟徐洪作为人质送进了总督府。

胡宗宪还说，招降与离间要耗费巨资，和倭寇空口说白话不行，要适当施以恩惠，可军饷有限，总督府决定向地方官员和商界募捐，公开的说法是充实军饷，还请各位率先踊跃捐资。

阮鹗知道该如何处理屠坤宁的那两笔银子了。回家后，他安排阮良到总督府捐银一百两，这是自己的；再以杭州商会会长屠坤宁的名义捐赠一千三百两。做完这些，阮鹗松了一口气，一块压在胸口多日的石头终于卸掉了。他始终无法理解那些贪墨者对不义之财能坦然受之，反正他无法做到无愧于心。王阳明说，心即理。万事以修心为先，心当自足、自洁。如此，才能心理合一，而不被欲望所左右。

离家前，阮鹗见两位夫人担忧地看着自己，安慰她们说："不用担心我，说不定过几天就会回来的。"

范琼拿出了一个小物件，对阮鹗说："这是昨天我和姐姐到灵隐寺求的平安符，庙里的师父说，戴上这个就会一生平安，我给你戴上。"阮鹗看了看，是一个小挂件，上面写着四个字"出入平安"。

阮鹗迟疑着，站着没动。吴若瑶也说："官人就戴上吧。"

范琼将平安符套到了阮鹗的脖子上，并掖到了衣领下。戴好了，还不忘双手合十神情庄重地闭着眼说，菩萨保佑官人出入平安。

院子里有一棵老槐树，一串串洁白的槐花缀在翠绿的枝头。两位夫人站在树荫下，泪光闪闪。阮鹗狠了狠心，一手拎着行李，一手拿着剑，出了院门。

浙直总督和浙江巡抚行辕暂都搬到了平湖县城，总督行辕设在城西的县衙，巡抚行辕设在学宫。小小的县城顿时热闹了起来。

平湖名字的由来，是由于汉时地表塌陷成湖，名为当湖，后称东湖。塌陷后的土脉继之隆起，陷地渐趋平缓，故称平湖。平湖河道密集，位于城东的东湖，就由九条河流汇聚而成，如九龙戏珠。县域东南沿海是低丘和岛礁区。

平湖最繁华的街道就是东大街，分布着绸庄、银楼、当铺、药房、酒馆等大大小小的商号。街西是贯穿城区的市河，街北边就是学宫。学宫里古树参天，荫翳蔽日，里面有孔庙、明伦堂、龙吟阁等建筑。

徐海率众倭驻扎在距平湖南三十余里的乍浦城。乍浦依山临海，历史悠久，地势险要，自古就是江浙门户和海口重镇。明代在这里建有守御千户所，同时建有山寨、烽堠等军事设施。三月初，徐海率领倭寇登岸后，就瞄准了这座古城，在此登陆并占据，作为自己的巢穴。

胡宗宪派使者蔡时宜和朱尚礼二人，专程来到徐海营寨中，明确表达官府的态度，即愿降者欢迎留下来，封之以职；愿回日本本土者，悉听尊便，且资助船只，并请徐海向陈东、麻叶部转达官方意见。陈东和麻叶态度不变，仍然坚持返回日本，只是这趟出来抢掠的财物太多，堆积如山，需要数百船只，倭寇只好等着官府派船。

安排船只是巡抚衙门的事。阮鹗懂得胡宗宪的意思，别看总督说得冠冕堂皇，滴水不漏，只不过是给倭寇吃了一颗定心丸，先稳住他们再说。能给他们船吗，那岂不是放虎归山？况且，一时间哪里去筹几百条船只？阮鹗密告平湖、海宁、海盐等县，寻船的声势不妨做大点，但船只一天给个几条就行了，切不可一次给齐，放走了倭寇才是大事。

当时正值炎夏六月，麻叶部驻扎在海宁县硖石镇，他三月登岸，在硖石南约三十里处的袁花镇抢劫时，曾抢得一名女子。女子姓祝，貌美聪慧，麻叶一看就喜欢上了，有意娶她为妻，祝氏不得不同意了。此后，麻叶就到别处抢劫，将祝氏留在袁花镇家中，相约返程时带她去日本。一次，徐海听说祝氏姿色出众，就趁着酒兴向麻叶讨要。没想到，麻叶到场翻脸，将徐海痛斥一顿，指责他吃着碗里看着锅里，连兄弟的女人也不放过，当场要和他火并。徐海当众被麻叶羞辱了一顿，但输理在先，不好发作，只得赔礼道歉。麻叶这才作罢，但徐海从此怀恨在心。

麻叶到硖石后，怕夜长梦多，就率几十名倭寇，分乘六艘快船，到袁花镇去迎接祝氏。当初，麻叶到袁花镇抢劫时，为保全家人性命，祝氏不得不违心地答应嫁他为妻。现在听说麻叶来了，早吓得躲了起来。麻叶对祝氏动了真情，未接到人，一时大怒，沿路烧杀抢掠，所到之处，人烟绝迹。

一天，在胡宗宪的授意下，罗龙文再次来到徐海的营寨中。罗龙文是倭寇的熟客了，不少头目都认识他，当他进入倭营时，大家亲热地和他打着招呼。罗龙文频频向他们拱手行礼："兄弟们好！"正是夏天，倭寇们的头发都剃成半月形，上半身有的穿件短衫，有的打着赤膊，下半身则清一色赤裸，仅穿条兜裆布，赤着脚，腰间插着一长一短两把倭刀。这么多男人，奇形怪服，罗龙文看得直皱眉，还不得不假装出亲热的样子。

小头目将罗龙文直接带入徐海的营帐。徐海见到罗龙文，就像盼到救星一般，拍着他的肩头说："罗兄，又带来了什么好消息吗？"

罗龙文说："胡公差小弟前来，有件事要告诉你，他已上奏圣上，先免除你的罪行，再为你谋一介武职，小则把总，大则参将。你知道武职是可以世袭的，到那时，你就有了永世的爵位，子子孙孙都是咱大明的武将。"

徐海听得心花怒放，年轻时，他好逸恶劳，一天三餐都难以为继，一气之下，这才到虎跑寺当了和尚。出家后，虽说衣食无忧，可他又受不了那些清规戒律。后又离开寺院，随他的叔叔徐碧溪以及友人王直等前往岭南，做起了生意。这生意一做就做到了海外，一步一步沦为海盗。眼见就要成为大明武将，下半生就有了着落，他怎能不高兴呢？罗龙文故意将声音说得很响，他看见营帐后闪过一角罗裙，知道徐海的爱妾王翠翘正躲在后面偷听。

罗龙文猜得一点不错，此时，王翠翘正躲在营帐后偷听着罗龙文与徐海的谈话。听着昔日情郎熟悉的声音，王翠翘以手抚胸，压抑着激动的心跳。她对罗龙文一往情深，罗对她也很好，在她身上舍得花银子，只是因为被倭寇冲散，两人才遗憾分手。此时，她对罗龙文的话深信不疑。俗话说，一日夫妻百日恩，她相信罗是不会害她的。作为一个女人，她太渴望过一种相夫教子的正常生活了，整日混在一堆野蛮而凶残的倭寇中间，她有苦难言。虽然徐海对她言听计从，可那也无法减轻她的苦恼。现在，罗龙文给她带来了希望，要不是碍于徐海在场，她真恨不得扑到他的怀里，倾诉一番旧情。

罗龙文继续说道："胡公对你没啥意见，我们一直配合得很好，但那个麻叶这几天闹得越来越不像话，他这一闹不要紧，会坏了你的好事，外面都说是你的人干的。"

前几天麻叶带人出了硖石，徐海就预感要出事，果然不假，胡宗宪派人怪罪来了。这几天，陈东也率部下在附近抢劫。这两个人，平时不合作不听话哪怕吵一架也就罢了，可在这节骨眼上，这么一闹，就会毁了他到手的前程和下半辈子的幸福。这明明就是和自己唱反调，对着干呢！

徐海放在刀把上的手紧了紧，罗龙文将这些细微的动作都看在眼里。

"林冲上梁山时，为了表示忠心，还要投名状呢。"罗龙文凑近徐海耳边说，"麻叶这么闹，是他自己作的，他想把水搅浑，让你落不到好。他不仁，咱就不义，建议你绑了麻叶献给胡公。这是兄弟我的建议，向任何人都没有透露过。"

其实，让徐海绑麻叶、陈东送官，正是胡宗宪和徐渭的密议，其目的就是分化和瓦解，让他们自相攻讦。罗龙文故意说是他的主意，以免徐海生疑。

话已至此，罗龙文该告辞了。临出门的时候，他意味深长地对徐海说："兄弟，我还冒死向你透露个信息，麻叶、陈东已致函赵文华，说要联手缚你献给官军，他们这是要以小吃大，收编你的队伍，侵吞你的财物。兄弟啊，宜早做决断，越拖麻烦越大！”

送走罗龙文，徐海陷入了沉思。其实，他对麻叶不满已久，麻叶野蛮凶悍，单打独斗，自己不是他的对手。正因如此，平时，他对麻叶一直忍让着。可这家伙不识好歹，根本没有把他当老大。他们平时抢来的东西，都堆放在一块，麻叶和陈东执意要返回日本，前不久，他们就为分配不均大吵过一回。自己部下的人数远比麻叶和陈东的多，当然要拿大头，可那两个家伙就是不服。再说祝氏的事，自己不过酒后开了个玩笑，他竟然拔出刀来，要给自己点教训，分明是让他在部下面前出丑。徐海思来想去，罗龙文的话所言不虚，事不宜迟，再不采取行动到时就来不及了，徐海动了杀机。不过，对麻叶，只可智取，不可硬拼。

七月中旬的一天，徐海向麻叶发出邀请，说我们兄弟一场，现在你过几天就要回去了，明晚请你吃顿饯行酒。麻叶虽对徐海有意见，但徐海说欢送他一下，这是给面子和主动示好，当场就答应下来。

麻叶不知是计，第二天黄昏，他带了二十余个亲随，来到徐海营中赴宴。徐海在大营里摆了几张方桌，西湖醋鱼、龙井虾仁、清蒸鲥鱼、八宝童鸡、杭州酱鸭等菜肴摆得满满当当。最后，一只烤全羊抬了上来。麻叶喜欢吃羊。看来，徐海今天是用了真心的，麻叶有点感动。

徐海说：“诸位兄弟，本人特地从杭州请来一位名厨，烧制了这桌酒席，大家兄弟一场，今晚一醉方休！”说着，徐海端起一碗酒，走到麻叶身边，说：“麻叶兄弟，我徐某过去有对不住你的地方，还请多多包涵，干了这碗，不管是聚是散，咱们还是好兄弟！”

徐海今晚给足了面子，麻叶哪里还会在乎过去那些鸡毛蒜皮的事，他全无防备，端起酒碗说：“兄弟我也是个爽快人，大哥你话说到这个份儿上，我还有什么好说的。今后有什么事，你吩咐一声，上刀山下火海，兄弟我皱下眉头都不是人！”

一场大酒就这样你来我往地喝开了。酒过三巡，徐海又请出王翠翘，挨个儿又敬了一圈。最后，徐海看了看营外，对麻叶说：“兄弟你看，今晚月亮多好，我们乘兴到外面转转。”

麻叶说：“难得有这份闲心，好，听你的！”徐海早做好了安排，不能在营寨内动手，那样动静太大，传出去显得自己不厚道，这事知道的人越少越好，只能在偏僻处动手。

众人酒足饭饱，在码头上了一条大船。月色如水，繁星满天，凉爽的晚风徐徐地吹着，麻叶等人解开了外衣，倍觉舒畅。才行了一段水路，船上的倭寇都呼呼大睡起来。麻叶也觉得头重脚轻，眼皮打架，打起了瞌睡。这时，船来到了一处小渔港，靠了岸。徐海低喝一声："动手！"

早就埋伏在渔港边的徐海亲信冲上船来，将众倭绑了，其中几人来到了麻叶面前。麻叶醒了，叫道："徐海，你这是要干什么？"

徐海说："好你个麻叶，我一向待你不薄，你却要和陈东联手害我，要吞并我的人马，瓜分我的财物，你不仁，莫怪我不义，现在就送你去一个地方！"

麻叶大惊，到现在为止，他才明白今晚的饯别宴就是一个圈套。唉，只怪麻叶眼瞎，不识狼子野心！身陷险境，麻叶却并不害怕，徐海的这几十个人他还没放在眼里。他摸到刀柄，呼哧呼哧地弄了半天，却抽不出刀来。手太软，根本不听使唤。麻叶大叫："徐海，你的酒有问题？"

徐海站在船头大笑说："麻叶啊麻叶，你现在才明白，可惜已经晚了，下辈子再来找我寻仇吧！"

几个倭寇将麻叶摁住了，麻叶大喝一声，试图将压在身上的几人推开。麻叶力大无穷，刀法凶悍，要是在平时，莫说几个人，就是二三十个人也难以占到他的便宜。今晚喝了药酒，浑身无力，可他一番挣扎，还是将船弄得左摇右晃。最终，他还是被绑了个严严实实。徐海命砍下麻叶等众倭右手的大拇指。这比直接杀了他们还要痛苦，没有大拇指，从此以后他们就无法握刀，这人等于就是废了。

大船载着麻叶和他的亲信，直接向平湖城驰去。平湖那边，徐海早已和罗龙文安排好了对接，大船进了水城门，直接将他们送进了大牢。

收拾了麻叶，徐海松了一口气，但还不能掉以轻心，还有一个陈东呢。况且，麻叶突然失踪，陈东对徐海有了警惕。

对付陈东，酒里下药这招不能再用了，得另外想辙。徐海想到了陈东的主子，日本萨摩王的弟弟。陈东本是王弟的部下，掌书记之职。徐海写了一封言辞恳切的信，说十分欣赏陈东的才干，有意将他纳入麾下，特向王弟借用这个人才。同时奉上了一笔厚资，价值千金。王弟是个贪心的人，哪有不同意之理，立即遣书陈东，叫他暂时不要急于返回日本，尽快到徐海帐下报到。

收到主子的信，陈东感到很为难，但主子的话不能不听。他要去和徐海谈一谈，了解下他到底是什么意图。

到了徐海营帐，徐海装作无比亲热地一把抱住了他，说："陈兄，你终于来了，现在麻叶已投靠了赵文华，那小子一直和他暗中勾结，将我俩瞒得紧紧的，你下一步打算怎么办？我是在为你着想啊。"

陈东大惊，问道："你说什么，麻叶已投靠官军？"

"千真万确，他带着二十多个心腹，正在平湖的总督府中享清福呢，听说赵文华已为他向朝廷请功。这小子平时看着很老实，没想到先行一步，跑到我俩前面去了。"

听说麻叶投降，陈东信了，难怪近日不见他的踪影。陈东说："徐兄，你有什么打算？"

"我们兵合一处，你到我的麾下来，任二把手，我已写信给王弟，王弟同意了。现在就看你的态度。"

徐海、麻叶、陈东三股势力中，陈东的人手最少，要是能和徐海兵合一处，倒也是个不错的选择，况且自己的主子都已经同意了。什么叫兄弟？兄弟就是在关键的时候会想到你。当下，陈东反而有点不好意思起来，看来，自己平时和麻叶一道，对徐海的误会太深了，他并不像麻叶说的那么坏。倒是麻叶那小子真人不露相，平时称兄道弟，却在关键时刻将自己放了鸽子，独个儿享清福去了。

陈东说："徐兄，既然你这么信任我，兄弟我还有什么话说。行，明天我就将队伍带过来。"

第二天，陈东将队伍带到了徐海营寨中，徐海专门为他建了一处营帐，里面一应俱全，还安排了两个色艺俱佳的使女。陈东十分感动，对徐海深信不疑，决定铁了心跟着他干。

当天晚上，陈东睡得正沉，忽然被人叫醒了，说徐海有请，有要事相商。陈东爬了起来，并没有怀疑，他们平时晚上行动也是家常便饭。他向徐海大营走去，果然，大营里亮着灯。陈东刚刚走进大营，就突然被一群人围上了，十几把火铳对准了他。这时，徐海披着睡衣从后帐走了出来，装作什么也不知道的样子，大惊失色地说："怎么了，发生了什么事？"

"报告，陈东要行刺！"手下的人回道。

徐海看着陈东说："陈兄，我待你不薄，这深更半夜的你带着刀闯我营寨干吗?”

陈东说:“不是你通知我说有要事相商吗?”

“陈兄，这大晚上的商量什么事?你就别为自己找借口了，好汉做事好汉当，你就大胆地承认了吧。”

这时，有人在陈东脚边发现了一只鸟铳，对徐海说:“当家的，陈东还带了鸟铳!”

陈东急道:“那不是我的东西!”

徐海接过手下递过来的鸟铳，在手中晃了晃说:“你看，做工好精致，纯铜的呢，你看看我手下的兄弟们，有这样的高档货吗?这不是你的还会是谁的?”

徐海大声说:“陈东行刺，犯上作乱，罪证确凿，快将他给我绑了!”众人将陈东五花大绑，砍断了他右手的大拇指，连夜送进平湖县城去了。

胡宗宪不用一兵一卒，巧施离间计，接连去掉了徐海的左臂右膀。按赵文华和胡宗宪的设想，下一步，就要对徐海进行招降。麻叶和陈东不同意招降，执意要返回日本，有去就会有再来的时候，必须除之以绝后患。另外，倭寇侵袭东南沿海多年，犯下滔滔血债，全部免罪会引起公愤，不杀一批不足以平民怨，麻叶、陈东等正好用来当替死鬼。

接下来，招降面临一个巨大的难题，那就是如何处理徐海及其手下这万余名倭寇。虽然胡宗宪有便宜行事之权，但那是指调军、催饷以及任免一定品秩范围内的官员，像招降倭寇这样的大事，擅自做主面临着巨大政治风险。

但事已至此，是箭上弦上，不得不发。胡宗宪要徐海绑麻叶和陈东以献，徐海做到了。接下来，该轮到胡宗宪兑现自己的承诺了，即招降、封官。现在，徐海已率部驻扎到了平湖县城几十里外，若不兑现承诺，他会翻脸不认人。到那时，小小的平湖城说不定会被夷为平地，东南沿海将倭患再起。真要那样，平倭不力的帽子胡宗宪是戴不住的，朝廷怪罪下来，轻则丢官，重则有性命之虞。

上万倭寇驻扎在距平湖几十里的乍浦，这些倭寇平时劫掠成性，要想让他们天天安安静静地待在营寨里，几乎不可能。他们天天还要吃喝，且吃好的喝好的，不抢劫吃食何来?因此，这些倭寇今天几十人一股，明天上百人一队，四处侵扰百姓。这些人是否是徐海授意，借此向胡宗宪施压，也未可知。胡宗宪说招降有些日子了，官方并没有什么实际行动，把上万倭寇晾在一边，他们不耐烦了。

阮鹗见胡宗宪不费一兵一卒就逮住了麻叶、陈东等几十个倭寇，心里还有些佩服，后来又见他按兵不动，任徐海手下的倭寇四处骚扰，他又感到很不理解。这样一天一天地拖下去，不早点采取对策，无论是对官军还是百姓，都可能招致巨大的风险。狼终究是会吃人的，倭寇就是本性难改的狼。

明军几千人驻扎在平湖及王盘洋，需要大批军粮和军饷，阮鹗一天到晚忙得焦头烂额，从江南各州县催缴。一名士兵每月要领取一两五钱银子的月粮，一年就是十八两。加上外地征调的客兵，本地招募的土兵，需要大量军饷。从嘉靖三十三年始，明廷在正常徭役银的基础上，在江南每年提编加派税银四十万两，即提编银。明制，均徭役十年一编，排编十甲，每年派于一甲。十户为一甲，一百一十户为一里，设十个里长。城中曰坊。每年由里长（坊长）一人领一甲十户应役，十年一轮。如一甲不足，则提下甲补之，是谓提编。提编银的开征，大大加重了江南百姓的负担。

一天，阮良和徐勇奉阮鹗之命，督促着从各县征收来的一批军粮，满载了五六十条船，运往平湖。阮良站在船头上，望着一眼看不到尽头的船队，高兴地说："这批军粮够吃一阵子的了，这趟回去，我们该好好歇一阵子了。"

徐勇说："很难说，我听说胡总督正从外地调兵，军粮越多越好，哪里会有歇的时候。我巴不得和倭寇打仗去，天天到处催粮，嗓子都喊哑了，哪有打倭寇来得痛快。"

"兵马未动，粮草先行，没军粮不行啊，军心不稳。你能不吃饭打倭寇吗?"

徐勇一瞪眼："你这叫什么话，人是铁，饭是钢，不吃饭哪行？不说我，就是俞大猷总兵不吃饭也杀不了倭寇!"

两人一路扯着闲话，眼看着船队快到平湖城了。前方水道有个分汊，一条水道向东通向平湖县城，一条向南通向乍浦镇。忽然，船队停了。阮良吼道："咋回事，船怎么不走了?"前方回话说，船队被人挡住了。

阮良的肺都要气炸了，谁有这么大胆子，竟敢阻拦运军粮的船队？他和徐勇当即上了一条小船，朝船队前方驰去。

到了跟前一看，原来是罗龙文。罗龙文见阮良和徐勇来了，一拱手说："二位壮士，在下奉胡总督之命，前来征调这批军粮，你们交给在下，就算完成本趟差使了。"

罗龙文是内阁中书，说起来是正儿八经的京官，还是总督府的幕宾。阮良不敢怠慢，还礼说："罗中书你好，请问你要将军粮征调到哪儿，难道不运进平湖城？”

“你说的不错，运到乍浦去。”

“乍浦？开什么玩笑，那不是徐海驻扎的地方吗？”阮良怀疑自己听错了。

“一点不错，是运往乍浦，而且就是给徐海那帮倭寇的。倭寇也是人，他们也要吃饭。”

徐勇听不下去了：“罗中书，我们辛辛苦苦征来的军粮，是给大明的军士吃的，你说要给倭寇吃，我可就不答应了！”

罗龙文说：“你们难道不知道吗？徐海已答应招降，以后和我们就是一家人了，你不给他们粮食，他们就要去抢劫，你说咋办？”

徐勇瞪着眼问道：“你说什么，倭寇和我们以后就是一家人了？我呸，你和他们成一家人去吧，我才不干呢！”

徐勇的话引来一阵哄笑，他越说越带劲：“他们咋办我不管，那是你的事，反正我的军粮不能给倭寇吃。我今儿把话说白了，你休想从我这拿走一粒粮食！”

罗龙文说：“难道你们连胡总督的命令也不听吗？”

阮良也说：“姓罗的，别怪咱翻脸不认人，将军粮送给倭寇，别说胡总督，就是皇上来了也不行！”

三人吵得脸红脖子粗，你说你的理，他说他的理，场面一时有点尴尬。罗龙文也火了，他朝后一挥手说：“将这两个不知天高厚的野小子绑起来，军粮运走！”

罗龙文身后的一列士卒冲上前来，就要动手。阮良见他们人多，眼看要吃亏，就缓和了语气，说：“罗中书，这样吧，咱们也别吵了，这里离平湖城很近，我去请示下我们家大人，大人要是同意，得，你们该运到哪就运到哪，你看行吗？”

罗龙文见阮良说得有理，就说：“行，你快去快回，阮巡抚肯定会同意的。”

接到阮良的禀报，阮鹗大惊，还有这样的事？但罗龙文的话应该不会有假，他肯定是奉了胡宗宪的指令。现在的问题是，胡宗宪为什么要这么做，且都不和他这个具体管钱粮的巡抚说一声？

刚到总督府，胡宗宪一见阮鹗，就说：“你来得正好，有件事正要和你商量下。徐海已同意接受官方招降，也答应约束部下，不再外出抢劫。他们有上万人，每天要消耗大量粮食，你要迅速拨一批军粮给他们。”

阮鹗说：“我正是为此事而来。”说着，将罗龙文拦截军粮引发争执的事择要说了一遍。

胡宗宪说：“运到乍浦去吧，没有粮食，你让他们饿死不成？今天没有粮食，他们明天就会出营抢劫，到时吃亏的不还是百姓？”

阮鹗怒不可遏地说：“军粮本来就紧张，都是百姓的血汗粮呢，是他们从饭碗里省下来的。他们之所以肯多缴粮，就是好让我们的将士吃饱了饭去打倭寇。你倒好，送给倭寇，难道让我们的将士喝西北风去？难道让那些倭寇吃饱了再去杀我们的百姓？”

胡宗宪说：“我们军粮省着点，好歹还能撑几天。那些倭寇没吃的就会闹事，难道他们还会和我们讲道理不成？你不要说了，按我的军令，运往乍浦！”

阮鹗气呼呼地出了总督府，胡宗宪在后面叫着，像是还有话要说，阮鹗头也不回地走了。出了辕门，阮良着急地问道：“大人，怎么办？那边快要打起来了！”

阮鹗说：“交给罗龙文吧，叫徐勇回来。”

第二天，罗龙文来到学宫临时巡抚衙门，找到阮鹗，为昨天的事道歉。他说：“阮巡抚，昨天的事对不住了，本应先向您禀报，可又怕船队进了城，来回折腾费工夫，加上徐海那边催得急，这才……”

阮鹗摆了摆手说：“罗中书，你也是奉命办事，本官能理解。我想问一下，招降的事是真的吗？”

“不是真的难道还会有假？我看徐海是真心归降。”

“那驻扎在乍浦的上万倭寇如何处理？他们要是露出本性，惹出什么乱子来，又有何对策？”

罗龙文笑道：“阮巡抚，走一步算一步吧，兹事体大，那就不是我等考虑的事了。”

上次，徐渭向阮鹗推荐罗龙文，让罗出面，向赵文华索讨桐乡严乡绅的那方北宋眉子砚。也不知罗龙文用了什么方法，那方砚台还真的讨回来了，严乡绅感谢不尽，阮鹗还欠了罗龙文一份人情，从此对他的印象也有了些改变。可现在听罗这么一说，他的脾气又来了，招降倭寇此等大事，岂能儿戏，走一步算一步这叫什么话？

阮鹗说：“这上万倭寇万一到时作起乱来，我们咋办？我们一共才四五千将士，到时不要说保护百姓，自身性命都难保，你还不劝说胡宗宪，让他赶紧从外地调兵，以防不测！招降万一生变，我们要采取有效对策，不然到时措手不及！”

罗龙文说：“阮巡抚，您说得有理，我会立即将您的建议禀报胡公的。”

罗龙文离开后，阮鹗倒背着双手，出了学宫的门，沿着繁华的东大街边走边回味着罗龙文刚才的话。东大街有数里长，店铺挨着店铺，人群熙熙攘攘，这座滨海小城，还真称得上繁华。

阮鹗看见街边有一个测字的摊子。一位清癯的老翁端坐摊前，倒也有几分仙风道骨。尽管一个客人没有，老翁也正襟危坐。阮鹗心想，自己心头如此困惑，何不测个字玩玩。于是，坐到了摊前。老翁递过纸笔，说：“客官，请写个字。”

阮鹗说：“老爹，这摊子就你一个人吗?”

老爹长叹了一声说：“老汉本有一双儿女，今年春上，兄妹俩在运河里打鱼，倭寇来了，他们跑得慢了点，结果遇了害。老伴思儿女心切，不久就染了病，也走了。这不，一家人就剩下我了，摆个摊子糊口。”

阮鹗心里一痛，拿起笔，写啥字呢？多少人盼着世道太平，海晏河清。于是，就写了个平湖的“平”字。

老爹摆弄着纸看了半晌，先点头，后又摇头说：“好一笔书法。平，乃天下百姓所盼，然世事怪舛，往往天不遂人意，事难平，心难平。你看平字上面这一横，写得太粗太重，力若千钧，然终难出头也。盼平难平，盼平却落得不平。老汉就字说字，不当之处，还请客官海涵。”

阮鹗放下几粒碎银，说：“没关系，解得很好。”

老爹站起躬身行礼说：“谢谢客官，您给的太多了。”

第九章

平湖招降

阮鹗认为，到了和胡宗宪摊牌的时候了，该和他表明自己对招降的立场和态度。

一天，总督府聚会议事，商讨对徐海招降事宜。总督胡宗宪，督军赵文华，巡抚阮鹗，巡按御史赵孔昭，总兵俞大猷，参将卢镗、戚继光，幕僚徐渭，以及招降说客罗龙文等人出席。

胡宗宪说："经过前期实施离间计，已成功剪除徐海的左膀右臂麻叶和陈东，目前，徐海部万余倭寇已成孤军。徐海本人诚心接受官府招降。如能就此平息倭患，倒也是美事一桩。只是我们面临着一个现实问题，今天要商议一下，如何实施招降？如何安置徐海和这些倭寇？"

阮鹗站了起来，说："各位同僚，胡总督上次说，对这批倭寇，降者封以之职，归者资之以舟。本抚看来，招降一事，远没那么简单。倭酋徐海，在东南沿海作恶多年，罪大恶极，死十回不足以抵其罪孽，岂能一招了之？兹事体大，肯定要奏明圣上处置。最重要的是，这上万倭寇咋办？要是这些人旧习难改，我等如何应对？目前官军兵力显然不够，建议赶紧调兵，以防不测。这万余倭寇可分为三种情况：第一种是愿意跟从徐海接受招降的，这些人可以宽待；第二种是真倭，他们是地道的日本人，断然不会跟从徐海接受招降，肯定要返回日本；第三种就是不愿接受招降执意要返回日本的假倭。对后两种，无论真倭还是假倭，我们绝对不能顺利放他们返回，放他们回去就是放虎归山。总有一天，他们还要来东南沿海作乱，必须设法剿灭！"

胡宗宪的脸乌青乌青的，好像被阮鹗在啪啪地打着。降者封之以职，归者资之以舟，不错，这话是他说的。可那不是息事宁人委曲求全么，兵力不足，且战斗力弱，凭什么剿倭？阮鹗当众对他引以为豪的招降政策提出质疑，让胡宗宪非常恼火。

阮鹗分析中肯，特别是对当前倭寇三种情况的划分，并区别性采取对策，合情合理，这倒是大家没考虑到的。一点不错，对那些真倭，还有那些不肯接受招降的假倭，难道真的如胡宗宪所说，资之以舟，放虎归山？

阮鹗说完不久，巡按御史赵孔昭说：“阮巡抚说得有理，对愿意接受招降的倭寇，可以考虑优待。但是，对那些执意返回的顽固不冥者，难道任由他们在官军的眼皮子底下离开吗？那朝廷还要官军干什么，我等难道不是严重失职？”

赵孔昭个性刚毅，不屈权贵，且一直主张剿倭，对胡宗宪的招降政策，他早就颇有微词。所以，阮鹗刚刚说完，他就表态支持。

俞大猷、卢镗、戚继光等将领也表态支持阮鹗的观点，并积极请战。

赵文华善于见风使舵，他见主剿的人占了上风，也顺水推舟地附和说：“降者封之以职倒还好说，可归者资之以舟，不是送虎归山么，我等会让天下人耻笑的。况且返回的倭寇说不定哪天就会去而复返，继续祸乱我东南沿海。依本督军看，迟剿不如早剿，只是如何剿法，一定要有胜算。”

见没人支持自己的意见，胡宗宪虽内心不悦，可也无法反驳。也难怪，归者资之以舟，明明就是送倭回家，是怯倭畏战，将来要是被哪个御史参上一本，也够喝上一壶的。想到这里，胡宗宪说：“本督岂不知该战时战，该剿时剿，只是官军兵力薄弱，人数上远少于倭寇，浪战是徒增伤亡，剿说来轻松，到底如何剿法，可有胜算？”

阮鹗早有周全的考虑，他说：“我有一计，诸位看看是否可行。那些执意要返回日本的倭寇之所以还未走，是因为没有船，前期抢劫来的财物在乍浦海边堆积如山，在等着官府给他们提供足够的船只。本官一直暗授各县，每日只提供三五艘船只敷衍一下，要是提供足够的船只，执意返回的倭寇连人带货早就跑了！”说着，阮鹗抛出了自己的乘其半渡、水陆夹击的剿倭计划。即提前派人装扮成百姓，混入乍浦城中作为内应，然后向倭寇提供足够船只，乘他们将货物装船时，派水师于海口堵杀，城内官兵向海边掩杀，水陆夹击，官军必胜。只是有一点，要通知徐海带着愿意归降的倭寇提前避让。

众人面面相觑，俞大猷率先说：“阮巡抚好计！”接着众人纷纷应和，然后等着胡宗宪表态。胡宗宪点了点头说：“既如此，必须先遣人再去徐海营寨中跑一趟，要征得他的同意才行。”

阮鹗说：“徐海贪财好货，不如再送他些东西。他既已诚心归降，想来没有不同意的道理。”

一天，杭州商会会长屠坤宁代表杭州商界前来平湖犒军，宰杀好的生猪、牛、羊和一坛坛美酒，装了五六条大船，通过水门运进了平湖县城。在临时督军府，赵文华叫过屠坤宁，说："徐海已答应招降，但是，你知道，倭寇毕竟是倭寇，也不能说绝对没有变数，为了稳住他，我们要派人到乍浦去慰问，倭寇都是贪财好色的主，钱财都备好了，只是……"

说到这里，赵文华故意不说，让屠坤宁去接话。屠自然心领神会，说："赵尚书，我懂，是要女人吧？"

赵文华说："一般的女人，徐海当然不缺，我的意思，要找一个才艺俱佳的女子。"

屠坤宁有点为难地说："可一时之间到哪里去寻呢？这倒是个难题。"

"有现成的，西子楼里的那个女人，不是挺好的吗？"

屠坤宁一愣，望着赵文华说："赵尚书是说……罗绮？"

赵文华没有应声，屠坤宁明白了。可罗绮卖艺不卖身，这点大家都知道，杭州知府何海澄想打她的主意，打了好几年，手都还没有碰到过。赵文华为什么指名道姓要将罗绮送给徐海呢，这不是将她往火坑里推么？说不定是赵文华在杭州时没占到她的便宜，现借机报复。这可咋办，屠坤宁又不敢不答应。

屠坤宁狠了狠心说："行，我争取明天就将她带到平湖来。"

罗龙文带着一批财宝，又来到乍浦徐海营寨中。倭寇营寨临海而建，一眼望不到头，绵延数里，各种抢劫来的货物如生丝、丝绸、布匹、粮食、茶叶、水银、瓷器、铁器、药材等堆积如山。这些天，倭寇们为分赃吵得不可开交，矛盾重重。特别是那些执意返回日本的倭寇，索要的东西过多，大家冒着生命危险出来一趟，就是为了发财，能多要自然多要。

徐海带着罗龙文在海边参观，望着码得山高的一堆堆货物，罗龙文也傻眼了，他没想到抢来的东西如此之多。罗龙文指着一捆丝绸问道："就说这种丝绸，在内地每匹大约值一两银子，运到日本后，能卖到什么价？"

徐海说："要翻几倍，五两到十两，还是抢手货。"

罗龙文又指着生丝说："这个呢？"

"每百斤两百多两银子，是这边的三倍到四倍。"

罗龙文说："那些茶叶、瓷器和铁器自然更是抢手货了？"

徐海说："那当然，不值钱的东西我们看都不会看的。"

罗龙文直咂嘴："恕我直言，你们来内地抢了多年，应该早就发了，怎么还年年过来？"

徐海叹了一口气："罗兄，我们运回去还要上交主子呢，他们可是要吃大头的，你以为我们独占啊？仰人鼻息难啊，要是不高兴了，动辄就要赶我们走。所以这次我执意归降朝廷，不想去跟那些倭酋们混了。”

罗龙文跷起了大拇指说：“徐兄，你的选择绝对是正确的，寄人篱下不是长久之计，要为自己的后半生、为子孙后代着想。”

在大营中，罗龙文说出了胡宗宪的意思，要徐海配合官军清剿执意回去的倭寇。徐海半天沉默不语，他倒不是不同意官军清剿那些倭寇，实际上，他心里还暗暗高兴，因为那些倭寇要是死了，这批抢来的财物他就可以独吞。他担心的是，要是配合官军这么做，无异于自断后路，日本那边他是回不去了。胡宗宪说要替自己谋一个永世的爵位，至今尚未落实，是真是假，是否还有变数，一切都未可知。徐海想来想去，没有马上答应。

晚上，罗龙文留在徐海大营，没有返回平湖。晚餐时，罗龙文谈笑风生，像在自己家里一般，吃菜喝酒，没有半点生分，更看不出有什么紧张情绪。酒后，罗龙文更衣上床，很快就响起了均匀的鼾声。徐海有意要吓他一下，将他摇醒了，说：“罗中书，知道这里是什么地方吗？”

罗龙文说：“知道，兄弟你的大营啊……你怎么不让人睡觉呢？”

“这里是虎狼之穴，你怎么睡得如此安静，你就不怕我杀了你吗？”

罗龙文伸了个懒腰，说：“我罗家大大小小有上百口人，我几次冒着危险来到你的营寨劝说，可以说是置全家老小于不顾，你怎么就没有一点动心呢？既诚心接受朝廷招降，就要听从胡宗宪、赵文华二公的安排，尽快做出决定吧。”

“我信你，可要是胡、赵二公杀我，恐怕你也救不了。”

“千万别冤枉他俩，胡、赵二公铁心招降，他俩正替你向朝廷申请官职，准备让你率一支队伍巡海，管理海上，阻止倭寇来犯。如此，东南沿海方得安定。”

徐海说：“我担心招降有不测风险。”

罗龙文说：“我也不瞒你，我与胡宗宪有姻亲关系，他还会加害我不成？要不这样，如果你不信，怕胡、赵二公可能害你，就将我留在你的营中做人质好了。”

罗龙文甘愿留下来做人质，他不会拿自己的性命开玩笑。徐海说：“那好吧，暂时委屈你几天。”

至此，徐海始相信，胡宗宪和赵文华对他是真心招降，他当然也要真心归降。如此说来，他们很快就要成为一家人了。既是一家人，那么，那些执意回去的倭寇就是他们共同的敌人。况且，按罗龙文所说，徐海以后的任务就是替朝廷巡海，阻止倭寇侵袭。那些回去的倭寇将来有一天会成为他的心头之患。总之，思来想去，徐海觉得，他别无选择，只有按照胡宗宪和赵文华说的办。

有徐海的配合，乍浦剿倭的计划实施起来就很顺利了。胡宗宪安排主簿曹廷慧、参将丁仅率部分士卒，装扮成百姓，悄悄进入乍浦潜伏下来。同时征调船只，其中有两艘大型福船，命俞大猷率水师到王盘洋海口待命。

七月底的一天，一大早，阮鹗命人一次性交付了乍浦倭寇五六百条船只。倭寇们见到这么多船只，一个个高兴得欢呼起来，有船就意味着能装货返程。他们在海边等这一天已等得太久，早等得不耐烦了。见到船，万余倭寇涌到了海边，一个个跳到船上，手舞足蹈，然后开始向船舱里上货。海滩上人头攒动，乱成一团，倭寇们都沉浸在马上要回家的快乐氛围里。

当天，堆放在海边的货物大约有一半装上了船，经过一天忙碌，倭寇们疲惫不堪。徐海以及他手下那些执意归降的倭寇，有两千余人，这些人看守着自己的货物，袖着手在一边看热闹，是断不肯帮忙的。在执意归降和执意返回的倭寇之间，不知不觉已产生了一道看不见的鸿沟。尽管大家表面上不说什么，其实内心里已产生了一种戒备甚至敌意。

次日，吃过早饭，当倭寇们涌到海滩边继续装船时，埋伏在乍浦城里的主簿曹廷慧和参将丁仅悄悄来到城门边，突然袭击，砍死了守门的倭寇。然后，打开城门。阮鹗督领着数千士兵潮水般涌进了乍浦城，呐喊着向海边掩杀过去。在海口，两艘高大的福船率领着上百艘战船出现在倭寇视野里。只听几声炮响，整个海滩都震动了，战船上的士卒一齐呐喊起来，向海滩逼近。

倭寇们正兴冲冲地装船，做着回家的美梦，哪里会料到此般变化，一时大惊失色。倭刀、火铳和弓箭等统统不在身边，个个忙着寻找兵器，海滩上乱成一团。乍浦城已被官军占领，退无可退；海面上水师正在逼近，逃无可逃。徐海和他的心腹们早已不知躲避到哪里去了，这些执意返回的倭寇们失去了统一指挥，不知是战是逃，成了一盘散沙。倭寇营寨被点燃了，风很大，火借风势，火光冲天，连绵的营寨成了一片火海。倭寇阵脚大乱，像无头的苍蝇，乱飞乱撞。

慌乱之中，一部分倭寇不得已将装上船的货物推到海里，驾着船快速逃跑，但被俞大猷率领的水师堵住了。倭寇们一边抵挡，一边拼死夺路而逃。那些海滩上的倭寇就没那么幸运了，由于失去指挥，战斗力锐减，被官军杀死大半。

战斗结束，海滩上，海水里，到处是倭寇的尸体。

官军水陆夹击，大获全胜，这就是乍浦大捷。倭酋辛五郎成功逃脱，后被参将卢镗在另一场战斗中活捉。

阮鹗站在一块礁石上，手抚剑柄，望着远处倭营里尚未熄灭的烟火，心中有种说不出的惬意。自投身抗倭以来，还从没有打过乍浦这样的胜仗。想想二十九天桐乡之围，哪一天不是生活在提心吊胆之中，多少场惊心动魄的战斗，何等窘迫与窝囊，又何曾有过此刻的舒畅与豪气。此时的海滨，弥漫着一股焦煳气和血腥味，直冲人的脑门。海中，倭寇的尸体夹杂在漂浮物之间，被海浪推来搡去。他们之中，并没有多少真倭，大多是沿海百姓，为什么会铤而走险走上了这条不归之路？阮鹗不忍直视，陷入忧思。

徐海带着两千余名执意跟着他准备接受招降的亲信，在官军攻击海滩上的倭寇时，悄悄出了乍浦城，来到了一个名叫沈庄的村落，安营扎寨，驻扎了下来。

罗龙文作为人质一直被留在徐海营中。表面上看，他谈笑自如，闲时读书吟诗，没有半点紧张感。其实，他害怕得要死，生怕徐海一怒之下会杀了他。但事已至此，再怕也要硬撑着。他随身带有一柄纸扇，每过一天，他都会用指甲在扇柄处划一个印痕。目前，扇柄上已有七个印痕了。

徐海先是按胡宗宪的吩咐，缚献了麻叶和陈东；接着配合官军，取得了乍浦大捷。接下来，该是正式招降了。别看徐海现在只有区区两千人，可这些人都是他的精锐和死党，战斗力不容小觑，要是不兑现承诺，将他们逼急了，那将会是一场灾难。

经过使者来回说合，胡宗宪、赵文华和徐海达成协议，即八月二日在平湖县城举行受降仪式，徐海率少量倭寇入城，正式接受官军招降。

七月三十日晚，在沈庄一栋高大的民宅里，徐海、罗龙文、王翠翘，还有徐海手下的两个头目洪东冈和黄侃，几个人围着一张桌子坐了，桌上摆满了鸡鸭鱼肉。洪东冈是福建漳州人，黄侃是浙江人，两人都参加了桐乡围城。本来，他俩手下各有一批倭寇，目前已与徐海兵合一处，愿意接受招降。

罗龙文端起一杯酒，对王翠翘说："我先敬翠翘一杯，要不是你从中多加劝说，徐海兄没这么快答应呢。"

烛光摇曳，王翠翘的脸映得红扑扑的，头上的金钗闪着亮光。她轻轻叹了口气，说："奴家也是想下半辈子有个依托，这整天打打杀杀的，哪里是人过的日子。也多亏了罗大哥从中说合，翠翘还你一杯。”说着，也满满倒了一杯，一口干了。

罗龙文又敬徐海说：“徐兄，从后天开始，我们就是一家人了，来，为我们美好的开始干一杯！”

徐海说：“不，从明天开始。”

罗龙文不解地说：“徐兄，你的话是什么意思，我怎么不懂？”

洪东冈说：“我来告诉你吧，下午我们几个商议过了，决定提前一天进入平湖接受招降。”

听洪东冈如此一说，罗龙文大惊，瞅着徐海说：“不是说得好好的后天吗，你们怎么擅自改为明天，此等大事岂能儿戏？”

徐海说：“人心隔肚皮，我们不能不防，不怕一万，就怕万一，要是官军在城内摆下陷阱，到时我们不是自投罗网么？提前一天，让他们措手不及。”

罗龙文说：“你们这么做明显是对胡宗宪、赵文华二公的不信任，这样出尔反尔，会出大事的！”

徐海有点不悦地说：“能出什么大事？如果二公真心招降咱们，难道还会在乎这一天、两天的不成？”

罗龙文不停地摇着手说：“不妥不妥，我建议你们还是后天去。”

徐海说：“后天万一有什么变故呢？到时凭你一条命，能抵得上我们两千条命吗？当然，能顺利招降更好，大家皆大欢喜，但我不得不留个心眼。就这么说定了，我们明天就去平湖，还请罗兄在沈庄继续委屈几天。你不用担心，我的弟弟徐洪不也在胡宗宪手里吗？”

罗龙文的心里凉了半截，他还以为徐海会带着他一道进入平湖呢，如果那样，他就可以顺理成章地脱离这帮倭寇。没想到狡猾的徐海要将他一直扣在营中，看来这难熬的日子还要继续熬下去。熬几天倒没啥，罗龙文就怕发生什么不可预测的变故。多年来游走于权贵之间，凭他的经验，他的心里一直有种隐隐的不安，总感觉要发生什么事。

此时，平湖城中，督抚之间，也在发生着激烈的争执。浙江省的文臣武将，对招降倭寇存在着不同看法，且分歧较为严重，以巡抚阮鹗和巡按御史赵孔昭为代表，形成反对派，主张乘势剿灭，极力反对招降。由于后天就要举行招降仪式，鉴于目前形势，临时总督府内，胡宗宪召开会议，分析招降因由，以求形成共识。

议事厅就设在平湖县衙大堂内，几支粗大的蜡烛烧得滋滋作响，将大堂照得亮如白昼。看看大家都到齐了，胡宗宪轻咳了一声说："远的不说，仅说本朝以来，倭患愈演愈烈，倭寇愈剿愈多，朝廷花费了大量人力、财力，可东南沿海仍无一日之宁。既然浪战徒增伤亡，不能解决任何问题，为何不能退而思之，试试招降？徐海等倭寇真心归降朝廷，本督以为，可授他一武职，专事巡海。如此，倭患可除。后天正式举行招降仪式，地点就在县衙大门前，各位须统一到场，共襄盛举。"

阮鹗说："徐海率倭寇多年侵袭我东南沿海，攻州夺县，杀害朝廷命官和百姓无数，其罪断无可逭，且此贼现在已陷入官军包围之中，人数不多，倭心离乱，时机难得，当乘势诛之；任命徐海以武职本抚以为更是不妥，贼性难改，以贼御贼，将来谁可驱遣和制约？所以，本巡主张彻底剿灭！"

巡按御史赵孔昭也站了起来，说："本官支持阮巡抚观点，对倭寇宜下狠招，断不能有妇人之仁，断无饶恕之理！"

这样争论下去，实施已久的招降之策就要泡汤。赵文华站了起来，到了他表态的时候了，他说："向日本派遣使团和招降徐海都已向圣上奏报过，且已大见成效，麻叶、陈东、辛五郎都已被关进平湖县大牢，乍浦之捷倭寇死伤大半，现在只差最关键的一步，岂能半退而废？大家不要再争议了。"

赵文华继续说："后天，由总督胡宗宪、本官、巡抚阮鹗、巡按赵孔昭四人共同出面，招降徐海。俞大猷率军在城内外做好布置，以防生变。"

赵文华抬出了圣意，且他是浙直督军，又是内阁首辅严嵩的干儿子，一句话就能左右浙直文武大臣的命运。他的话一言九鼎，没有人敢反驳。

八月一日上午，天气晴好，东大街照例熙熙攘攘，人声鼎沸。刘氏生煎的早点店前，队伍照例排得老长，生煎出锅时鼓囊囊的，里面是滚烫透鲜的汤汁。会吃的人用筷子先戳个小孔，让它凉一下，然后再轻轻一吸，满口生香。平湖人就是好这口，早晨非要有这股鲜味垫底，一天的精气神才有了。由于是初一，城隍庙里，祭祀活动天没亮就开始了，纸灰飘飞，烟雾缭绕，烟花爆竹一直响个不停。

平湖城外的湖面和河道中，渔船往来，渔网起落，有渔家女唱起了婉转的渔歌。突然，有眼尖的百姓大叫起来："倭寇来了！"

果然，河道里，倭寇乘坐几十条快船，绵延一二里地，向平湖县城方向驰来。一时间，那些在河湖里打鱼的渔民、野外劳作的百姓，大呼小叫，疯了一般向家里奔去，一路奔跑，一路呼叫。一时间，平湖县城外，风声鹤唳，到处是狂奔的人。

幸好，这股倭寇和平时见到的不一样，只是安安静静地赶路。他们正是徐海率领提前进入平湖县城接受官府招降的倭寇。徐海带来了一千人，余下约一千人据守沈庄。徐海身着僧服，走在队伍前面。

胡宗宪和赵文华要招降徐海，一直是秘密进行的，民间百姓半点不知晓，哪里知道他们是前来接受招降的呢？平湖城里，早就闹翻了天。城内的百姓听说倭寇突然来了，且就在城外，比厉鬼来了还要害怕。街上乱成一团，鸡飞狗跳，人们惊慌失措，到处是奔跑惊叫的百姓。店铺关门，家家闭户，街上很快就看不见一个人影。

徐海到了平湖城外后，派人到城门口告诉守卒，请他们去向总督府禀报，就说徐海率部前来接受招降，请求进城。

胡宗宪听说徐海提前一天前来接受招降，大吃一惊。难怪巡抚阮鹗说这些人贼性难改，看来的确如此。如此反复无常，提前到来，明显是对官府对他胡宗宪不信任。提前就是防止遭到埋伏，弄你个措手不及。可如此一来，倒是官府完全被动了，城内百姓事前没有收到任何通知，突然看见大队倭寇来到城下，且进了城，事后又该如何向百姓解释。可以料想，百姓的唾沫星子都会将人淹死。

徐渭从外面进来了，骂道："这些死捏子，怎么突然提前来了，街上都乱了套，我一顿早酒还没有喝完，饭馆里的掌柜伙计都跑光了。"

死捏子是绍兴骂人的话，傻子的意思，是徐渭的口头禅，他一生气就要骂人死捏子。胡宗宪有心想骂他一句酒鬼，又见不是时候，话到嘴边还是忍下了。问道："这个徐海，真是不识好歹，叫他明天来，他非要提前一天，这不是戏弄本官么？"

徐渭见胡宗宪动了真怒，怕影响招降大局，劝道："小不忍则乱大谋，早降是降，晚降也是降，人家既然来了，总要出去接见一下。"

胡宗宪只好传下命令，让徐海带几名为首者到县衙门前接受招降。同时安排俞大猷紧急率军登城，以防不测。

徐海听说只让他带几名为首者进城，心里更加不安。他思来想去，挑选了两百青壮手下，进入了平湖城。

见倭寇并不杀人抢劫，且和官府互相传话，加上胡宗宪已命士卒通知百姓，徐海率部是来接受官府招降的，让百姓少安毋躁。胆大的百姓从家里走了出来，到县衙前看热闹。

胡宗宪、赵文华、阮鹗、赵孔昭四人，率浙江文武官员站在县衙门前的练兵场上，等着徐海前来。四人站在前排，个个神色严峻。

县衙前的道路上，一阵烟尘腾空而起，紧接着传来一阵杂乱的脚步声。徐海为首，身后紧跟着洪东冈和黄侃。阮鹗和他们在桐乡见过面，真是仇人相见，分外眼红，阮鹗握着剑柄的手有点微微发抖，手心里都是汗。胡宗宪明明传令叫徐海率几名为首者进城，见来了两百余人，心下不悦，脸色变得很难看。在场的除阮鹗、俞大猷等少数人外，大多是第一次看见徐海，他与大家料想的倭酋形象大为迥异。眼前的徐海，头戴白蓝相间的僧帽，身着灰袍，五官清秀，身材颀长，哪里像一个杀人如麻的倭寇，倒像一个颇有修为的佛门弟子。要是走在街上，绝不会有人相信他是一个凶悍的倭寇。

阮鹗思忖，徐海为什么一改往日身披红氅的倭酋形象，而换了一身僧服呢？他的意图很明显，是要告诉人们，从此要放下屠刀立地成佛了，试图以此获得人们的宽恕。可惜，一切已经太迟了，他的手上已经沾满了无数无辜百姓的鲜血。虽然他现在穿上了昔日的僧衣，但没有人把他看成个出家人，不过是自欺欺人罢了。那件染血的红氅随时都会出现在他的身上。

徐海见四人站在首排，除阮鹗有点眼熟外，其他三人一个也不认识，但知道他们是浙江文武要员。徐海从左至右依次稽首，大声说："天星爷，死罪，死罪！乞请恕罪！"

徐海不知道如何称呼眼前的这四人，在他看来，他们都是朝廷的高官，是天上的星宿，统称他们天星爷是没错的。徐海有意要特别感谢胡宗宪，但不认识，这时，有人给他递眼色。徐海又对胡宗宪拜了拜："胡公，您宽宏大量，海纳百川，感谢招纳！"

胡宗宪走下大堂，拍着徐海的肩头说："东南苦汝久也，今既诚心归附，朝廷自会赦免你的罪过，今后切不可再做造孽的事了！"

徐海感激涕零地说："天星爷，一定，一定！"

胡宗宪优厚犒赏徐海及其部下，命他们暂回营寨居住，等候朝廷旨意。徐海率部下带着犒赏的财物，出城去了。

徐海满意地离开了，平湖城里却不太平了。现在，全城的百姓都知道胡宗宪招降徐海，并且下一步还要任命他官职，让他负责沿海防卫。也就是说，徐海和他手下的这批倭寇，将会换上明朝官兵的衣服，此后将长期活跃在沿海一带。此前，东南一带，上自官府，下至民间，倭酋王直、徐海等人的名字，人人闻之色变。现在，百姓突然听说胡宗宪招降了徐海，且就是在平湖城发生的事，让他们如何不惊恐！于是，临时总督府门前，跪谏的乡绅和百姓挤得人山人海，差不多全平湖的人都来了。一时间，总督府门前人满为患。大家齐声呼着："请诛徐海！""万不可招降倭寇，祸害百姓！"

这种情况倒是胡宗宪和赵文华始料未及的。此前，他们也想到了部分百姓可能会反对，但没料到反对的人是如此之多。目前，招降一事尚只有平湖一地的百姓知晓，要是在浙闽甚至朝廷传开，还不知会闹成怎样。

胡宗宪正在总督府里发愣，阮鹗走了进来，说："胡总督，你怎么不出门去看看，倾听下百姓的呼声，看看他们是怎么拥护你招降的？"

胡宗宪正在气头上，阮鹗的话，明明对他是一种嘲讽。他呼地站了起来，指着阮鹗怒道："你身为巡抚，不去向百姓解释，及时疏导民众，反而向本督说起了风凉话，是何居心？"

阮鹗说："胡总督，说得好，谈到心字，我们倒可以好好聊一聊。人心叵测，道心才合天理，只有以道心匡扶和矫正人心，让道心融入人心，才是君子所为，才能立德、立功、立言于世。"

胡宗宪说："你是来给我上课的吗？"

阮鹗说："徐海非杀不可。目前浙直文武大臣，对招降一事，普遍不满，訾议汹汹，都认为徐海不可招。我来告诉你一件事，我已和赵孔昭巡按联名具疏，上奏招降一事，以八百里加急送出，想来不日将有圣意。一切皆看圣意吧。"

胡宗宪啪地拍了一下桌子，脸涨得通红，血红的眼睛瞪着阮鹗，一时说不出话来。徐渭在一边见状上前劝道："总督息怒，总督息怒……"

阮鹗转身离去，大声说道："破山中贼易，破心中贼难。"

阮鹗离开后，徐渭来到胡宗宪身边，说："阮鹗和赵孔昭联名上奏，还特地来告诉你一声，我还听说……"

徐渭犹豫着该不该继续说下去。胡宗宪急道："你还听说了些什么？"

"我听说，招降的事传开后，浙直士绅纷纷联名上书，朝中言官，还有浙闽籍官员，我估计闻听此事后都不会无动于衷……"

胡宗宪彻底愣了。嘉靖三十三年四月，朝廷为增强东南御倭力量，胡宗宪被任命为浙直巡按监察御史。临行前，朝中浙江籍官员对他寄予了厚望，并设宴为他饯行。席间，胡宗宪慷慨激昂地立下誓言说：“胡某此行，不擒王直、徐海，不靖清东隅，誓不回京！”胡宗宪的豪言壮语，让在场的送行者备受感动，啧啧称赞不已。一旦这些人掉过头来上书指责自己，后果不堪设想。想到这里，胡宗宪顿感后脊梁骨一阵阵发冷，这招降是不是弄得太过草率？

胡宗宪在焦躁不安中等待着。数天后，旨意来了。在圣旨中，嘉靖将胡宗宪、赵文华痛斥一番，并指出，以后言抚者斩！

这无异于当头棒喝，没有任何商量的余地。得知旨意，胡宗宪的脸色顿时就变了，八月初的天气，暑气尚浓，他的脸上却像凝了一层霜，又白又冷。

第十章

沈庄大捷

剿灭徐海部倭寇已成定局。

现在的问题是，在征调来的军队未抵达平湖之前，还不能让徐海觉察到官府的失信，否则就麻烦了。困兽犹斗，这两千倭寇要是玩命地闹起来，凭胡宗宪现在手下的四五千兵，能否挡得住，委实难说。即使他们不闹，给你来个不辞而别，那会更麻烦。总有一天，他们会以更大的声势卷土重来。因此，现在一定要让徐海相信官方的招降意图未变。

沈庄位于平湖城东南十余里的清溪桥附近，又叫沈塘。明万历三年，有沈氏迁居于此，繁衍生息，遂成旺族。沈庄很大，中间以河为界，分为东西沈庄，原本有几百户人家，在倭寇到来之前，百姓已全部逃散，成了一座空村。徐海等倭寇驻扎在东沈庄。

胡宗宪每隔几天就派人到沈庄送钱送物，几个使者也走马灯般地出入徐海的临时宅第，捎去胡宗宪和赵文华信誓旦旦的说辞，安抚人心。倭寇们衣食无忧，花天酒地，在焦躁不安中等待着官府的安置。

一天黄昏，一艘小船载着一乘花轿，驰入了沈庄。船靠在了东沈庄村口，两名倭寇上了船，与来者做好交接，然后抬着轿子上了岸，直接抬到了徐海的宅第内。掀开轿帘，只见轿中绑着一个妙龄女子，嘴里塞着团毛巾，正用惊恐的眼神打量着倭寇。

该女子正是西子楼的歌女罗绮。徐海说："快松绑！"罗绮从轿里被拉了出来，解开绳子，扯掉毛巾，一个亭亭玉立的绝色女子出现在众倭面前。

徐海审视着罗绮说："啧啧，这么漂亮的女子，赵公自己不享受，却派人送给了我，看来待我是真好。"

罗绮说："这里是什么地方？你们是什么人？赵公又是谁？"

"我们是什么人？这里是什么地方？"众倭寇一个个模仿着罗绮的腔调，阴阳怪气地哈哈大笑。

罗绮这才看出来，这半月形的发型，代替短裤的兜裆布，还有腰间长长的倭刀，这不就是人们常说的倭寇吗？她的脸一会儿白，一会儿红，额头上的汗都下来了。罗绮双手捂耳，大叫道："啊——"她撕心裂肺的尖叫像刀光一闪，将倭寇们吓了一跳。她继续叫道，"快送我回去！快送我回去……"

她的声音越叫越小，最后，抱着头，坐在地上唔唔地哭了起来。

罗绮越害怕，倭寇们就越乐，他们又模仿着罗绮的叫声："快送我回去，快送我回去……"一边说着，一边快活地大叫。

有人问道："听说你会唱曲儿，给兄弟们来一个？"

罗绮这时反倒镇定了下来，说："有琴吗？"倭寇大眼瞪小眼，这营寨中哪有那玩意儿。

徐海说："快叫到人到城里买去！"

很快，一架焦尾琴摆在了罗绮的跟前。她理了理罗裙，捋了捋头发，淡淡地坐定了。然后才伸出纤指，轻点琴弦，一阵美妙的琴声流水般淌了出来。她唱道：

残雪凝辉冷画屏，落梅横笛已三更，更无人处月胧明。

我是人间惆怅客，知君何事泪纵横，断肠声里忆平生。

倭寇们听不懂，只知道好听，一个劲地叫好。徐海当过几年和尚，识字，也略懂音律，他多少能体会到眼前这个女子绝望而凄凉的心境，安慰说："既来之，则安之，做我的二夫人吧，我徐某人马上就是大明武官了。"又将她送到王翠翘房中。倭寇们欢呼起来。瞧着罗绮闷闷不乐的样子，徐海说："姑娘，别害怕，我们有缘。"顿了顿，又说，"孽缘也是缘。"

罗绮将琴端了起来，举过头顶，狠狠地砸在地上，尖叫道："我要报仇！"

倭寇们又被罗绮的尖叫声吓了一跳，这个姑娘的嗓门儿像刀子，他们还从来没听过这么尖的嗓门儿，尖锐的叫声差不多快要把耳朵割掉了。琴断成了几截，几根丝弦挂在残木上，发出嗡嗡的声响。那把琴好像不是被她摔碎的，而是被她的尖叫声吓碎的。

凭罗绮的个性，她本想一死之了，可又一想，就这样死了算个啥，都没人知道，岂不是太便宜了那些害她的人？好死不如赖活着，她忍辱负重，选择活了下来，不为别的，只为报仇。她已打听清楚，将她送给徐海是赵文华的主意，屠坤宁是实施者。这两个男人都是她的仇人。

罗绮整日里只做两件事，骑马，射击。徐海有一匹小矮马，平时很少骑，她拿了过来，做了自己的坐骑。学习鸟铳射击就没那么简单了。罗绮寻思着，自己的仇人一个有权，一个有钱，都不是普通人，而她不过是一个寻常女子，要想手刃仇人，绝非易事，只有走超常路径。她看到倭寇中许多人持有鸟铳，当下大喜，心想此物可以帮助自己报仇。于是，她找徐海要了一支。徐海给她的是一支精致的倭制鸟铳，铜管木托，重约五斤，做工精致，能自动点火，但每打完一枪，就要重新装药。重要的是，这支鸟铳发声很小，射击时只有轻轻噗的一声，而不是像有些鸟铳砰的一响，不注意时根本听不见，而穿透力却很强，能贯穿一般盾甲。

罗绮如获至宝，整日里忙着装药、搠杖实药、装铅子、瞄准、射击，盘弄着那把鸟铳，吃饭睡觉都带在身边。好在倭寇中会射击的人很多，走到哪都有人教她一把。开始的时候，她往往手忙脚乱，不是火药和铅弹装得不准，就是射击偏了方向，经过几天反复练习，她已经能熟练操作了。

罗绮喜欢听射击时噗的那一响，火药爆燃，推动铅子冲出枪管，火光一闪，一缕淡淡的轻烟从管口飘出，轻轻吹一下，然后轻蔑地瞟一下被射中的目标。不用说，多半被打了几个窟窿眼。那声轻响，就像用嘴吹灭一盏油灯，噗的一声，人死灯灭，绝不拖泥带水。罗绮要将赵文华噗一下，将屠坤宁噗一下，完成了任务后，她再给自己噗一下。到那时，一切都结束了。她只希望能穿着那件她喜欢的凤凰火，安安静静地离开这个世界。

自接到嘉靖言抚者斩的旨意后，胡宗宪加紧了调兵的速度，南直隶各卫所的兵，骁勇善战的永顺、保靖土兵和河朔兵，都在星夜往平湖赶来。只要各路兵马一到，形成合围，徐海就插翅难逃，他手下现在毕竟只有两千余人了。

胡宗宪再生一计，从牢中将陈东放出。

一天，阴暗潮湿的平湖牢房里，曾出使日本的使团成员陈可愿拎着一个食盒，进入了牢房。牢头打开了陈东牢房的门，陈可愿将食盒放了进去。陈东身壮如牛，自入狱以来，每天吃的是糟糠之食，突见食盒，两眼放光。他急不可待地打开食盒，里面是一只烧鹅、一盆蹄髈和一盘卤牛肉，外加一壶酒。早在日本时，两人就认识了，看到这个食盒，陈东傻了，他望着窗外的陈可愿说：“陈公，这是要杀我了吗？”

陈可愿说：“哪里话来，我是念昔日情谊，前来看望你呢。徐海前几天已经到平湖来接受招降了，胡公宗宪亲自许诺将封他武职，以后他就是官府的人了，只是可惜你和麻叶……"

陈东在徐海营中半夜被叫起来，说要议事，结果中了徐海的圈套，将他当成投名状献给了胡宗宪。自入狱以来，陈东无一日不生活在对徐海的仇恨之中，只可惜身陷囹圄，无法报仇雪恨。

陈可愿说："徐海为了自己的前程，不惜坑自己的兄弟，是典型的小人。"

陈东风卷残云，将几盘菜吃得干干净净，一壶酒也早见了底。他抹了抹嘴巴，一拳重重地砸在墙上，只见泥灰乱飞。他声嘶力竭地喊道："我做鬼也不会放过他的！"又叹了口气说，"此仇只有来生再报了！"

陈可愿欣喜地说："我现在就给你一个机会。"

陈东以为自己听错了，他自从进入平湖大牢那一刻起，就知道自己死定了，还从没想过能活着走出这间牢房。眼前这个小眼睛的男人，笑起来憨厚，却透着狡诈。他苦笑道："陈公，开什么玩笑，你要给我一个什么机会？"

"让你去找徐海报仇。"

"别逗我了，你放了我，要是胡宗宪知道了怎么办？你如何交差？"

"哈哈哈，"陈可愿大笑几声，"放你正是胡公的主意，这等大事，岂是我辈能做得了主的。"

陈东还不肯相信眼前的事是真的，他怕又是一个什么圈套，坐在牢房里半天没动。陈可愿催道："陈东，难道你现在还不肯出去？"

至此，陈东才发现，陈可愿不是开玩笑。他一跃而起，箭一般冲出牢房，他身上散发的一股浓烈的馊酸味差点儿将陈可愿熏晕了。陈可愿冲着他的身影大叫道："徐海现在驻扎在沈庄！"

陈东骑上了监狱门口为他备下的一匹骡子，出了平湖，直奔沈庄而去。

陈东住进了西沈庄，徐海那边他的老部下听说主子来了，陆陆续续地过来投奔他。一日工夫，就回来了一百多人。陈东在等待着机会，寻找徐海报仇。

自嘉靖剿灭徐海的旨意到达平湖，战争的氛围就浓厚起来，不过为了防止徐海警觉，一切军事部署都是悄悄进行，做到外松内紧。卢镗率军继续驻扎在王盘洋出海口，防止倭寇逃窜；俞大猷将军营设到了平湖城外通向沈庄的道路边，以便随时行动；诸多暗探在沈庄附近日夜转悠，严密监视着徐海的一举一动。

徐海不是傻子，他在等了十多天后，胡宗宪除了隔三岔五派人送吃送喝，实质性的行动却半点没有。从官府内线那边透露出来的消息，对他也越来越不利。徐海紧张了起来，他在貌似平静的局势里嗅到了一种危险的气息。可他现在逃无可逃，没有船只，且进出沈庄的各个路口都有官军把守。徐海仍对胡宗宪抱有一丝希望，只希望他没有反悔，而且罗龙文还在自己手中，这家伙依旧每天诗酒逍遥，看不出半点紧张的意思。

罗龙文实际上在借酒消愁，自八月一日招降，十几天过去了，如何安置徐海，胡宗宪那边没有任何消息。凭他周游官场多年的经验，他预感，事情中途肯定有了变故。尽管招降有助于平息东南倭患，可眼下有几人能理解胡宗宪的做法，无论是朝中还是民间，仇恨倭寇的人太多了，那种仇恨比大海里的飓风还要猛烈，凭胡宗宪、赵文华之力如何能抵挡？在来江南之前，他在严世蕃府中逍遥自在，悔不该蹚这趟浑水。现在，徐海随时有可能杀了他。

可后悔也晚了，只有硬着头皮撑着，是死是活全看天意了。一天，罗龙文从窗子里看见徐海向他的院中走来，他拿起笔，在砚台里蘸饱了墨，一边写一边大声地吟道："野有蔓草，零露瀼瀼。有美一人，婉如清扬。邂逅相遇，与子偕臧。"

徐海进来了，罗龙文装作惊喜的样子，说："徐兄，快过来瞧瞧，看看我这字写得怎么样？"

徐海夺过罗龙文的笔，扔在了纸上，笔在纸上翻滚了几下，留下了一行杂乱的墨迹。徐海说："罗中书，你现在还有心思弄这些玩意儿，我听说永顺和保靖的土兵都到杭州了！"

罗龙文的心突地悬了起来，但他不能表现出丝毫慌乱，否则，徐海当场就会要了他的小命。罗龙文说："不可能，他们来干什么？你的消息肯定有误。"

徐海一把揪住罗龙文的领口，差不多将他拎了起来，瞪着眼说："我的消息绝对不会有误，不但永顺和保靖的土兵来了，连河朔兵都来了，说要为宗礼报仇。姓罗的，我们都被胡宗宪骗了！"

徐海的样子不像是开玩笑，要不是他告诉自己这些，罗龙文还蒙在鼓里。如果徐海所说属实，唯一的可能就是胡宗宪招降徐海的方案被朝廷否决了，罗龙文最担心的事情发生了，事情正在向最坏的方向发展。

徐海唰的一声抽出雪亮的倭刀，架在了罗龙文的脖子上，说："我当初就说，胡宗宪、赵文华要杀我，你也挡不住，我没说错吧？我弟弟徐洪活不成了，我也活不成了，我们大家都活不成了，我现在就先劈了你！"

"慢，"罗龙文故作思考，说，"徐海啊徐海，你怎么这么沉不住气，一天到晚就知道杀杀杀，我现在和你是一条绳子上的蚂蚱，胡宗宪、赵文华现在也成了我的敌人！我现在不帮你难道还会帮他，你杀了我对你有什么好处？”

徐海握刀的手软了，心想罗龙文的话有道理，留着他说不定还会有用，就将刀收了起来，问道：“现在怎么办？”

罗龙文故作镇定：“怎么办，火药够吗？官军最怕的就是你们的火器。”

“你这一说倒是提醒了我，我马上安排去。”徐海急匆匆地出去了。

徐海走后，罗龙文急得像热锅上的蚂蚁，他必须迅速脱离沈庄，否则，随时都有被杀的可能。徐海对他有了戒意，这里所有的倭寇都知道他是官府的人质，现在想逃，谈何容易。

徐勇自在桐乡因贪杯误事，从此滴酒不沾。前几天，阮鹗命他率严氏兄弟和兵丁在沈庄主要路口把守，监视徐海动静，严查进出的人，有情况及时报告。徐勇这次知道事情轻重，他和严氏兄弟日夜守在主路口，轮流值守，丝毫不敢大意。

一天，两艘运载着货物的船顺着运河向沈庄驰去。到了路口边，徐勇示意检查。船上的把总抽着旱烟，说：“看什么看，总督府派来的，不认识吗？”这个把总叫王家喜，隔几天就要带着货物到沈庄来犒赏一次，徐勇认得他。

徐勇说：“例行公事，看看也不会少你什么东西。”说着，就上了船，两只船上，一只装着鱼、酒和肉，一只装着粮食。王把总凑近徐勇耳边，指着船舱里的酒坛子说：“这次装的全是毒酒，我们胡总督最拿手这招。”说着，发出一阵怪笑。

徐勇明白，胡宗宪在王江泾就用毒酒毒死过不少倭寇。看来，他这次还打算用这招对付徐海。徐勇说：“路引呢？”王把总老大不快地从兜里掏出揉成了一团的纸，捏着纸团的一角，说：“非要看吗？在口袋里都揣成这样了。”

徐勇慢慢摊开纸团，对着阳光看了看，又数了数船舱里的酒坛子，说：“王把总，不对啊，你这酒坛多出了五个。”

“多出就多出了呗，可能上货时多摆了几个。行了，检查过了，你下去吧。”

徐勇凑近那些坛子，说：“你看，后舱的五个坛子和前面那些坛子外形上不一样，而且封口也不同，酒坛子都是泥封的，这几个咋是蜡封的呢？”

王把总有些不高兴了，乜斜着眼说：“你问我我哪知道，你管得太多了吧？”

徐勇将那几个坛子晃了晃说：“不对，这里面绝对不是酒，我要打开看看。”

“不许打开，这是送给倭寇的东西，总督府特地打过招呼，有大用，耽搁了事，你负得起责任吗?”

王把总神色慌乱，徐勇越发肯定这几个坛子可能有问题，他趁王把总不注意，一把抠开了蜡封，扯开上面的几层油纸，东西露出来了，原来是火药！

徐勇说：“王把总，这是咋回事，你这不是帮倭寇吗?”王把总的脸色白了，推托道：“我也不知道是咋回事，可能是上货的人弄错了。”

徐勇一边命严小鹏飞马回平湖去报告阮鹗，一边命人将那五个坛子搬了下来，余下的货物由王把总送进沈庄去了。

阮鹗命严小鹏将五坛火药运进了平湖，并派人将王把总逮了起来，关进了平湖县监狱，准备严加审讯。凭直觉，阮鹗觉得这个王把总有问题，每次犒赏倭寇，都是他负责运送货物，这次肯定不是第一次，也不知夹运多少火药进了沈庄。

阮鹗准备第二天亲自审讯。当天晚上，他正在学宫里研究着沈庄的进击路线，突然，阮良慌慌张张地进来报告说，王把总死了。

阮鹗大惊，和阮良亲自来到监牢里。只见王把总的身子歪倒在地上，脸色乌黑，显然是被人毒死的，这是典型的杀人灭口。行凶者是怎么下手的，这监牢里显然有内线。这小小的平湖县，看来还真是藏龙卧虎。可惜剿倭战事在即，仓促之间阮鹗也无法一一细查。当务之急，是要找出委托王把总夹运火药的主人，他的死亡之谜也就会迎刃而解。

阮鹗叫阮良去调查一下，在运送犒赏品去沈庄之前的一两天，王把总都接触过什么些人，能不能从中找出可疑者。阮良只花了半天时间，就列出了一个五十余人的名单。阮鹗看了看名单，上面有个人引起了他的注意：屠坤宁，就是那个整天笑眯眯的杭州商会会长。

阮良说，去沈庄的前一天，屠坤宁来平湖了，请王把总在东大街的和春楼吃了顿酒。那是王把总常去的一家酒楼，伙计们都认得他。阮鹗心里有数了，上次俞大猷说有批硝石被人高价买走，他亲自赶到西兴镇追踪，结果去迟了，那时他就怀疑是屠坤宁所为。这次更加坐实了他的判断，待剿灭徐海后再找他算账不迟。

沈庄外围的暗探发现，沈庄四周突然被倭寇围上了白布，就像百姓家晒床单一样。倭寇手中有大量抢来的白坯布，他们就用白坯布将村庄整个围了起来。这样，从外面就无法窥见村庄里倭寇的活动情况。这是一个信号，说明徐海觉察到官军要对他们下手了，他们已开始着手准备。

一天晚上，月明星稀，徐海派两个亲信送三个女人悄悄地出了白围子，三个女人分别是王翠翘、侍女绿珠和罗绮。战事随时可能发生，到时，整个沈庄会成为一片火海，徐海决定先将三个女人送出去，他相信官方哨卡里的人不会为难女人的。对女人，徐海称得上有情有义。河堤上，他的两个亲信带着三个女人在树影里疾速地走着，女人们显然跟不上速度，每走一段，他们都要停下来等一会。望着她们月色下窈窕的身影，徐海很伤感，今晚一别，不知还有没有再见的时候。都说女人是男人身上的一根骨头，现在，突然有三根骨头离开了他的身体，徐海觉得自己的身体就要塌了。

他的眼里涌出了泪水，泪水流进了嘴角，比海水还要苦涩。一个男人，如果连自己的女人都保护不了，他活在这个世上还有什么滋味。他出生在徽州府歙县，徽州人多地少，为了生存，不得不外出经商，前世不修，生在徽州；十三四岁，往外一丢。这就是徽州男人们逃脱不了的命运。在他七八岁的时候，父母先后去世了，他成了一个孤儿。他永远忘不了自己在渔梁坝乘船离开家乡的日子。那是一个烟雨蒙蒙的早春，天冷得要命，船头上很滑，上船时他不小心跌了一跤，要不是船上的伙计拽了他一把，他当场就跌进水里去了。那一跤摔得很重，以致以后每逢阴雨天，他身上的骨头都会酸疼难忍。现在看来，那一跤就是个谶言。到了杭州后，他在一家药铺里当了一个小伙计，都怪自己好逸恶劳，心思太大了，妄想像那些有钱人一样，豪宅栋栋，三妻四妾，锦衣玉食。当一个人的努力跟不上他的野心时，危机就开始了，而他还浑然不觉。

王翠翘几人刚刚出村，就被日夜监视徐海行动的陈东手下看到了，迅速报告给了陈东。陈东拿起一根长枪，撵了上去，很快就撵到了。

当王翠翘几个慌慌张张地向前走时，忽然看见路中央插着一杆长枪，将几人吓了一跳。再看路边有个人影，走近一看，认识，正是陈东。王翠翘说："陈东兄弟，你这是干吗呢，难道不让奴家过去？"

陈东头也没抬，兀自咬着嘴里的一根草，说："哼，要死大家一起死。"

王翠翘说："陈东兄弟，你说得好吓人，好好地提什么死呢？"

"想得美，你以为我们还有活路吗？再不回去，我这杆枪可不认得人！"

罗绮说："别求他，回去就回去。"说着，反身就走。王翠翘和绿珠也只好回头。

徐海见三个女人回来了，正要问什么缘故，只见陈东在后面远远地跟来了，他心里明白了。唉，都是当初造的孽，才导致今天这局面，真是虎落平阳被犬欺。

徐海说：“陈东，我们都上当了，可是，作为一个男人，你为难我也就算了，怎么能为难我的女人呢？”

陈东笑道：“胡宗宪就要派人来给你送大明武职的敕命和官服了，她们怎么能走呢？马上就有大热闹看了，她王翠翘枕边风吹得好，也有功劳。”

“陈东，你不要欺人太甚！”陈东的讥讽，让徐海快要气疯了。

“到底谁欺负谁？你徐海官迷心窍，一心投降朝廷，出卖兄弟，现在知道后悔，可惜太晚了！”

两人争来争去，很快动起手来，打得难解难分。刚才两人争执时，身边就已围了不少人，现在打了起来，东西沈庄都惊动了，倭寇们全涌到村口，人人刀枪在手，紧张地看着。

沈庄大乱，作为人质的罗龙文大喜。这真是天赐良机，他早已设计了好几条逃跑线路，此时悄悄钻出围布，趁着夜色逃了。

上万官军向沈庄步步逼近，对徐海的包围圈越缩越小。一天上午，阮鹗督率着官军从沈庄正面强攻，官军占领了西沈庄。要进入东沈庄，必须通过一座单孔石桥。到了石桥附近，倭寇突然停止了射击。阮鹗预感，这可能是一个圈套，他们怎么可能任官军顺利地通过石桥呢？可对面村口拉了长长的围布，根本看不见后面倭寇们的动静。

阮鹗命徐勇率一个百人小队尝试过桥，眼看着就要抵达桥头了，只听轰的一声响，众人大惊，原来是铜将军响了。阮鹗这才想起来，徐海手中还有一尊铜炮。炮声过后，铅弹像一阵疾雨般飞了过来。众人赶紧卧倒或躲避。铅弹打在地上或盾牌上，噼里啪啦地响。再一看落在地上的东西，并不是铅弹，而是碎银。原来，倭寇铅弹已用完，只好用碎银代替。又一炮响了，银落如雨，打在身上，皮开肉绽，众人吓得纷纷后退。

一炮响过，对面的白布围子不过抖动一下，根本看不见铜将军藏在何处，也看不见放炮的倭寇。如果过桥，根本不知道什么时候银弹会飞来。铜将军一时将大家拦住了，官军冲了几次，都无功而返。

在东沈庄的西南和正西面，有两座楼房，被倭寇改成了碉楼。倭寇居高临下，官军的一举一动他们都看得清清楚楚。要进入东沈庄，必须先打掉这两座碉楼。二十五日，明军调来了两尊火炮。炮声响起，地动山摇，整个沈庄像一艘摇摇欲坠的破船，随时有倾覆的可能。

可是，炮弹的准确性很差，要想准确击中一座房子，还是很有难度的。经过多次尝试，终于成功地炸掉了两座碉楼。下午，天突然刮起了大风。阮鹗和俞大猷一合计，很快有了主意。

他们准备利用火攻。大批弓箭手被调来了，向对面的民房发射火箭，很快就有多处民房着火。烟火冲天，倭寇慌乱起来。官军们趁着浓烟冲过了石桥，过桥后的官军打起火把，将所有的民房都点着了，整个沈庄很快成为一片火海。倭寇无处藏身，一个个跑了出来，暴露在官军的视野里。官军鼓噪齐进，声震如雷，跑得慢的不是被鸟铳击中，就是被箭矢所伤。落水的，倒在路边的，倭寇的尸体越来越多。最后，徐海率残存的倭寇龟缩到了一片小树林里，做最后的挣扎。

天色渐渐晚了，官军将树林一层层地围了起来，准备明天天亮后发起最后的攻击。为防徐海走脱，当晚，胡宗宪、赵文华、阮鹗、俞大猷等文武大臣，率重兵在树林外坚守，严阵以待。在树林外围，阮鹗下令点起几十个火堆，士兵人人打起火把，倭寇只要一走出林子，就会被官军发现。一直到天色微明，倭寇们都不敢轻举妄动，那些受伤的倭寇在林子里大呼小叫，凄厉的喊声几里外都能听见。

天亮了，晨曦照进了树林，叶子上的露珠都变成了红色。官军们开始后退，几尊火炮被推了过来，填药，装弹，点火，只听轰的一声巨响，林子深处，鸦雀乱窜，被炸碎的断枝残叶飞向空中，倭寇的惨叫声不绝于耳。

几声炮响之后，林子里一片死寂。半晌，只听一人叫道："别打啦，我们投降!"

阮鹗叫停，朝林子里喊道："投降的走出来!"半天不见一人出来，阮鹗一挥手，徐勇带着二十余个官军慢慢进了林子。很快，林子里传来了激烈的厮杀声。阮鹗明白了，倭寇是害怕炮击，这才诈降。他对俞大猷叫了一声："快进去!"俞带着大队官军冲进了树林。

幸亏来得及时，不然徐勇他们就惨了，林子里还有七八十个倭寇，正将徐勇他们围在核心。官军仗着人多，冲上去一阵乱砍，这批倭寇应声而亡。

仍没有看见徐海的影子，阮鹗和俞大猷率兵向前寻找。在一条水沟边，他们看见了三个女人，王翠翘、绿珠和罗绮。阮鹗问道："徐海呢?"

罗绮指了指身后的水沟。阮鹗过去一看，只见水里漂着一个人。徐勇走近一看，欣喜地说："大人，正是徐海。"原来，徐海前晚被陈东刺伤，伤得很重，又见官军前来围剿，知道这次难逃一劫，懊恼之下，就跳河自尽了。

沈庄之战，共斩杀倭寇一千六百多名。在一处水渠里，还发现了三百多具倭寇尸体，个个头部发黑，应该是喝了王把总送来的毒酒。遗憾的是，没有发现倭酋洪东冈和黄侃的尸体。经调查，他们可能像罗龙文一样，在前晚徐海和陈东大战时趁乱逃了。

阮鹗命将罗绮放了，她本是杭州西子楼的歌女，是个无辜的受害者，放了合情合理。罗绮在离开沈庄时，看见了正坐在村口一棵大树下的赵文华。她有意放慢了脚步，挺了挺胸脯，理了理云鬓，另一只手紧握着鸟铳，目不斜视地从他身边经过。赵文华却站了起来，腰勾着，怯怯地看着她，生怕她抬手就是一枪。幸好罗绮没什么异常，只不过，她在经过赵文华身边时，朝路边的水沟里啐了一口痰。

王翠翘和绿珠被带到了村口，罗龙文从人群中出现了。他走到王翠翘身边，说："翠翘，你愿意和我回去吗？你要是愿意的话，我去和胡总督说说，这点面子他应该会给的。"

王翠翘朝他轻蔑地扫了一眼说："你不是拍着胸脯说胡宗宪和赵文华不会杀害徐海吗，你的话有几句可信？当初，你来劝降，我想你多少会念在昔日的情分上，不会陷害徐海，就吹了不少枕边风，现在我心里的恨啊，比这沈庄的火还要烈呢！你对我始乱终弃，眼见我落难，倒又想充好人了，真是个无情无义之徒！跟你走？多看一眼你这般蛇蝎之心的人，晚上都会做噩梦！徐海死了，他是活该，谁让他信了不该信之人；我沦到现在这般惨样，也是活该，我只怨命苦。要杀要剐，随你们的便，我王翠翘要是皱下眉头就枉为女人！"

王翠翘将罗龙文一番数落，说得他尴尬万分，眼见王翠翘落难，念她风韵犹存，本想捡个便宜，重温旧梦，没想到受了一顿奚落。这个女人如此凛然不惧，倒是他没有想到的。王翠翘被官军押走了，罗龙文暗暗留意着，看胡宗宪如何处置她。

这次沈庄大捷，永顺、保靖土兵立下了汗马功劳，让罗龙文大跌眼镜的是，胡宗宪竟然将王翠翘和绿珠作为战利品，分别送给了永顺和保靖酋长。看着王翠翘被永顺酋长带走了，罗龙文羞愧万分，他觉得自己像一个贼，本以为会满载而归，却什么也没有得到。

第二天，船进钱塘江，王翠翘穿戴齐整，略施粉黛，来到了船头上，她亭亭玉立，青丝飞扬，永顺土兵们被她的美貌惊呆了。王翠翘走到了船舷边，永顺酋长一看不对劲，大叫道："快拉住她！"可已经迟了，王翠翘只有一条腿留在了船上，身体大部分已悬空，她扭过头来，说："徐海待我不薄，而我劝他接受招降，结果却害了他。是我杀了徐海，杀一酋而又再属于一酋，我王翠翘还有何面目活于世上？"说完，一个转身，脚尖一点，像一只燕子，落进了浪里。

罗龙文听说王翠翘的死讯时，半晌说不出话来。徐海死了，那些倭寇死了，他一点也不在意，可是，唯独王翠翘的死，让他的心里充满了愧疚。此后，他的脑中经常出现王翠翘跳入江水中的情景。那时，她该是多么绝望。从此，罗龙文就落下了一个病症，变得特别怕水，海水、江水甚至河水，都让他感到害怕。每次坐船的时候，他总是缩在船舱的一个角落里，闭着眼装睡。他生怕一睁眼，就会看见波浪之间，有个美丽的女人，正对他发出轻蔑的冷笑。

第十一章

凤凰火

九月八日，嘉兴北教场，人山人海。这一天，是斩首麻叶、陈东、辛五郎等几位倭酋的日子。刚到午时，只听一声追魂炮响，数名刽子手站成一排，手起刀落，众倭寇身首分离。北教场前，早竖起了几根高木杆，倭寇的首级，加上徐海的，一同高悬示众。万民围观，百姓像过节般兴奋，大快人心。

不久，嘉靖颁旨，重奖了擒斩徐海等倭酋的有功人员。胡宗宪以兵部左侍郎晋升为右都御史；工部尚书赵文华晋升为少保，荫一子为锦衣卫千户；阮鹗以右佥都御史晋升为左副都御史。其余将佐皆晋级。同时，对有功之臣各赏赐不同数量的金币。

阮鹗终于又回到了杭州，他觉得，到了处理屠坤宁案子的时候了。由于剿灭徐海，立下显赫之功，总督府那边，整日沉浸在一片喜庆的氛围中，胡宗宪、赵文华以及总督府的那班幕僚们，夜夜笙歌，觥筹交错，通宵达旦。选择在此时办案，不容易引起他们的关注。

到目前为止，屠坤宁至少犯了以下几桩大案：通倭案、迫害苏一纶案、残害卢海生案、绑架罗绮案等。其中罗绮案涉及赵文华，特别棘手。阮鹗虽在浙江按司办过不少案子，但像屠坤宁这般复杂的案子，还真没遇到过。屠坤宁在浙江政商两界苦心盘桓多年，和官场关系很深，特别是和胡宗宪、赵文华以及杭州知府何海澄等，关系尤其不一般。牵涉这些要人，在案子没有眉目之前，是不宜张扬的。屠坤宁极其阴险和狡诈，是一个很难对付的对手，他手中到底有哪些底牌，阮鹗并不清楚，稍有不慎，极有可能被他反咬一口。

阮鹗决定外松内紧，明明要对屠坤宁下手，还不能让外人看出来。他让阮良去叫屠坤宁，“请”他到巡抚衙门来一趟。

屠坤宁毫无戒备，兴冲冲地来了，手里还拎着个礼盒。进了巡抚衙门，让他没想到的是，阮良直接将他带到了大堂。阮鹗正襟危坐，两旁站着几个衙役，手里拿着上圆下扁的水火棍，正面无表情地看着他。

屠坤宁一愣说：“阮巡抚正审案呢，屠某走错地方了。”说着，就要退出去。

阮鹗一拍惊堂木说："屠坤宁，你没有走错地方，本抚今天请你来，就是要和你核实几个问题。由于这几个问题事关重大，因此不得不公事公办，还请你配合。"

屠坤宁的嘴角扯了扯，这才感到有点不妙，原来今天这架势就是针对他的，完全出乎他的意料。

"来啊，给屠会长看座。"阮鹗说。这时，有人搬过来一把椅子，屠坤宁本来想跑，可看阮鹗正神色严峻地看着他，又不敢跑，他犹豫了下，还是慢腾腾地坐上去了半爿身子。坐下后，他撩了撩下摆，借机用力蹬了蹬有点哆嗦的腿。

阮鹗说："屠会长，今天的问题有点多，还望你一一如实说来，如有谎言，到时莫怪本官翻脸不认人。"

屠坤宁说："好说，好说，屠某向来是个实诚之人，不说在您的大堂，就是平时，屠某也未曾有过一句虚言。"

"好！"阮鹗又拍了下惊堂木，震得屠坤宁身子一抖，"本官先来问你，平湖县把总王家喜，你可认识？"

"认识，他常带人在钱塘江巡查，屠某的货船属于他的巡查对象，因此有些往来。"

"你和王家喜最后一次见面是什么时候？"

屠坤宁故意想了一想说："七月底，在平湖县一家酒楼请他吃了顿饭，因他常检查屠某的货船，这么做也是图他有个关照。"

阮鹗没想到他这么爽快就承认了，而且好像早就想好了托词，说得天衣无缝。这家伙果然难对付。

阮鹗又问道："王家喜死在平湖县监牢里，你可知晓？"

屠坤宁说："屠某请他喝了一顿酒后，就返回杭州了。近日才听坊间传说，说他剿倭殉职了。"

"剿倭殉职？"阮鹗问道。屠坤宁的回答反而将阮鹗弄糊涂了，坊间怎么会有这样的传言，真是闻所未闻。

"不错，王家喜剿倭殉职。"屠坤宁站了起来说，"王家喜到沈庄去送犒赏品，其中就有一船毒酒。自从胡宗宪总督在王江泾用毒酒毒杀了一批倭寇后，不说官军送来的食物，就是民间抢来的吃食，也必遣人先行尝试。那船毒酒倭寇自然不会轻易饮用，王家喜为了打消倭寇的疑虑，不惜以身试毒，喝下一碗，然后忍着疼痛，装作若无其事地上船返回。却不知怎么被人关进了监狱，结果自然是死在了那里。”

这下轮到阮鹗吃惊了，他没想到王家喜的死亡被屠坤宁如此演绎，好像还蛮有道理，一时也找不出破绽。现在王家喜死无对证，任屠坤宁怎么说，他人也无法反驳了。这个案子不能再问下去了，下一步，只有找到监狱中投毒的内鬼，才能坐实屠坤宁的罪行。否则，屠坤宁无论如何不会承认王家喜的死和他有关。平湖监狱有十几个狱卒，事涉命案，要想揪出那个投毒的内鬼，又谈何容易？

阮鹗拿出了桑娘的状子，抖搂了抖搂说：“桑娘在本官这里将你告下了，说你谋害她的父亲苏一纶，谋夺她家的家产，你怎么说？”

屠坤宁说：“这个桑娘，太不像话了！她的父亲苏一纶在丝绸布草中夹带硝石卖给倭寇，被西兴巡检司的人逮了个正着，怎么能说是我陷害呢？苏一纶这是咎由自取好吧。还有，说我谋夺她家的家产，更是子虚乌有的事。三年前，苏一纶想扩大织坊，苦于缺少资金，向我借了一万两银子，身为杭州商会会长，屠某不能不帮他一把。去年他犯事入狱，我自然要索回这笔钱，他无力偿还，数次提出以织坊抵债，我只好勉强答应。此事有转让凭据，收于屠某家中，阮大人如不信，可以派人拿来验证。屠某身为商会会长，行事向来光明磊落，绝不是鸡鸣狗盗之徒！”

屠坤宁如此一说，阮鹗相信他的家中肯定会有那样一份转让凭据，甭管他是以什么方式得来的。正应了那句话，兵来将挡，水来土掩，屠坤宁好像早已知道阮鹗要怎么问似的，有问必答，张口就来，有理有据，条理清楚，且无法反驳。这真是奇了怪了，阮鹗事先本来还想着将他现场拘捕收监，现在看来倒是自己陷入了被动。不能再这么问下去了，越问下去越被动。阮鹗估计，无论他接下去问什么问题，屠坤宁都能从容应对。这是一个怎样的人，心机何等缜密，想想实在是可怕！

阮鹗自下台阶说：“有人向本官反映，本官不能不公事公办，还请屠会长理解。现在情况既已弄清楚了，本官对告状者就有了答复，同时也还了屠会长一个清白。”

屠坤宁说：“既如此，那屠某就告辞了！”

阮鹗说：“屠会长慢走，恕不远送。”

屠坤宁走后，阮鹗一个人坐在空荡荡的巡抚大堂里，怔了许久。刚才屠坤宁侃侃而谈时，他差点儿产生了一个错觉：他是清白的。他实在没想到今天的审讯会是这样的结果。屠坤宁涉事的这几个案子成了一团乱麻，塞在他的脑子里，完全没有头绪。他还是第一次碰到这样的难题。现在，屠坤宁对他有了戒备，下一步要想破案更是难上加难。

至此，阮鹗才发现自己犯了一个严重的错误，在还未掌握关键证据之前，就草率提审屠坤宁，太低估他了。

徐勇没事时，喜欢在巡抚衙门附近转悠。刚才阮良带屠坤宁来时，他感觉有个人影跟在屠的后面，一袭红衣，好像还是个女的。待去查看时，人影却又消失了。待屠坤宁离开巡抚衙门时，徐勇远远地跟在他的后面，暗中留意着周遭动静。在跟到岳王庙附近时，那个红影又出现了，果然是个女人。只是隔得远，看不清面目。

徐勇看见，那个女人快步进了岳庙，徐勇装作香客，也跟了进去。他这才看清了，那个女人正是罗绮，手上拿着一把鸟铳。徐勇自然知道屠坤宁奉赵文华之命，将罗绮送给徐海的事。他很快做出判断，罗绮报仇来了。

罗绮隐身在一扇花窗边，透过窗子，可以看见岳庙外道路上的动静。她装作欣赏风景，只见屠坤宁手里拿着把绸扇，急匆匆地朝岳庙这边过来了。

外面的道路距窗子边不过二十余步，罗绮隐身的地方极好，外面的人难以发现，要是从这里一铳打过去，屠坤宁断然逃无可逃。眼见屠坤宁渐渐走近，罗绮也明显紧张起来，左手握着鸟铳铳把，食指扣在能自动点火的扳机上，右手托着铳管。徐勇眼见要坏事，手心里早已握了块石子，快速朝罗绮的左手打过去，啪的一声打在她的手上。几乎与此同时，鸟铳也砰的一声响了，虽然没打中，但把屠坤宁吓了一跳，跑远了。

徐勇认识罗绮，但罗绮不认得他。罗绮见有人坏了她的好事，走到他的身边，啪的一声，重重扇了他一个巴掌说："臭小子，你是什么人，敢挡着我报仇?"

"我是巡抚阮鹗的家将徐勇，我家主人正在查办屠坤宁的案子，你这样一闹，会坏事的。"

听说是阮鹗府上的人，罗绮的脸上才松了一松，说："我报我的仇，碍你什么事了，要你管，你管得着吗? 你说阮巡抚在查他的案子，可他姓屠的不还是毫发未损么? 要杀他，还得靠我自己!"

"我告诉你，他犯了死罪，早晚是个死字，你赔上一条性命，值得么?"

罗绮指着徐勇的鼻尖说："我告诉你，本姑娘本来就不想活了，请你不要再挡着我，把我惹急了，先给你一鸟铳!”

徐勇吓得一缩脖子，这般如花似玉的姑娘说不想活了，这话说得真比当场给他来一铳还要严重。他说：“姑娘，千万别想不开，多大的事也不如活着重要！你要报仇，哥打包票，包在我身上!”

徐勇从没见过罗绮这么漂亮的姑娘，他的豪气上来了，自称哥，且拍起了胸脯。可罗绮并不领情，她说：“我的事太大了，任何人都帮不了，只有本姑娘亲自来。”说着，一抖红氅，像一片火，飞一般地走远了。徐勇冲着她的身影喊：“罗绮，千万别想不开啊!”

中午，阮鹗刚端上饭碗，突然想起一件事来，说：“不好!”放下碗，叫上阮良就往外跑。夫人吴若瑶和范琼劝他吃完饭再走，阮鹗说：“不行，事态紧急，我得赶紧出去一趟。”

阮鹗担心屠坤宁会杀苏一纶灭口。他今天在大堂上和屠坤宁把话挑明了，说桑娘已经在巡抚衙门递了状子，难道屠坤宁会无动于衷？他一定会选择出击的，只要苏一纶死了，桑娘的案子就成了死案，无法再破了。而苏一纶已被杭州知府何海澄定为通倭，且苏已被迫画押。这样的人，其死活已没有人关心了，他的死也不会引起外人过多关注。当务之急，是要保证苏一纶的安全。

阮鹗要见苏一纶，杭州知府何海澄虽有一百个不情愿，可他也不敢拦着，阮鹗的官比他大，且苏一纶的女儿桑娘已在巡抚衙门递了状子，提审苏一纶也在情理之中。当下，何海澄亲自陪着阮鹗，进了杭州府监牢。

进了牢房，一阵屎臭尿臊夹杂着霉味扑鼻而来，冲得人睁不开眼睛。阮鹗也顾不得这些了，径直往里走去。牢房的监号里关得满满当当的，那些犯人突然看见两个穿着官服的人过来了，一个个大叫着说冤枉啊、放我们出去之类。阮鹗皱着眉说：“怎么关了这么多人?”何海澄说：“大多是贩私违反海禁的。”

牢头姓崔，他带着两位大人到了苏一纶的监号。只见苏一纶横躺在地上，崔牢头轻轻踢了踢他，没有任何动静。崔牢头说：“真晦气，难道是畏罪自杀了，这里天天都有人畏罪自杀。”

阮鹗一把抱起苏一纶，发现酒味扑鼻，又试了试他的鼻息，还有些微弱的呼吸。对阮良说：“快驮出去!”又对何海澄说：“快叫个大夫来，兴许还有救。”

大夫来了，用水和了炭灰灌了下去催吐，又用绿豆、金银花和甘草熬了汤，让苏一纶喝了。下午，苏一纶慢慢醒了过来，由于烧了嗓子，不能说话，但能比画动作了。

苏一纶比画说，吃中饭时，崔牢头说受一个友人委托，给他送来了一壶酒，一只盐水鸭，吃下去后就不省人事，没想到会有人下毒。

崔牢头说的友人，应该就是屠坤宁本人或者他安排的人。阮鹗准备到时一道和屠坤宁算总账，当务之急是将苏一纶先行保护起来。他命在巡抚衙门的牢房里专门安排了一间干净的监号，严加看管，任何外人不得接近。

总督府里，每到晚上，灯火通明。自胡宗宪、赵文华和幕僚们获胜归来后，这里天天举行夜场歌舞酒会。歌女们是从杭州最好的歌楼西子楼里挑来的，西子楼里歌女众多，每晚都会有新面孔，让客人们觉得新鲜。

今晚的歌舞名叫《凤凰火》。戏台上，歌女们身着一袭红色的丝裙，将她们白嫩的肌肤映衬得分外娇艳。丝弦响起，佳人起舞，红裙飞扬，有一种凤凰浴火的张扬和凌烈。能有资格在总督府里欣赏到这般歌舞的人可不多。这不，戏台下面，一共也就坐着二十几位看客。正中的桌子边，坐着胡宗宪和赵文华，两旁散坐的，是总督府的幕僚们以及招降使团的功臣。此时，他们一个个酒足饭饱，东倒西歪地靠在椅子上，悠闲地品着香茗，一边看戏，一边不时窃窃私语。

正当大家看得兴起时，只见台上火光一闪，噗的一声轻响，有人还不知发生了什么事，坐在正中的赵文华发出一阵惨叫，倒在了地上。现场顿时一片混乱，所有的人都被留了下来，行刺者很快被找了出来，她就是罗绮。今晚，她混在了歌女队伍里，是专程来行刺赵文华的。

当初，赵文华命屠坤宁将罗绮送到徐海营中是秘密进行的，除了屠本人和徐海，并没有人知道是赵文华的主意。所以，大家对罗绮行刺赵文华都感到不解，一时各种猜测都有。幸好赵文华伤得并不重，他看到台上火光一闪，就情知不妙，就势一滑，瘫倒在地上。铅弹从他的头顶上飞穿过去了，要不是躲得快，说不定会当场毙命。纵是如此，还是有两粒铅弹击中了他的头部，他满脸是血。

罗绮出了事，被赵文华关了起来，急坏了一个人，他就是徐勇。徐勇到杭州府监牢里探监，见到罗绮，她坐在墙根，正哼着小曲儿呢，看样子很快活。徐勇的心里那个气呀，恨不得将她臭骂一顿。

徐勇说："我见你一面可不容易，整整花了五两银子，那个姓崔的牢头说你是重犯，不让见。"

罗绮扫了他一眼：“你来干什么，不是叫你不要管我的事吗？”语气冷冰冰的，不认识似的。

“我偏要管！你的事我管定了！”徐勇想，对付这么倔的女人，只有比她更倔，才能从气势上压倒她。

罗绮果然抬起头，走到了门边，隔着栅栏，说：“哥，何必呢，我是要死了的人，你回吧。”

“你这姑娘怎么这样，老是说要死要死的，你这不是好好的吗？我想办法救你出去。”

“姑娘我身负深仇大恨，此仇不报，誓不为人，你帮我去打听打听，赵文华死了没有？”

“死没死倒不知道，听说伤得很重。”徐勇说。

“要是没死，我出去后还是要杀他。”罗绮恨恨地说。

徐勇想，话不能这么说下去了，赶紧从怀里掏出一包黄酥酥的葱包桧儿，递给罗绮说：“给。”

葱包桧儿是一种杭州小吃，用春饼皮，包上油条、葱段和桧儿，煎制而成。桧儿即油条。杭州人管油条叫油炸桧儿，显然和奸臣秦桧有关。葱包桧儿先炸后煎再压，要点是压平，做法都透着对奸臣的恨劲，十分解气。吃时配上特制的甜酱，十分香酥。

罗绮一见油润润黄酥酥的葱包桧儿，眼睛一亮，赶紧接了过来，一边咬着，一边羞涩地笑着问：“你怎么知道我喜欢吃这个？”徐勇递上用一个小瓶盖盛着的甜酱说：“我不但知道你喜欢吃葱包桧儿，还知道你喜欢吃苏小小家的。”苏小小是一家煎饼店，位于断桥畔，借的是钱塘名妓苏小小的名字。

罗绮蘸着甜酱，嘴里狠劲地咬着，吃得美滋滋的，说：“我咬着葱包桧儿就是解气。”“觉得解气你就多吃点吧，”徐勇说，“不过，你要是死了，就再也吃不到这么好的葱包桧儿了。”

罗绮说：“不行，我不能上你的当，一包葱包桧儿就想哄我不死？谢谢你的好意，可我的心早就死了，我还是报仇要紧。”

“我偏不让你死，就是让你死不成，不信你等着瞧！”徐勇说，“你好好在这里待着，我找人救你出去。”罗绮愣了，真还没见过这样的人。以前，赵文华、屠坤宁把她往火坑里推；现在，眼前这个男人又拼命将自己从火坑里往外拉。可在火坑里走过一遭的人，活着还有什么意思呢？她到底出不出来呢？

阮鹗来到平湖，寻找配合屠坤宁毒死把总王家喜的内鬼。他事先声明，主动交代配合破案者，不追究任何责任。十几个狱卒一个个问过了，没有找到嫌疑者。不过，那天的当班狱卒提供了一个线索，说那天晚上的伙食中确有一壶酒，是厨子提供的。厨师姓宫，王家喜死后不久就摔断了胳膊，无法烧饭，就此辞职了。阮鹗判断，宫厨师嫌疑很大，准定立即提审。

由于主动配合破案不追究任何责任，宫厨师这才承认，说那天县衙里是有个熟人拿来了壶酒，还说王把总无酒不餐，让他和饭菜一道送进去。当时他也担心酒会不会有问题，可那个熟人当场就喝了一口，他这才同意了。后来王把总出了事，那个熟人又叫他故意跌断了胳膊，遮人耳目，好辞职回家。阮鹗以为，当场喝一口并不能证明酒里无毒，假如喝后又吐了呢？顺着宫厨师提供的线索，阮鹗顺藤摸瓜。果然，那壶酒是屠坤宁提供的。王把总到沈庄犒赏的当天，屠坤宁一直待在平湖，他眼见王把总失手，当机立断杀人灭口。

阮鹗又来到西兴镇巡检司，找到了去年发现苏一纶货物中夹带硝石的举报者。经审，果然是屠坤宁授意并一手安排的。

有了关键人证，事情就好办多了。阮鹗正式逮捕了屠坤宁，并将苏一纶无罪释放。

得知这个消息，徐勇乐坏了，他又来到监狱，要把这个好消息告诉罗绮。没想到，听到徐勇的讲述，罗绮并没有他想象的那般高兴，她只是轻轻叹了口气说：“唉，便宜那个杂种了，本姑娘本想亲手宰了他的。”

徐勇说：“阮巡抚已将他问成死罪，只待秋后问斩。阮巡抚替你报了仇，你该好好活着了吧？”

“不行，听说赵文华只是受了伤，我还是要找他报仇。”

“你这人，一天就知道报仇，你怎么就不为自己想想？”

罗绮说：“我就是替自己着想才要报仇啊，我的心里燃着熊熊大火呢，快要把我烧死了。”

徐勇一拳砸在自己的脑袋上。罗绮说：“你这是干什么？”

徐勇说：“我也不想活了，让你心里的火顺便也将我烧死吧，我们一道死，好吗？”

“一边去，你是你，我是我，本姑娘才不想和你一道死呢。”

徐勇悻悻地离开了监狱，他进来看望罗绮一次要花五两银子，每次都是乘兴而来，败兴而归。这个姑娘快要把他折腾疯了，他怎么也说服不了她。

徐勇将自己和罗绮的事告诉了主人阮鹗，并请求他设法搭救罗绮。阮鹗陷入了沉思，他何尝不想救下罗绮，可她行刺赵文华，虽没将赵文华杀死，可也伤了他。听说赵文华目前已无大碍，只是额头上留下了两个小坑，像麻子。谁让他作恶多端呢，也该让他长点教训。罗绮虽事出有因，可毕竟是刺杀朝廷重臣，怎么说也是死罪。要想救她，谈何容易？

解铃还须系铃人，换句话说，只要赵文华不追究罗绮的责任，罗绮就能免于一死。可又该怎么说服赵文华呢？

阮鹗思来想去，这事还要去找罗龙文帮忙。罗龙文天生有做说客的本事，他凭着三寸不烂之舌，先是说服徐海缚来了麻叶和陈东，接着又说服了徐海接受招降，实际上是自投罗网。虽然做法不怎么高明，但结果让人不得不佩服。明眼人私下里都明白，剿灭徐海，首功应该是他。只是，上次罗龙文替他帮过一次忙了，索回了严乡绅的那方眉子砚。这次要他救人，事情更大，不请他出面还不行，实在找不到第二个比他更合适的人。

阮鹗决定先不说事，请他到武林门外的北关夜市喝顿酒。还是平时常去的那家小鱼馆，罗龙文按时到了。鱼馆的院子里有棵金桂，金黄的桂花开了，绿叶之间，像是掩映着无数颗小星星。空气中有一股酽酽的花香。罗龙文一进院子，就称赞说："好地方啊，这江南的桂花就是香，阮巡抚，和您说句交心的话，在北京这些年，我是一百个不习惯，北京的花草哪有江南的精神，那里太干燥了，草木都是蔫的。"

阮鹗说："罗中书这话我爱听，要不白乐天怎么说能不忆江南呢，论起饮食和游玩，江南恐怕是要胜北方一筹。"

罗龙文望着阮鹗眯着眼笑："阮巡抚每日里公务繁忙，怎么还有工夫请罗某喝酒？"

"上次的事情还没感谢你呢，秀才人情一杯酒，小聚一下，是个心意。"

"就没有别的事？"

阮鹗没想到他问得这么直接，看来也没有把自己当外人，不好直接说有，也不好说没有，掩饰道："咱们先喝酒吧，等会再说。"

"阮巡抚找我，我就知道有事。"罗龙文端起了酒碗，自言自语说，"多好的黄酒，醇厚香甜，我得多喝点，阮巡抚的事说不定很大。"

阮鹗大笑，这人还真不简单，知人心思，善察言观色，真不愧是天下第一等的说客。

阮鹗这才说请他出面搭救罗绮。罗龙文皱着眉说："这可有点难度啊，她行刺赵尚书，赵尚书恐怕难饶了她。"

"事出有因，你听我说。据屠坤宁供述，他是受了赵尚书的指使，才将罗绮送到了徐海营中。罗绮是为了报仇，一时冲动，才犯下大错。"

罗龙文惊道："还有这样的事？"

"现在外面的人正议论纷纷，大家胡乱猜测罗绮为何会行刺赵尚书，如果杀了罗绮，岂不是坐实了外面的传言？一个歌女为什么会行刺堂堂正二品尚书，那将会对赵尚书的声誉造成何等影响？"

罗龙文道："说的也是，这样说来，我倒可以试试。不过，话我可说在前头，饶不饶她，关键还看赵尚书的态度，这人救出来便罢，要是赵尚书不同意，您到时可别怨我。"

阮鹗说："我阮某人是那样的人吗？所谓谋事在人，成事在天，一切就看罗绮的造化了。"

过了几天，罗绮被提了出来，带到了杭州府衙大堂，堂上端坐着冷若冰霜的杭州知府何海澄。罗绮心想，今天肯定是要宣判自己死刑的。何海澄也不问话，拍了下惊堂木说："本官现已查明，人犯西子楼歌女罗绮，被人贩子贩卖到倭寇徐海营中，受了刺激，因埋怨总督府追查人贩子不力，胡乱开铳，惊扰官员。念其身世凄苦，事出有因，本官宣布，将罗绮揍五十大板，予以惩戒释放！"话毕，衙役们将她按倒在地，噼里啪啦地揍了一顿，然后将她扔到了堂外。

徐勇早已等在外面，驮起她就跑，带她到大夫那看看伤势。路过西湖边时，罗绮说："哥，放我下来，我饿了，替我买几个葱包桧儿来。"徐勇说行，就将罗绮放在一块太湖石边靠着，说："等我会，我就来。"

等徐勇买来葱包桧儿，来到原处一看，哪里还有罗绮的影子。他大声地喊着，就是没看见人。这时，他看见一群人对着湖中指指点点，说刚才看见有个姑娘跳水了。徐勇扒开人群一看，罗绮果然在水里漂着呢。他大惊，一把扔了葱包桧儿，跳进湖里，将罗绮拎了起来。

徐勇找来了根绳子，将罗绮的双脚捆紧了，将她倒吊在树上。罗绮开始吐水，肚子里的水不断地往外涌着。吐了一会儿，罗绮求饶道："哥……快放我下来，我快不行了……"

"不放，"徐勇慢条斯理地咬着刚才扔掉的葱包桧儿，故意咬得咯吱咯吱的响，说，“我要是将你放下来，你还要寻死咋办？不能放。”

“哥……求求你了，快将我放下来……”

“不行就是不行，我要将你吊三天三夜。对了，你不是寻死吗，我帮你个忙，干脆将你吊死算了。”

罗绮不吭声了，身子在绳子上晃悠着，大口地喘着气。树下围了一大群人，都过来看热闹，有人认出了是罗绮。看热闹的人更多了，围着她指指点点。有人说，这姑娘以前那么漂亮，现在怎么成了这样子；还有人说，你看你看，身子都看见了，好白……

罗绮再也受不了：“哥，放我下来吧，我不死了。”

徐勇心头一喜，他等的就是这句话。来罗绮身边，他说：“这话可是你说的，白娘子做证，要是再寻死，会下十八层地狱的。”

罗绮说：“你快放我下来吧，我说话算话。”

徐勇这才将罗绮放了下来，将她驮到了自己的住处。罗绮说：“我要回西子楼。”徐勇说：“不行，你不能回去了，过去的罗绮已经死了，你的命是我救下的，你现在是我的人，要听我的安排。”

罗绮说：“我就是个破鞋，你真愿意娶我？”

徐勇说：“罗绮，以后不许你这么作践自己！从我第一眼看见你，就决定非你不娶了，我现在只求你不要再寻死了，等剿灭了倭寇，我们就开间葱包桧儿店，你当老板娘，咱好好地过日子。”

罗绮激动不已，抱着徐勇放声大哭。待哭够了，她揩了揩泪水说：“行，俺答应你，那就不死了。”

当天，徐勇和罗绮一道来到巡抚衙门后院，特地来感谢阮鹗。罗绮披着一袭红氅，进了阮鹗书房后，扑通一声就跪下了，说：“小女子感谢阮巡抚救命之恩，要不是大人一再出手相救，我恐怕都死了好几回了。”

阮鹗将她搀了起来，说：“多亏了徐勇，要不是他告诉我，我也不知道你的事。过去的事就让它过去吧，你们以后好好过日子，等局势安定些，就把你们的婚礼办了。”

罗绮的脸红了，说：“婚礼的事不急，我今天来还有一个请求，就是想和徐勇一道，随大人一道去剿倭，请务必收下小女子。”

“这剿倭的事，打打杀杀的，哪里能让你们女人掺和呢？你就老老实实地待在杭州城里吧。”

“大人，您这么说我可就不高兴了，女人怎么了，古有花木兰，今有罗绮，我的铳打得可准了，不说百步穿杨，基本是铳铳必中，我不会给你们添乱的。”

“你的枪法我略有耳闻，”阮鹗顿了顿，小声说，“不是差点要了赵尚书的命么?”说完，几个人都笑起来。

徐勇也在一边帮着罗绮说情。阮鹗想了想，分开他们也不合适，就说：“那就和徐勇一道吧，你们互相也好有个照应。”

见阮鹗答应了，罗绮和徐勇开心地走了。罗绮的身影，像一团燃烧的火。从此，东南抗倭战场上，多了一个身披红氅百发百中的女将。

第十二章

雁门岭

时序进入九月，总督府仍沉浸在剿灭徐海部的胜利喜悦中。这不，都日上三竿了，总督府还大门紧闭，里面也静悄悄的。昨夜，歌舞和酒宴照例持续到午夜。此时，胡宗宪和他的幕僚们都还沉浸在梦乡中。属下们自然紧跟着主子的节奏，主子来得迟，他们自然也乐得清闲。

总督府辕门口，旗杆顶端，几面大旗被风吹得呼呼地响。一阵急促的马蹄声打破了辕门口的宁静，一名驿卒从马上滚了下来，手呈急报，大叫道："报，倭寇进犯雁门岭——"

这名驿卒接连喊了三遍，见没人理睬，仔细一打量，这才发现总督府大门紧闭。他接着喊，声音更大了。廊屋里有间值房门开了，一个衙役打着哈欠伸着懒腰出了门，将那个驿卒啪啪地打了几个耳光，骂道："没见爷在睡觉吗，嚷什么嚷？"

驿卒托着急报，苦着脸说："倭寇来了！"衙役飞起一脚，踢在驿卒的屁股上："你他娘地瞎说什么，哪里来的倭寇，不是都杀光了么？"

驿卒说："千真万确，倭寇进犯雁门岭，龙山守御千户所危在旦夕，慈溪危在旦夕！"

衙役又要打，那个驿卒丢下文书，远远地说："给我个回文，我马上就走！"

阮鹗接到通知，急匆匆地来到总督府。胡宗宪和赵文华倒背着双手，正在院子里来来回回地走，幕僚唐顺之、茅坤、徐渭及使团成员罗龙文、陈可愿、夏正等一言不发。阮鹗到后，徐渭将那封告急文书递给他看。阮鹗快速地浏览了一遍。文书是慈溪县龙山守御千户所报来的，说上次从沈庄逃出的徐海手下两个头目洪东冈和黄侃，已在舟山坐大。数日前，两人率九百倭寇在邱家洋登陆，占据邱王村为巢，四处劫掠，正逼近雁门岭。

阮鹗大惊，邱王村位于慈溪县最东部，山海之间有个雁门岭，岭上有关，称雁门关，是山北到山南的唯一通道。倭寇一旦过了雁门岭，将通过大道直逼慈溪和杭州。这距大捷的喜报送到京城才不过月余，倭寇又来了，且还是徐海的余部，要是皇宫中的嘉靖听到这样的消息，不知会是何等滋味，又会如何大发雷霆。难怪胡宗宪和赵文华脸色铁青。

见阮鹗来了，胡宗宪问道：“阮兄，你看这事怎么办？”

阮鹗说：“还能怎么办，肯定是要剿灭，倭寇一旦过了雁门岭，慈溪、余姚、宁波都无宁日，好在他们目前只有九百人，一旦坐大，后患无穷。”

赵文华说：“难怪上次没逮着倭酋洪东冈和黄侃，原来是跑了。这次的倭情暂不宜上报，望阮巡抚能尽快平息，确保龙山所安全。”

胡宗宪又问道：“阮兄，能不能辛苦你跑一趟？”阮鹗说：“没问题。”胡宗宪说：“你看要带多少兵？”

阮鹗略略沉吟了一会儿，说：“现在永顺、保靖土兵和河朔兵已回，卫所兵能战仗的少，倭寇以邱王村为巢，需水陆夹击，为确保胜算，我看至少要带九千人。”

胡宗宪说：“行，水师自然非俞大猷莫属，将领嘛，参将卢镗，还有把新提拔的戚继光也带上，让他到战场上去历练历练，你带上总督府旗牌去调兵吧，等着你们获胜的好消息。”

二十九岁的戚继光奉命来到了浙江巡抚署，听说将和阮鹗一道去慈溪抵御倭寇，他有些激动，毕竟是第一次上战场。阮鹗命他速到绍兴卫调两千兵马，然后赶到龙山守御千户所，与他在那里会合。听说这次一共动用了九千兵，戚继光有些不解地问：“阮巡抚，倭寇不过区区九百人，我军虽战斗力差点，但也不至于要十倍于敌吧，人是不是太多了？”

“倭寇凶悍残忍，人人能以一当十，十倍才有胜算，到时你就知道了。”阮鹗答道。

戚继光是宁绍台参将，绍兴卫的几座卫所都归他管辖。他首先来到绍兴卫三江千户所所城。到了城门口，发现大门紧闭。叫了半天，城头上才出来一个抱着娃的妇人，不耐烦地说：“什么人？嚷什么呢？把娃都吵醒了。”戚继光说：“嫂子，开门啦，我是从省城来的。”

妇人指着西南面的一座小山说：“所城里没人，都到山上砍柴去了。”说着，哄着怀里的娃，缩了回去，再也不理他了。

戚继光只好向妇人所指的那座山走去。到了山边，果然看见有许多男子在忙活着，有的砍柴，有的挑柴。挑柴也不是挑进所城，而是挑向集上。卫所士兵除日常训练外，平时的主要差事就是屯田。戚继光自十七岁袭父职，管的一直是屯田。屯粮少量上交，大部分供士兵自己食用。可朝廷也没说让士兵闲时砍柴啊，看来，这个所的士兵们是生财有道。

戚继光问道："你们的千户呢？"问了几遍，才有人指了指山半腰的一块大石头。戚继光一看，石头上有个人正在睡觉。

戚继光看过名录，三江所的千户名叫刘远。他来到半山腰，睡觉的男子脸上盖着顶草帽，正发出响亮的鼾声。戚继光大叫一声："刘远！"

刘远惊得坐了起来，一见戚继光的参将着装，就知道比自己的官大，可他还是一脸不高兴地说："就不能小点声吗？把人吓了一跳。"戚继光年轻，刘远并没有将他放在眼里。

戚继光说："三江所现有士兵多少人？"

刘远说："你要我说真话还是假话？"

戚继光有些不悦地说："本参将现在问你兵员情况，岂能有假？"

"哦，那五百多一点。"

明代千户所兵额是一千一百二十人，这样说来，三江所在职士兵连半数都不到。戚继光说："你叫大家准备一下，明天开拔，到慈溪雁门岭去御倭。"

"你说什么？"刘远惊得站了起来，"戚将军，你说叫我们到雁门岭去打仗？"

戚继光说："你怎么这样大惊小怪，作为一名士兵，打仗难道不是我们的天职吗？"

刘远说："戚将军，不瞒你说，我手下的这些人，还从未打过仗，连倭寇长什么样都没有见过，刀枪都锈迹斑斑，这仗怎么打？更重要的是，下个月，晚稻就要成熟了，大家忙了几个月，就盼着分点粮食呢，一家老小都还指望着，在这节骨眼上，叫他们上战场，估计也没有人听我的。"

"不管什么理由，倭寇来犯，当兵的必须给我上！明天早饭后开拔，这是军令，没有任何讨价还价的余地！"戚继光说。

刘远喋喋不休地发着牢骚，招呼着大家回所城准备。果然，刘远一宣布戚继光明天开拔的军令，人群中像炸开了锅。有的说，倭寇又没来绍兴，凭什么调我们到慈溪去打仗？有的说，战场上，刀枪没长眼睛，要是我们受伤了咋办？还有的说倭寇的刀长了眼睛，要砍哪就砍哪，谁也挡不住。总之，说什么的都有。

这时，有人打开了兵器库，将刀枪盾牌什么的拿了出来。戚继光一看这些家什，就皱起了眉。全都锈迹斑斑，上面覆盖着蛛网和灰尘，看来平时长期就放在库房里，好久都没有动过了。戚继光拿起一块铁盾牌，狠狠地砸在地上，一阵烟尘腾起，再看盾牌，已经瘪得不像样子，像块烧饼。刘远带着人挑挑拣拣，好歹拣出一批能用的，发放下去，不够，还有十几个人没有兵器。

戚继光又到另几个所城调兵，情况比三江千户所好不了多少。不过，总算凑齐了两千兵。他带着这批牢骚满腹的兵，开始急行军，向慈溪县的龙山千户所赶去。

雁门岭三面环山，群山起伏，东北为邱家洋。岭并不高，坡缓岭短，岭上有条约六里长的古道。登上岭头，东海尽收眼底，海天一线。岭的东北部临海位置，有座山叫伏龙山，在伏龙山东面三五里地，另有一座小山，状如猛虎卧地，名叫蹲虎山。在伏龙山和蹲虎山之间的平旷地段，就是龙山守御千户所的位置。它与西面的观海卫、浒山千户所构成了一个互为声援的战略防御体系。

雁门岭的南边，就是邱王村，距龙山所城约五里。雁门岭、龙山所城与邱王村的位置呈三角形，相距都不远。邱王村已被倭寇占据，和所城挨得这么近，说明倭寇们根本没有将所城里的官军放在眼里。事实也正是如此，自倭寇入驻邱王村，龙山所城就一直城门紧闭，城头上三步一岗，五步一哨，但没有一个人敢出来，更不用说主动去进攻倭寇了。

阮鹗和卢镗率军大张旗鼓地抵达了龙山所城，大旗上写着“阮”“卢”字样，他们就是要给倭寇一个明确的信号，官军的援军来了，而且是由浙江巡抚阮鹗和参将卢镗率领。俞大猷的水师也在邱家洋亮出了旗号。俞大猷和卢镗在福建浙江抗倭多年，英勇善战，他们的名字令倭寇胆寒。

官军人数太多，龙山所城里住不下，阮鹗下令沿伏龙山扎营。大军刚刚到达，龙山所千户尹秉衡前来迎接。尹秉衡是一个敦实的中年汉子，皮肤黝黑，腰间挎着一把鬼头刀。鬼头刀刀体沉重，没有点蛮力使不了。刀把的顶端，一只鬼头张牙瞪眼，让人望而生畏。大多数将领都喜欢佩剑，佩刀的还真不多见。尹秉衡说：“阮巡抚，你们来了，末将就放心了，这些日子，这班倭寇可把我们折腾惨了，他们虽然人数不多，但个个都很厉害，不好对付。”

阮鹗说：“不是本官长他人志气，灭自己威风，我们卫所的兵久不训练，太不禁打了。不过尹千户放心，我们有人数上的优势，这批倭寇蹦跶不了几天。”

尹秉衡邀请阮鹗住到所城里去。阮鹗摇了摇头说：“你可能还不了解本官，本官带兵，向来是与兵同吃同住同睡。”

尹秉衡一愣，他还没听说过堂堂一省巡抚，竟然和当兵的吃住在一起，但这既然是阮鹗的一贯作风，他也不好再说什么。阮鹗又问了邱王村的倭寇数量、雁门岭守卫等情况。尹秉衡说，邱王村倭寇听说官军要来，也从舟山老巢调集人手，估计近日人数有所增加，目前情况不明。至于雁门岭，目前岭上只有五百名官兵守卫。

阮鹗听了直皱眉，敌情不明，守军太少，形势有点严峻。这时，正好徐勇和罗绮过来了，罗绮作为一个女人，和这些当兵的住在一起不太方便，阮鹗就让尹秉衡给她在所城里安排个住的地方。

这时，一个书生模样的人在附近伸头缩脑，被守卒抓住了，带到了阮鹗面前。守卒说："这个人自称是秀才，口口声声要见大人。"

阮鹗走到这名秀才面前说："我就是浙江巡抚阮鹗，你找我何事？"

秀才说："学生是慈溪县生员，姓倪名泰员，邱王村人，听说阮巡抚率援军来了，特过来向您禀报军情。"

阮鹗眼前一亮，这个自称叫倪泰员的秀才来自邱王村，对村里的倭寇情况肯定一清二楚，实在太好了。阮鹗说道："倪秀才，你来得正好，快说说，村里到底有多少倭寇？"

倪泰员说："大约十天前，倭寇从邱家洋登陆，直接占领了我们村子。当时人数并不多，有七八百人。为首的倭酋叫洪东冈，住在邱家祠堂里。住下后，他们四五十人一队，分别由一个小头目带领，四处劫掠。这两天，他们也在增援，一批批倭寇从舟山海岛那边乘船过来，村里家家户户都住了倭寇，全村的百姓都在替他们烧饭和做活，稍有不从，轻则打骂，重则杀死。昨天还杀了一男一女，说是干活时偷奸耍滑，尸体挂在村口的树上。"倪泰员说，"阮巡抚，邱王村百姓的日子没法过了！"

倪泰员又说："我刚才听兵士议论说，为剿灭倭寇，官军可能要放火烧了邱王村。阮巡抚，小生替邱王村百姓说句公道话，千万不能放火烧村，百姓建栋房子可不容易，要是烧了村子，他们上哪住去？"

阮鹗说："你放心，不到万不得已，我们不会那么做的。你提供的情况很重要，你现在回去，装作什么事也没有发生，有新的情况及时来向我报告。"

倪泰员走后，阮良过来请阮鹗去吃晚饭。按理，晚饭应该送到他的帅帐里，可阮鹗有个规矩，出门在外，他必和将士们同在一个锅里吃饭，他们吃什么，他就吃什么，从不搞特殊。他觉得，官兵在生活上一致，战场上才能同心。来到临时就餐处，一排石头码的灶上，饭香从一只只铁锅里飘了出来，士卒人人手拿着饭盆子，站在四周，正等着他开饭呢。厨师先将阮鹗的饭打好了，又从另一只锅里铲了些猪肉烧萝卜，盖在饭头上，递给了阮鹗。阮鹗接了过来，笑着说："这雁门岭的第一餐还不错呢，大家多吃点，吃饱了好有力气杀倭寇。"

晚上，躺在营寨里，从杭州城来到这偏僻的雁门岭，阮鹗怎么也睡不着。他披了件外套来到帐外。官军的营寨里，除了值班的几处亮着火光，军营里漆黑一片，一座座营帐在夜色里影影绰绰，隐藏着看不见的杀机。一阵阵松涛声此起彼伏，从背后的伏龙山上传来，如同蓄势待发的千军万马。海滨的空气中，有一股飘忽不定的腥味，让人有种隐隐的不安。本来，剿灭了徐海，大家以为可以松一口气了，没想到，他的余党这么快就卷土重来了。明天，还是后天，这里将会发生一场场血战，这是毫无疑问的。要打仗就会有伤亡，一想到这里，阮鹗的心情就沉重起来，睡意全无。一阵雁鸣由远而近，秋雁从雁门岭方向飞来，它们像是知道有个人等在下面，故意留下一路鸣声，让人不胜秋寒。

第二天，戚继光率领从绍兴卫调集的两千兵也赶到了龙山千户所，来到帅营向阮鹗报到。见戚继光来了，阮鹗从案后站了起来，走到他面前，拍了拍他的肩头说："你来得很及时，我们也是昨天到的，怎么样，调兵还顺利吧?"

"阮巡抚，怎么说呢，既顺利也不顺利，一路上都在跟我闹情绪。"戚继光顿了顿说，"说真的，这些兵，我是一个也不想要。"

阮鹗说："卫所里的兵，就是这个样子，拖拖沓沓，还指望着他们杀敌呢，要和他们搞好关系，爱兵如兄弟，这样在御敌时才能拧成一股绳。不然，这仗还怎么打，又到哪弄兵去?"

"大人教训的是，我尽量吧。"

这时，阮良已在戚继光面前放了一杯茶。阮鹗说："这是龙山所尹秉衡千户送来的，你尝尝，武夷名茶蜡面茶。"

戚继光揭开杯盖，赞道："好香啊。"又见茶面上漂了层蜡状的东西，问道，"这是什么茶？没见过。"

"这茶叶里加了沉香、苏木等名贵香料，所以远比一般的茶要香，不过，价格估计也不便宜呢。我也是第一次喝，你喝喝看。"

戚继光浅浅呷了一口，顿觉口齿生香，说："确实不一样，好茶。"

见戚继光喜欢，阮鹗命阮良将茶饼拿来，戚继光说什么也不肯收。阮鹗亲自将茶饼递到了戚继光的手上，说："收下吧，你是良将，打仗还要靠你们呢。

你即刻带着两千兵去驻守雁门岭，如何？”

戚继光挺直了腰杆，说：“末将遵命，大人。”

戚继光离开后，阮良嘟哝着：“就一块蜡面茶，没了。”阮鹗笑着说：“我喝白开水，行吧。”阮良说：“我回头找尹秉衡再要一些。”阮鹗阻止说：“千万不能再要了，这茶叶加了香料，肯定很贵，哪是说有就有的，别提这事了。”

戚继光带着绍兴卫调来的两千兵开拔到雁门岭上去了。雁门岭与阮鹗帅帐相距并不远，大约有五六里地。在晚上，在帅帐里能隐隐看见雁门岭上烧起的火堆。

临睡前，阮鹗照例会在营寨里走上一圈，四处看看情况。今晚月色很好，阮鹗走了一段路，碰到了几个巡查的人，走近一看，原来是将军卢镗。卢镗也看见了阮鹗，说：“大人，怎么还没睡？”阮鹗说：“睡觉不急，出来看看情况，倭寇们近在咫尺，心里不踏实啊。”卢镗说：“我陪大人转转吧，顺便查查岗哨。”

几个人随意地走着，出了军营大门，沿着山路，不知不觉到了龙山所城。正好看见几个人喝得醉醺醺的，刚从城里出来，向雁门岭方向走去。卢镗叫道：“你们是什么人，哪个部分的？”

为首者，正是三江千户所的千户刘远。他见眼前站着的这几个人都是军官打扮，不回答是躲不过去的。他们白天才随戚继光开拔到雁门岭上，晚上就住在那里，一顶帐篷里挤七八个人，胳膊挨胳膊，腿挨着腿，他们什么时候过过这种日子，可碍于军令，又不敢离开。晚上，他们在荒山野岭上更是闷得发慌，于是几个人偷偷溜下了山，在龙山所城的酒馆里刚喝了一顿酒，过足了酒瘾，才出来，没想到被逮了个正着。

刘远说：“我们是从雁门岭上下来的，是戚继光部。”

卢镗说：“你们几个胆子也太大了吧，私自离岗出来喝酒，要是遇上倭寇怎么办？要是倭寇突袭雁门岭怎么办？”

刘远仗着酒兴说：“这大晚上的，难道倭寇就不用睡觉？”

卢镗啪地打了刘远一马鞭，骂道：“将这几个不守规矩的丘八给我绑了，派人通知戚继光，叫他到阮巡抚帅帐里来领人！”

阮鹗看了看阮良说：“你带两个人到雁门岭上跑一趟，去通知戚将军，也不是多大的事。”

戚继光很快来了，一再检讨自己带兵不严，阮鹗叫他将人带回去，给点惩戒就算了，毕竟大战在即。回到岭上，戚继光命将刘远几个私自下岭的兵打了一顿军棍。揍了刘远他们，戚继光回到营中，经过这番折腾，再也睡不着。

阮鹗每天都派出暗探在邱王村附近转悠，接连两天，邱王村里都没有什么动静，也没有倭寇出村劫掠，估计他们也在等着官军的反应。这样相持下去不是办法，到了第三天，阮鹗传令下去，准备次日采取行动，兵分两路，荡平邱王村。

没想到，当天晚上，生员倪泰员就悄悄地来到了帅帐，告诉阮鹗，他看见倭寇头目频繁地往祠堂里跑，而且传下话来，命令各家厨房三更天生火做饭，他感觉很不寻常，倭寇们明天一早可能有行动，特地来告诉一声，让官军早做防备。

阮鹗一听，又激动又紧张。激动的是，倭寇们终于按捺不住了；紧张的是，不知道他们是怎样一个打法。面对近万官军，倭寇们竟敢以少搏多，显然没有将官军放在眼里，可见猖狂至极。倪泰员离开后，阮鹗召集将领，迅速调整了作战部署，准备以静制动，同时派人通知雁门岭上的戚继光，让他做好准备，倭寇随时可能前来攻岭。

官军营寨里，箭上弦，刀出鞘，大家屏声静气，都在紧张地等待着。天刚刚亮，哨探来报，说倭寇绕过官军营寨和龙山所，从东面直奔伏龙山方向去了。阮鹗一愣，倭寇怎么舍近求远呢，他们不攻雁门岭，难道要翻越伏龙山西进吗？岂能让倭寇得逞！阮鹗命卢镗迅速带两千人抄近路上山，占领高地，设法阻止倭寇登山。卢镗领命去了，没多久，伏龙山半腰传来了喊杀声，官军和倭寇很快厮杀起来。

卢镗那边阮鹗倒不担心，卢身经百战，经验丰富，不会出什么大岔子，他倒是担心雁门岭上的戚继光。戚虽有一身本领，但毕竟是第一次参加实战，雁门岭又极其重要，坡缓难守，所以刚才他只分了两千兵给卢镗，就是为了能随时支援雁门岭。

果然，伏龙山那边刚交上火，雁门岭上，突然火铳声大作。阮鹗暗叫不好，就凭铳声他就能判断倭寇的主力上了雁门岭。官军一共大约有五百来支火铳，全拨给了雁门岭守军，如果不是夺岭的倭寇人数众多，何必要数百支齐射？

阮鹗对徐勇和阮良说："走，我们增援雁门岭。"说着，除了留下千余人守卫营寨，带着主力向雁门岭方向奔去。刚到岭下，只听嗖嗖一阵弦响，冲在前面的士兵发出一阵惨叫，原来林中潜伏着倭寇弓箭手，正不断放着冷箭，阻止官军增援。倭寇弓箭射得远，且又躲在暗处，只听见弦响，根本见不着人影。紧接着又是一阵弦响，又有几十名官军中箭倒下，发出凄厉的惨叫。大队人马被压在了岭下，无法前进一步。

阮鹗心急如焚，这样下去如何是好。正在这节骨眼上，倪泰员带着几个乡亲来了，他大叫道："阮巡抚，快随我们来，那边有一条上岭的小道。"

阮鹗大喜，带着数千兵丁紧跟在倪泰员身后，很快从另一条小道冲上了岭。来到岭上一看，只见戚继光的两千兵被三股倭寇紧紧围在岭上，几百个火铳手围在外围，不断地放着铳，倭寇倒也不敢靠近一步。

罗绮一见，急得直跺脚，骂道："这些饭桶，如此放铳不是白白浪费火药吗？待倭寇走近了才放啊。"

阮鹗一看，果然不假，火铳的射程，和弓箭差不多，不过两百步。倭寇还在两百步之外呢，山顶上的官军就开始射击了，别看铳放得爆竹一般响，倭寇可是一个也没有打中。不过，倒是把倭寇压制住了，让他们不敢冲锋。可时间一长，待火药用尽，战局会立即扭转，官军必败无疑。幸亏阮鹗带人及时赶到了。

罗绮作为一个女性，长得漂亮，在战场上很显眼。她一出现，就已经有倭寇瞄准了她，躲在一棵树后向她暗暗靠近。突然，有个倭寇举着刀向罗绮冲来，徐勇大叫一声小心，并飞身过来相救。罗绮早就发现了身后的动静，一直留意着，见倭寇冲到跟前，抬起右手，砰的一声开火，正中倭寇面门。那个倭寇本想偷袭，来不及闪避，铅弹全打在脸上，顿时满脸是血，眼睛也被打瞎了。纵使如此，倭寇仍不后退，双手握刀，到处乱砍。砍了一会，到底支持不住，轰的一声倒在地上。

众倭寇大惊，海螺声响了起来，他们一个个叫嚣着向前冲锋。这时，火铳声反而变得稀稀拉拉，果然有人火药用完了。没有火药，面对气势汹汹的倭寇，火铳兵顿时六神无主，有的挟着火铳开溜。倭寇大喜，互相做个手势，冲得更带劲了。戚继光跳到一块高岩上，对准最前面的一个倭酋，嗖地射了一箭，正中他的前胸。那倭酋一个趔趄，一声惨叫，手附前胸，被后面的人搀了下去。另两股倭寇仍向前冲着，戚继光连射两箭，又有两个倭酋应声倒地。数千军士齐声喝彩，弓箭手一番疾射，箭矢如雨般向倭寇飞去。倭寇被这气势惊倒了，海螺声歇了，他们慢慢开始后退。

这一战，虽然没有丢失雁门岭，但伤亡了几十个士兵，官军没占到什么便宜。卢镗那边还好，杀了二十余个倭寇，略有小胜。

晚上，阮鹗召集诸将商议，准备明天全军出击，兵分三路，包围邱王村，将倭寇赶向东面的海边，再与俞大猷的水师水陆夹击。如此，可将这股倭寇击溃。散会后，各人回营休息。

阮鹗刚刚躺下，就听见外面喊杀声震天。徐勇进来报告，说倭寇袭营来了。阮鹗大惊，倭寇们白天没占到便宜，晚上竟斗胆前来劫营。阮鹗持剑出营，他不看则罢，一看就气不打一处来。倭寇从东南西三面攻入大营，几处营帐着火，官军纷纷后退，根本没有什么人应战。阮鹗手持破罡剑，站到帅旗下，大叫道："后退者斩!"见主帅出来了，官兵才停止后退。阮鹗带着徐勇、阮良、严氏五兄弟和众官兵迎战南路倭寇，卢镗和戚继光率兵迎战另两路倭寇。双方混战起来，各有死伤。

刚刚开战，龙山所城门大开，千户尹秉衡带着所城内的士卒出城支援来了。为首者，正是罗绮。罗绮见倭寇劫营，立即通知了尹秉衡，及时赶来增援。虽然倭寇打了官军一个措手不及，但官军毕竟在人数上占有绝对优势，经过一番慌乱，很快站稳了脚跟，加上又有龙山所千余人的增援，很快就占据了上风。倭寇渐渐不敌，向邱王村退去。阮鹗下令趁势追击，逼近邱王村，并将村庄包围了起来。倭寇在各路口埋伏了大量弓箭手，官军一时也无法进入村庄，双方僵持着。阮鹗决定等天明攻击。

天渐渐亮了，阮鹗吃惊地发现，邱王村里静悄悄的，一点动静也没有。他下令进攻，官军顺利地进了村，可村里的倭寇竟然奇迹般地消失了！他们平时抢劫来的大量物资仍整整齐齐地堆放在村里，可人都不见了。

阮鹗、卢镗和戚继光三人在邱家祠堂前相遇了，祠堂本是倭酋住处，可里面空无一人。戚继光飞起一脚，将祠堂前的一尊石狮踹倒了，怒道："真是见鬼了，一两千倭寇，怎么说没就没了，难道他们会飞不成?"

阮鹗低声说："倭寇肯定是在昨天夜里逃走的，他们不可能是飞走的，很可能是我们的人放走的。"

卢镗惊道："大人的意思，是我们的队伍里出了内鬼?"

戚继光说："大人的怀疑不无道理，各个路口都是我们的人，不说一两千倭寇，就是一只苍蝇也飞不出去。唯一的可能，是有人故意放走的。"

阮鹗说："大家先不要声张，要暗中查访，必须掌握确切证据。否则，这种事就是打死也不会有人承认的。”

邱王村共有四个路口，昨晚分别由卢镗、戚继光、三江所千户刘远和龙山所千户尹秉衡四人分别率兵把守。阮鹗首先怀疑的就是刘远。刘远把守的是东面江边路口，阮鹗带人沿江边一路巡查，发现沙地上有许多新鲜脚印，还有许多踩折的芦苇。他心里有数了。立即安排了几名哨探，骑着快马，沿着倭寇的去向打探。

阮鹗怒道：“将三江所千户刘远带上来！”

刘远情知不是什么好事，吓得面如纸色，扑通一声跪在地上。阮鹗说：“快将你私通倭寇一事说来！”

刘远说：“大人，就是借卑职十个胆子，也不敢私通倭寇。”说着，将昨晚发生的事择要说了一遍。原来，昨天下半夜，刘远实在太困，就喝了一壶酒，睡着了。迷迷糊糊中，他不知怎么被几个倭寇逮住了。刘远是个极怕死的人，只好下令让出一条道，结果让倭寇全逃了。那些部下都是跟了他多年的兄弟，没有一人声张，刘远还想着能蒙混过关，没想到这么快就被阮鹗看出了破绽。

刘远说：“小人自知罪孽深重，只是家里还有八十老母，求军门饶小人一命！”

阮鹗说：“你这叫我怎么饶你，你身为军人，难道连军法无情的道理也不懂吗？你放走了倭寇，就是放虎归山，他们要杀多少百姓，多少家庭将妻离子散，他们会饶你吗？”

刘远汗如雨下，说：“我……”

阮鹗挥了挥手说：“带下去吧。”

刚处理好刘远的事，紧接着就有两路哨探来报，一路说倭寇上了南面的桃花岭，一路说北面的雁门岭上发现了倭寇。桃花岭也是军事要地，位于慈溪和镇海两县交界处，上有茶马古道。倭寇一旦过了桃花岭，就直接威胁镇海、鄞县、奉化等地，台州府也不得安宁。

阮鹗心急如焚，他望望北面的雁门岭，又望望南面的桃花岭，神色凝重。他想了想，对卢镗说：“卢将军，你带两千人马，桃花岭那一路的倭寇就交给你了，务必要尽快将他们追上，即使不能赶尽杀绝，也要将他们赶到海上去。否则，还不知会闯下多少乱子来。”

卢镗说：“大人放心，末将一定尽快追上他们。”说着，领命去了。

卢镗离开后，阮鹗领着余下人马，迅速向雁门岭赶去。倭寇善于长途奔袭，雁门岭上哪里还有倭寇的影子。阮鹗稍加思忖，判断倭寇可能奔慈溪县城去了。他命戚继光率领一支人马，迅速赶往慈溪县城。阮鹗告诉戚继光，撵上了倭寇不必苦战，只要驱离即可。又让龙山所千户尹秉衡率本所人马在雁门岭上埋伏，自己率军在岭下埋伏，并策应戚继光。阮鹗判断，倭寇在返程时还会经过雁门岭，因为这里直通舟山倭巢。况且，邱王村存放着他们劫掠的大量物资。倭寇贪财，他们不会轻易抛弃的。

倭寇们果然在进攻慈溪县城，不过一时并未得手，他们见官军这么快就赶来了，赶紧带着抢来的生丝和丝绸等物资开溜。由于带着东西，倭寇行动缓慢。戚继光也不追赶，在后面远远地跟着。黄昏时分，倭寇抵达了雁门岭下，他们要从这里返程。

阮鹗早接到了戚继光的通知，故意让开了岭下的道路，让倭寇们上岭。待他们的队伍登岭过半时，岭上岭下的官军同时呐喊着杀出，将倭寇的队伍拦腰截断。倭寇顿时阵脚大乱，一个个哇哇乱叫，拼死血战。一时间，雁门岭上下，杀声震天。

正在阮鹗率军苦战时，只见伏龙山那边又过来了一支队伍。阮鹗一看乐了，为首者正是生员倪泰员，原来他带着伏龙山中的乡亲们支援来了。

由于是混战，场面上一片混乱，罗绮百发百中的火铳可起到了大用。她见哪里危险，就冲到哪里去救急。火铳频频点射，东边撂倒一个，西边放倒一双，越杀越带劲。可是，罗绮发现身上带的火药快用尽了，没有了火药，火铳就是废铁。罗绮毫无武功，眼见几个倭寇正向自己逼近，急得大叫着徐勇的名字。两个倭寇抓住了罗绮，一人抓住了她的一只胳膊，乐得哈哈大笑。倭寇满脸是血，他们那狰狞的样子将罗绮吓得直哆嗦。罗绮哇的一声大哭。徐勇这才来了，两个倭寇放下罗绮，迎战徐勇。徐勇不敌，身上连中两刀，衣服都染红了。罗绮急了，举起手中的火铳，使劲砸在一个倭寇的后脑上。那个倭寇脑袋一歪，倒在了地上。这时，严氏五兄弟中的老小严小鹏赶过来了，那个倭寇见占不到便宜，虚晃一招，溜之大吉。

在官军强大的攻势下，倭寇开始节节败退，抢来的东西也不要了，丢得岭上岭下到处都是，逃命要紧。阮鹗指挥全军乘胜追击，一直将倭寇赶到了邱家洋海滩边。

海滩上，有成片成片的芦苇丛。倭寇全躲入芦苇中，朝官军放着冷箭，不时有人中箭。阮鹗下令后退，退到倭寇的箭矢射程之外。过了一会，海中出现了一列满载着倭寇的船队。岸上的倭寇大喜，高兴得手舞足蹈，他们的援军来了。

俞大猷的战船在邱家洋已等候多时，等倭寇们的船队靠岸时，他指挥着水师从海上掩杀过来。双方在海滩上又展开了一场恶战。

还是在雁门岭上时，徐勇就和倭酋洪东冈较上了劲，死死地盯住了他。洪东冈在沿海作乱多年，一直追随徐海，围攻老将军宗礼和河朔兵，包围桐乡，激战沈庄，洪东冈都表现活跃。在沈庄时，他和另一名倭酋黄侃竟然从官军的重重包围中溜脱。这次雁门岭上狭路相逢，真是仇人相见，分外眼红，徐勇决心要取洪东冈性命。然而，洪东冈又岂是孱弱之辈，他使一柄倭刀，刀法诡异，凶狠异常。徐勇手持一杆长矛，像一条毒蛇般缠住了洪东冈，让他无法逃脱。徐勇在雁门岭上受了点轻伤，影响了发挥。不然，说不定洪东冈早就命丧矛下了。

洪东冈躲入了芦苇丛中，徐勇急了，手持长矛，眼睛鹰隼一般在芦苇丛中搜索着。罗绮跟在他后面，不断提醒他注意安全。同时，如有倭寇偷袭，她及时地用火铳解围。

远远地，徐勇看见洪东冈上了一条大船。这家伙眼看着又要逃脱，徐勇急了，可他被好几名倭寇堵住了，无法前进。徐勇大吼一声，长矛点地，从倭寇的头顶上飞了过去，直接跳上了洪东冈所在的那条大船。洪东冈大惊失色，飞身一跃，跳进了海里。徐勇傻眼了，他没想到洪东冈还有此一招。他身体笨重，不善游泳，在小河里还能蹦跶几下，这深不可测的大海，他是想也不敢想的。无奈，他只好拿身边这几名倭寇解气，长矛飞点，将他们挑下海去。

徐勇望着洪东冈落水的地方出神，又有几名倭寇向他扑来，他也没有觉察。幸亏戚继光赶了过来，大叫道："勇哥，快闪!"说着，猛地一推徐勇，拉起他就跑。倭寇们纷纷挤上了船，向舟山方向逃去。

雁门岭一战，官军斩倭两百多人，俘获二十人，自身伤亡三百余人，成功地将这股倭寇驱离了邱王村，保证了龙山守御千户所的安全。倭寇们元气大伤，估计近期不敢前来骚扰了。俘获的二十人关进了宁波府监狱，等候处置。卢镗追踪的那支倭寇，在上了桃花岭后，就被官军撵上了。倭寇一路奔袭，从鄞县、奉化，来到宁海，与官军在两头门镇展开大战。卢镗在台州知府谭纶的支持下，大胜倭寇。余倭突袭温州，在福宁抢到几艘船只，仓皇逃往舟山。

舟山倭巢，是阮鹗的下一个目标。

第十三章

风云激荡

班师回杭的路上，戚继光心事重重，不怎么说话。阮鹗说：“戚将军，第一次参加抗倭就都打了胜仗，为什么闷闷不乐呢？”

戚继光答道：“大人，官军看似大胜，实则大败。”

阮鹗一愣：“你是这么看的吗，原因何在？”

戚继光说：“虽然我们赶走了倭寇，杀敌两百多，但不要忘了，官军的数量十倍于倭寇，就是十个官兵对付一个倭寇，这实在叫人汗颜！而且官军的伤亡比倭寇还多了一百余人。设想一下，假如官军和倭寇一对一作战，后果会如何？我们的兵太差劲了。”

阮鹗说：“卫所里的兵，就是这个熊样，要不怎么每逢大战，就要从外地征调客兵呢？”

客兵就是临时从外地调来的兵，像河朔兵，永顺、保靖土兵等，客兵一时能打胜仗，但也存在难以驾驭、骚扰地方等现实问题，且客兵难留，他们毕竟有自己的防守任务。所以，目前抗倭的主力还是卫所军队。卫所军队平时以屯田为主，疏于训练，兵不识将，将不知兵，战时才匆匆拉到战场上。这样的军队要是能打仗才是怪事。戚继光第一次带兵，他算是充分领教了卫所兵的“厉害”。

戚继光说：“大人，我要练兵，练一支自己的兵！”

见阮鹗不说话，戚继光继续说：“我第一次带兵打仗，就说要练兵，是有点不知好歹，甚至异想天开。可是，我说的是实话，这些卫所里的兵无法担当抗倭大任，他们太不经打了，常常一击而溃。这样的兵我真没法带了！”

阮鹗说：“回去再说，我支持你练兵。”

戚继光没想到阮鹗竟然同意了，当下大喜。他迫切想训练一支自己的队伍，三千人就够了，每个士兵都像徐勇那样，杀得倭寇心惊胆战。那才叫兵，才叫男人。

听说戚继光要向总督胡宗宪上书申请练兵，俞大猷阻止他说：“你当参将才几个月啊，就要练兵，胡总督会同意吗？”

戚继光说：“不练兵，这仗没法打了。”

俞大猷说：“这道理人人都懂，我们卫所里的兵不行，不然也不用劳民伤财地征调客兵了。然而，练兵又谈何容易，我曾练过一千兵，效果也不好，见了倭寇还是一副熊样，畏倭如虎，把我的信心都弄没了。岳鹏举说，文官不爱钱，武官不惜死，不患天下不太平。可惜，不惜死的官军是稀罕物，是三条腿的蛤蟆，到哪里去找呢？”

戚继光说：“练兵首要在于选兵，把好兵源素质关，素质不行，练也是白练。”

俞大猷说：“你试试看吧，看看胡总督的态度，不过，我劝你要做好思想准备，他同意的可能性不大。”

“一次不行，我就两次、三次，直到他同意为止。”

俞大猷大笑：“好，真是初生牛犊不怕虎，老俞佩服！”

回到杭州，戚继光连夜拟好了一封练兵建议《任临观请创立兵营公移》，准备次日到总督府交给胡宗宪。他在这封著名的上书中条陈练兵强兵之策，并保证“诚得浙士三千，亲行训练，比及三年，足堪御敌，可省客兵岁费数倍”。当晚，戚继光一夜未睡，不知道明天会是什么样的结果。

第二天上午，戚继光怀着忐忑不安的心情来到了总督府。见到胡宗宪，胡站了起来，拍了拍他的肩头，称赞道：“你在雁门岭上连射三酋的事，阮巡抚都告诉我了，初上战场就表现不俗，本督没有看错人，这东南御倭，将来就倚仗你们这些年轻将领了。”

戚继光说：“谢谢胡总督谬赞，末将一定尽心竭力。只是这一战，暴露了官军的诸多问题。人数上，我军数倍于倭寇，差不多以十敌一，费了九牛二虎之力，才将他们驱离了邱王村，这些卫所里的兵，我真的没法带了。”

胡宗宪说：“官军就是这个熊样子，要是能打仗，我何苦忍气吞声地要招降倭寇？”

戚继光从怀里拿出了那封《任临观请创立兵营公移》，呈到了胡宗宪面前。

胡宗宪打开，胡乱扫了一眼，就将它扔到了地上，说：“练兵，练兵，你戚继光才打了几天仗啊，就你知道练兵，如果浙江人能够训练的话，我早就练出来了，还等你来说？”

戚继光大窘，脸色都白了。他说：“胡总督，卫所的兵不听节制，不听指挥，有的兵连武器也不会用，根本没法打仗。要想抗倭，非练新兵不可!”

戚继光所说，都是实情，胡宗宪何尝不知。这时，幕僚唐顺之走了进来，他捡起戚继光的上书，放到了胡宗宪的案头。唐顺之这一举动，说明了他对练兵一事的态度，明显是支持戚继光了。他对胡宗宪说：“胡公，戚将军所说完全有道理，这封上书你先收着，等时机合适时再予考虑吧。”

这明显是给胡宗宪台阶下。胡宗宪就势说：“那我就先收下吧，以后再说。”

戚继光碰了个钉子，但他并未死心。晚上，他来到巡抚署后院阮鹗的住处，把白天的事给阮鹗说了一遍。阮鹗安慰他说：“胡宗宪没有一口回绝，这事就有余地，不要性急，你的事我记下了，毕竟这募兵的银子，还要由巡抚衙门来出嘛，你放心，我就是从牙缝里抠，也要把你募兵的银子省出来。”

戚继光大为感动，站直了身子，说：“阮巡抚，您这么说真让戚某人汗颜，戚某唯肝脑涂地，马革裹尸，报效国家!”

阮鹗说：“你这是为东南抗倭大业和千千万万的百姓考虑呢，我阮某有什么理由不支持?”说着，阮鹗拿出一封书信说：“你看，我们前脚刚走，倭寇后脚就到了。”

信是邱王村的生员倪泰员写来的。倪在信中说，官军还没走几天，洪东冈就带着倭寇来到了邱王村，把上次存放在村里的货物全搬走了。有村民去向龙山所报告，所城里的士兵置之不理，更谈不上出来驱逐倭寇了。倪泰员说，估计倭寇不会就此罢休，他们发誓说要报仇雪恨。

戚继光抖搂着信说：“你看，又是卫所，这些兵就是个摆设，根本没有用。”

阮鹗说：“我要立即给龙山所的千户尹秉衡写封信，让他早做防备，万一洪东冈他们又窜上雁门岭，那麻烦可就大了。”

戚继光说：“依我看，应该彻底捣毁舟山中的倭寇老巢，让他们无法立足，以绝后患。”

阮鹗说：“英雄所见略同，这两天，我正在想着出兵舟山的问题，没想到我俩想到一块去了。斩草要除根，不端掉舟山中的倭寇老巢，雁门岭一带就永无宁日，我们也总是被他们牵着鼻子走。”

戚继光说：“那我们就再打一仗!”

阮鹗说：“好，待我进一步掌握情况后，向总督府报告，然后再出兵舟山，一定要让这股徐海余孽葬身海底，还沿海百姓一个海晏河清!”

阮鹗给倪泰员回了一封信。信中，阮鹗叮嘱他记下倭寇每次登陆时间、人数，并设法了解舟山倭巢情况，如能抵近打探最好。

过了几天，倪泰员又来信了。信中说，洪东冈果然又带着倭寇登陆劫掠了，不过，这次他们学精了，不攻千户所，也不登雁门岭，每天只派出几支小队，抢了东西也当天运走。龙山千户所的官军还是老样子，所城大门紧闭，置之不理。

不久，倪泰员又来信。倪在信中说，倭寇每隔三五天就要登陆劫掠一次，除了抢劫物资，还强掳了邱王村及附近村庄三十余位男丁和妇女到舟山匪巢。邱王村一带，妇女平时都不敢待在家里，都跑到山上躲了起来。倪泰员还告诉阮鹗一个好消息，说他和村民杨挺当上了临时小贩，隔一天就到舟山匪巢去一次，给倭寇送水送菜。他打探清楚了，倭巢在舟山中的岑港。

阮鹗大喜，这个倪泰员还真不简单，他本是个读着“四书”“五经”的酸秀才，硬是成了一个抗倭的人才，比卫所里的那些兵强多了。杨挺这人阮鹗也见过面，是一个机灵壮实的乡勇，他和倪泰员一样，领着百姓抗倭。上次官军离开龙山所，百姓前来欢送，杨挺拿着徐勇的长矛爱不释手，徐勇一咬牙当场就送给了他，差点把杨挺乐晕。回杭后，徐勇到铁匠铺重新打制了一把。

阮鹗派阮良到临平山跑一趟，通知俞大猷，让他抓紧操练水师，说过段时间要到舟山岑港去剿倭。

阮鹗带着倪泰员的书信来到了总督府，他要向胡宗宪说说雁门岭那边的情况。胡宗宪在书房里接见了他。数日不见，阮鹗感觉胡宗宪又胖了一圈。案上，摆着几件他刚写的书法作品，墨迹未干。

阮鹗说：“胡总督，雁门岭那边又有倭寇登陆劫掠。”

胡宗宪正在欣赏他刚写的书法，听了阮鹗的话，一愣，转过身来，问道：“阮兄，你从哪里得到的消息？现在局势平稳得很，总督府没有接到任何报告。”又对站在一边的侍从说，“叫徐渭过来一下。”

徐渭来了，胡宗宪问：“文长，近日接到宁波府或是定海、慈溪等县急报吗？阮巡抚说那边又有倭寇登陆。”

徐渭说：“未收到任何急报。”

胡宗宪看了看阮鹗带来的倪泰员的信，将它撂在一边说：“一个酸秀才的话，完全不可信，他哪认得倭寇呢，也许是几个偷鸡摸狗的小蟊贼。”

阮鹗正色说：“胡总督，这位倪泰员不是一般的秀才，他多次为官军传送情报，雁门岭一战，他还带着百姓前来支援官军。这样的人，怎么会连一般蟊贼和倭寇都分不清？”

胡宗宪说：“就算有小股倭寇登陆也不足为患，我们的卫所兵难道是吃闲饭的？他们没有向总督府报告，说明自身足以应付，说不定已将倭寇赶走了。难道就凭一个酸秀才的信，我们就劳师动众地再派一支大军过去？也未免太小题大做了。”

阮鹗说：“我来和你说的正是这事，徐海余孽占据舟山岑港，一旦坐大，必定再登岸作乱，到那时再剿就难了。我打算率一支水师，直捣倭巢，彻底铲除这股倭寇。就算没有倪泰员的信，这场仗也是要打的。”

胡宗宪的脸色霎时就变了：“上兵伐谋，不可一味浪战，兵马未动，粮草先行，打仗就是烧钱。今年我们大大小小的仗打了不少，眼下离过年不远了，将士也该歇息歇息了。阮兄，你也该备点年货了。”

这下轮到阮鹗的脸色变了，身为堂堂浙直总督，向你汇报倭情，你倒扯起年货来了，这叫什么话？阮鹗压抑着内心的不悦，尽量用平和的语气说：“胡总督难道忘了圣上的旨意吗？圣上说，以后言抚者斩。不彻底铲除舟山中的徐海余孽，岂不是有抗旨之嫌？”

阮鹗重提旨意，也是无奈之举，目的就是希望胡宗宪同意用兵。没想到，一提旨意，胡宗宪就来了真气，他说：“阮巡抚，舟山匪事本督知道了，年后再说吧。”

这就是下逐客令了，阮鹗气呼呼地说了声告辞，大步出了总督府。唐顺之从后面撵了上来，劝道：“阮兄，你们的争论我都听见了，舟山中尚有徐海余党，这情况值得重视。我向来主张御倭于海上。不过，事不宜急，你看这天气越来越冷了，就年后说吧，胡公说的也不无道理，到时我陪你一道去舟山。”

唐顺之虽是胡宗宪幕僚，但做人做事与胡迥异。唐顺之为考察海防，曾驾船从江阴直驰大洋，一昼夜急行六七百里。他的随从在风浪中惊骇万状，或呕吐不止，他却谈笑自若，一时被奉为奇人。

阮鹗大喜，说：“唐兄，你这么说倒也还是句公道话。胡总督说年后再说，不过是推脱之词，我看他全无出兵的意思。”

唐顺之说：“不会的，暂时就这么说好了，年后我陪你跑一趟。”

阮鹗说：“唐兄，有你出马，我就放心了，我们必凯旋。”二人相视大笑。唐顺之这一番话，彻底消除了阮鹗心中的怒气，且他答应一道去舟山剿倭，阮鹗的心里踏实多了。

过了十来天，阮鹗又收到了倪泰员的急信。倪在信中告诉阮鹗一个惊人的消息，说官军上次在雁门岭俘获并关在宁波府监牢里的那二十名倭寇，在前几天的一个雨夜越狱逃跑了。倪泰员还大胆推测，说是宁波官方有人故意为之，因为以前也发生过类似事件，官方内部一直有人充当倭寇的保护伞。那二十名倭寇已逃到了舟山岑港倭巢。倭寇们正在密谋，准备趁年关登陆宁波，明显是要抢掠一批过节物资。

倪泰员信中披露的内容，让阮鹗的肺都快气炸了。他立即来到总督府，对胡宗宪说："宁波的形势很严重，倭寇在官府都有了内应，监狱成了菜园子，一旦舟山的倭寇坐大，定会成为心腹大患。"

胡宗宪说："你怎么老是凭一个酸秀才的书信来指责本督呢，我现在就叫人移文过去问一下，若有越狱事件，我同意你立即带兵过去，行吧？"

阮鹗见胡宗宪这么一说，只好表示同意。于是，胡宗宪安排徐渭立即移文宁波府，质问倭寇越狱事件是否属实。

三天后，胡宗宪亲自来到巡抚署。见到阮鹗，胡宗宪将宁波府的回函递给了他。阮鹗匆匆扫了一眼，宁波知府赵丰在回函中说，十余天前，宁波突降暴雨，监狱几间老狱房墙壁坍塌，雁门岭上俘获的那批倭寇从坍塌处逃了，此事纯属意外，绝无内援之事。

阮鹗说："这样的话你信么？"

胡宗宪说："你别瞪着我啊，真要信，我还会到你这里来吗？"

在官场盘桓多年，胡宗宪当然知道这样的"巧合"肯定事出有因，但他不便明说，只是说："这样吧，阮兄，你和俞大猷带一支水师过去，把徐海那股余孽驱离，赶走就好，免得夜长梦多。你看，旗牌我都带来了。"说着，朝门外叫了一声，旗牌官从门外将令旗令牌捧了进来。有了这象征皇命的旗牌才能调兵遣将。阮鹗接过旗牌，感受到了肩上沉甸甸的重量。

数天后，阮鹗与浙江海道副使王询，总兵俞大猷，参将卢镗、戚继光等，率三千水师开赴宁波。唐顺之果然如约参加舟山剿倭。

到宁波港后，俞大猷等领着士卒安营扎寨。阮鹗刚刚住下，倪泰员就闻讯找来了。和雁门岭时相比，倪泰员模样大变，他戴着顶护耳狗皮帽，上身穿着件由几块羊皮缝成的白茬羊皮袄，晒得黢黑，已没有半点书生的样子。

阮鹗端详半天，总算认出他是倪泰员，诧异道："你怎么成了这个样子？"

"天天在海上来去，替倭寇跑腿，就是想做个书生也做不成了。"倪泰员顿了顿，又说，在岛上，他偷听到那帮越狱的倭寇酒后吹嘘，在宁波府找到了得力的人，那晚下大雨之前，替他们换到了那间可能坍塌的监牢。其实，那晚就是不下雨，他们也能逃出去。倪泰员说：“得知大人率军来了，我特地赶了过来，告诉您这些，希望早点把那个通倭的家伙揪出来。”

阮鹗道：“我知道了，你暂且不要声张，有什么新的情况再来向我报告。”

阮鹗和王询、唐顺之来到宁波府，调查倭寇越狱事件。宁波知府赵丰、掌理刑名的推官王奋陪同二人，来到倒塌的监牢现场查看。他们来到一堆断壁残垣前，王奋说：“这就是十多天前那个雨夜坍塌的监牢，当时雨下得太大，等发现时，人已经跑了。还从来没发生过这样的事，卑职有失察之咎。”

阮鹗说：“那批倭寇运气不错，幸亏跑了，要不然不是被砸死了么？”王奋听得出阮鹗话里有话，讪讪地说：“那倒不至于，要是他们主动呼救的话，狱卒会及时赶来施救的，只是那帮该死的倭寇巴不得有此机会。”

听了王奋的回答，一旁的唐顺之忍俊不禁：“你们宁波府的监牢也太不经事了吧，下场雨都能冲塌，这不是老天救人么，看样子你们做了一桩善事。”

唐顺之的话逗得大家忍不住笑了。赵丰说：“卑职一定加固监牢，下次绝不会再发生类似事件。”

回住处的路上，阮鹗把倪泰员透露的情况告诉了唐顺之。唐顺之说：“我早看出来了，此事蹊跷，肯定有不可告人的秘密。你没有当场说破最好，那个推官王奋，应该是个不简单的人物，我估计知府赵丰都受他左右。”

阮鹗说：“不管他是强龙还是地头蛇，这次放走了倭寇，我无论如何不会轻易放过他，今天之所以没有说破，并不是给他留面子，而是要查清他的底细，到时算总账。”

唐顺之一笑说：“阮兄脾性，很对我的胃口，我唐某平生最怕人办事拖泥带水，说话阴半句阳半句，让人摸不着头脑。”

“你指谁？”阮鹗故意突然问道。阮鹗怀疑唐顺之说的是胡宗宪。两人心照不宣，相视而笑。

宁波自古就是我国通向海外的重要通道，是海上丝绸之路的主要港口之一。宋、元、明三代，都在宁波设立了海外贸易管理机构市舶司。明初，宁波是唯一专通日本的大港。这段时期的中日贸易，以日方携带贸易产品前来中国“朝贡”的形式进行。除了朝贡贸易，海上走私暗中一直很活跃。走私交易使舟山双屿港的繁华达到极盛，这里堆满了来自世界各地的货物。嘉靖二十七年，时任浙江巡抚朱纨强力实施海禁令，向盘踞在双屿的倭寇开战。在经过一番激战，并将他们驱离后，填塞港门，使双屿成了一座废港。此后，倭寇们重新选择了舟山中地势险要的岑港作为老巢。洪东冈和黄侃侥幸从沈庄逃出来后，与盘踞在岑港的倭寇合二为一，成为一股新倭。

王姓是宁波大族之一，一群暗地里长期做着走私生意的人自觉组成了一个帮派，名曰王帮。为首的人叫王和贤，是推官王奋的族叔。借助王奋的关系，加上他生性圆滑，舍得花钱，王和贤在黑白两道很吃得开。洪东冈和黄侃到岑港后，带着厚礼，专程到王和贤府上拜访，其实是拜他的码头。从此，王和贤就和岑港倭寇接上了线，成了这股倭寇在宁波的窝主，生意越做越大。他们并不想招惹官军，所以上次登岸劫掠，选择了慈溪雁门岭，可这次为了营救监牢中的二十名倭寇，动静弄得大了点。没想到，浙江巡抚阮鹗亲自率军前来，让他们感到了空前的压力，至少眼下生意是没法做了。

海边的风像刀子一样，在人的脸上来来回回地刮着，刮得人生疼。渔民都戴上了长耳皮帽，只露出眼睛和鼻孔。王和贤却戴着顶瓦楞帽，倒背着双手，面无表情，好像风并没有刮在他的脸上。此时，他望着远处的官军战船发了愁。那一根根直立的桅杆，像一根根尖利的针，扎在他的心上，让他疼痛不堪，无法安宁。

在阮鹗率领官军到来之前，王和贤与岑港倭寇刚刚谈妥一笔私货生意，王和贤有两船约两千匹丝绸要交给他们，他们也有千斤香料委托他销售。这可是笔大生意，两千匹丝绸卖出去，千斤香料运回来，这一去一来，少说也有五六千两银子的赚头。官军来了，封了海面，在这节骨眼上，王和贤也不想惹什么事。可利润太大，他不想放弃。再说，这是他第一次和洪东冈做这么大的生意，盗亦有道，不能失了信誉。可是私自出海，万一被逮住了怎么办？公事公办，就是抄家杀头的大罪。一想到这点，王和贤心里就感到害怕。以前宁波也来过官军，可那都是些吃喝玩乐的主。这个整天不开笑脸的阮鹗让王和贤吃不透，听说沈庄剿灭徐海，就是他亲自率军。他腰间悬着的那把沉甸甸的剑，虽从没见过他拔出来，却无时无刻不在散发着一股杀气。这股杀气远比海边上的寒风还让他头疼。海风不过伤肤，杀气却能追魂摄魄。

王和贤想来想去，这笔生意近日必须想个法子尽快了结，到手的银子不能说不赚。好不容易才谈下了这笔生意。此前，洪东冈说先要试试他的能力，出了道难题，让他将关在宁波监狱中的二十个兄弟救出来。结果，王和贤让监狱塌了，自然得到了洪东冈的信任。这事代价也是巨大的，招来了官军，连堂堂浙江巡抚都惊动了。付出如此代价才换来的一桩生意，难道能就此放弃？当然不能，他王和贤向来是一个自信的人。

雨在密密集集地下着，海滨的雨，借着风势，狂得没谱。王和贤喜欢雨天，特别是狂风暴雨，雨天办事远比晴天方便。雨天里，许多人把自己关在家里，即使出门，也很快会被大雨赶回家。下大雨的日子，王和贤感觉这世界就是属于自己的，可以为所欲为。

一个人裹着雨衣，在大雨中走进了王和贤的府上。进了屋，脱掉雨衣，来者正是王和贤的远房侄子、宁波府推官王奋。虽说是远房侄子，王和贤可从来没有把他当远房看，甚至比亲侄子还亲。几样小菜，一壶酒，王和贤给王奋斟了一杯，两人先是喝了几杯闷酒。

还是王和贤先开的口："侄，姓阮的那边有什么动静没有，难道情况不妙？"

王奋将酒杯在手上转着，说："就是没动静，不知道他们要干啥，每日里只是练兵，那个越狱的案子也不再查了。"

"别怕，也许住些日子就要走，还有个把月就要过年了。就算他姓阮的不过年，那些当兵的难道也跟着他不过年？"

"我瞅着也是，难不成他们还赖在宁波过年不成？洪东冈那边最近也很配合，一个个都赖在岛上，没有出海。"

"我手头上还有批货，要急于脱手。"

"就不能迟点？"

"做生意要赶季，这都腊月了，那些苏木胡椒等香料抢手着呢，这到手的银子难道不要？"

王奋不吱声了，他也是个贪心的人，可浙江巡抚带着官军在这禁着海，他就是有再大的胆子，也不敢硬来。他说："叔，可这生意怎么做，船过不去呢，都要盘查的。"

王和贤说："就算他们再厉害，也毕竟是官军，既然姓官，必然就有姓官的毛病。官军就是一头牛，看着架势大，挺吓人。可既然是牛，就有牛鼻子。只要找到牛鼻子，就能牵着它跑，叫它听话。"

王奋说："话是这么说，可咋叫它听话呢？这牛翻脸可就成了老虎。"

"不会的，咱们小心一点就行。"王和贤拿过一双筷子，就着桌上的酒杯比画起来。王奋安安静静地听着，半晌，打了一个酒嗝儿，说："倒是可以一试。"

一天，一股倭寇分乘十几条快船，在慈溪县邱家洋登陆。上岸后，海螺声大作，气势汹汹地向龙山守御千户所扑来。到了所城面前，继续鸣螺，排开蝴蝶阵。为首者，正是徐海余孽、目前盘踞在岑港的洪东冈。只见他手持一柄绸扇，唰的一声打开，倭寇齐刷刷地高举倭刀，叫嚣着，闪亮的倭刀在空中翻转，发出刺眼的亮光。洪东冈扇子一收，倭刀唰的一声挟裹着寒风当头劈下。那一瞬间，全场鸦雀无声。龙山所城里的明军士兵被倭寇们的气势吓倒了，人人屏声敛息，大气也不敢出。千户尹秉衡派出的求救骑兵一拨又一拨地奔向阮鹗大营。

不过，奇怪的是，倭寇们虽然声势做得很大，不断地变换着阵法，可是并未前来攻城。城头上的尹秉衡奇怪地打量着倭寇们的一举一动，不知道他们唱的是哪出戏。

收到龙山所城的求援，阮鹗不敢怠慢，当即和俞大猷兵分两路，俞率水师，他率步卒，向龙山所方向火速赶来。

等阮鹗赶到龙山所城时，俞大猷已在所城前等着他了。俞大猷的水师比阮鹗的步卒早到了一个时辰。天太冷，士兵们捡来枯枝，在空场上烧了好几个大火堆，正在悠闲地烤火。阮鹗见状问道："倭寇呢？"

俞大猷说："倭寇见我的水师来了，吓得上了小船，跑了。"

也就是说，水师和倭寇并未交战。龙山所城千户尹秉衡也在场，他说着倭寇们的反常举动，未攻城，未夺岭，也未抢劫，只是一个劲地演练着阵法。演了一遍又一遍，直到见到官军从海上来了，这才上了小船，溜之大吉。

阮鹗说："那你还不赶紧率水师前去追击，怎么能让倭寇轻易逃了呢？"

俞大猷说："他们小船跑得快，我们赶不上。"

"那你们也换小船，一定要将那股倭寇追上，不杀杀他们的威风怎么行，我们这不是被他们牵着鼻子跑吗？"

俞大猷带着水师换了一批小船，沿倭寇逃走的方向追去了。唐顺之对阮鹗说："阮兄，你不觉得今天倭寇们的举动有些蹊跷吗？"

一句话倒是提醒了阮鹗，对啊，倭寇们向来是无利不起早，哪有登陆后不抢劫的道理呢？阮鹗说："我也觉得有点不对劲，可这不对劲之处究竟在哪，一时还没有想出来。"

唐顺之淡然一笑说："调虎离山。"

阮鹗恍然大悟，除了调虎离山，还有什么理由能解释倭寇们今天的反常举动呢？阮鹗问道："他们调开官军，难道是要攻击另一个地方吗？到目前为止并未接到报告。倭寇的意图何在？"

唐顺之说："阮兄，不要着急，等咱们回到宁波，慢慢查访就是，到时就会知道了。"于是，阮鹗叮嘱了尹秉衡一番，命他好生看守所城和雁门岭，然后率师迅速回到了宁波府。

再说王和贤，官军离开宁波港之后，他率着王帮渔船就出了海。在岑港附近，和洪东冈顺利办完了交接。返程的时候，他还看见了倭寇的快船带着官军的船只在海面上兜着圈子，官船比快船大得多，怎么也撵不上。倭寇们在快船上手舞足蹈地逗弄着官军，丑态百出。官军们气得将火铳放得通通响，可连倭寇的皮毛也没有伤着。

天黑时分，俞大猷气呼呼地来到宁波府衙，阮鹗的临时巡抚行辕就设在这里。阮鹗一见俞大猷的样子，就知道倭寇没撵上，安慰他说："没撵上就没撵上吧，跑了和尚跑不了庙，他们跑不了。"

俞大猷说："离开邱家洋后，我们就在海上发现了倭船，一路辛辛苦苦跟在他们后面追着，在追到沈家门水寨附近，眼看着快撵上了，倭寇的船只却突然不见了。问水寨的把总方胜，方胜竟然说，倭寇在哪，根本没看见，还说我们虚张声势，是想军功想疯了。哪有这样当兵的，你说气人不气人？"

阮鹗说："别和他们一般计较，要是他们有能耐，还用得着我们大老远地从杭州赶来么，说得不客气点，就是一群酒囊饭袋。你俞大猷被人牵了一天鼻子，也用不着发怨气，我、唐顺之，还有几千步卒，不都被人牵了一天的鼻子吗？"

俞大猷没听懂，不知道阮鹗说的牵鼻子是什么意思，瞅着唐顺之，希望他能解释下。唐顺之笑而不语，却转换了话题，问道："俞总兵，你是说，你们在追到官军水寨附近时，倭寇突然就不见了？"

"是的，由于天色渐暗，一时也无法继续找寻，只好收兵。"俞大猷说。

唐顺之点了点头说："我知道倭船躲到什么地方去了。"

阮鹗和俞大猷都直愣愣地看着他，唐顺之说："倭船躲进了官军水寨。"

阮鹗说："唐兄，不至于吧，官军虽然战斗力差点，倒也不致和倭寇混到一块去了。"

俞大猷说："我也不信。"

唐顺之说："也难怪你们不信，我也不想相信啊，宁波这地方就是这样子，试想，既然官府都能配合放了囚禁的倭寇，官军怎么就不能让倭寇暂时到军营里避一避呢？不是我非要把自己人想得那么坏，而是事实就摆在眼前，容不得我们不信。”

阮鹗虽不想接受这个现实，但他心里还是承认唐顺之的推测是有道理的。空荡荡的海上，倭寇的船只怎会凭空消失，唯一的可能就是进了官军水寨。

这样看来，宁波的形势，比他料想的还要严峻得多。

第十四章

夜袭舟山

阮鹗突然宣布，从宁波撤军。撤军的理由很简单，年关临近，官兵思乡心切，要回家过春节。

撤军仪式声势做得很足。在码头上举行了欢送酒会，一排排的酒坛子，摆了好几里地。官兵们每人在喝过一碗酒后，才开始登船。阮鹗破例地喝了碗黄酒，面红耳赤，他对知府赵丰告别说：“赵知府，本官要回杭过年，这边的事情就交给你们了，后会有期。”

赵丰点头哈腰地说：“阮巡抚放心，卑职一定尽心尽力，没有事便罢，即使有，卑职也一定设法给它摆平了，你们就安心地过年吧。”

只见一艘艘军船彩旗招展，满载着官兵，从宁波港出发，在海面上转了一圈，然后才向王盘洋方向驰去。

码头上，推官王奋伸了个懒腰，如释重负地说：“终于把这帮大爷们送走了，我们该轻松轻松了。”

赵丰有些纳闷地说：“这个阮巡抚，怎么说走就走呢，也不提前说声，马上要过年了，连点山货也没来得及给他备下。”

王奋说：“管他呢，他们要走，又不是咱赶他们。走，先去喝几杯再说。”

赵丰说：“那个越狱的案子，还没结案呢，阮鹗也没有表态，难道就这么算了？”

“不算了还能咋地，我的赵大人，你怎么变得这样婆婆妈妈。阮鹗走了，这是天大的好事，难道咱还不赶紧乐乐？”王奋不耐烦地说。

赵丰咂巴着嘴说：“我估摸着这事，总觉得哪里有点不对劲。”

王奋大步流星地走了，说：“我上酒馆去了，你慢慢琢磨去吧，我没许多闲工夫扯棉花。”

赵丰急了：“哎，话是这么说嘛，你别急着走啊，带本官一道。”

海里的官船上，阮鹗站在船头，望着宽阔无垠的海面出神。后舱中，唐顺之和俞大猷、戚继光几个将领在低声说着闲话。

戚继光说："咱们就这样回去了么，一仗未打，这不是白白跑了一趟么？"

唐顺之笑着说："谁说回去了，想得美。"

俞大猷也说："唐郎中，这不明明就是回去了么，我也纳闷儿呢，阮巡抚又不说。"

唐顺之笑而不答。俞大猷和戚继光催促着，笑了半天，唐顺之才说："阮巡抚的心思，我也猜不透，他也没有告诉我。不过，我估摸着，我们这肯定不是回家。"

俞、戚说："那我们这是去哪儿？"

唐顺之说："倭寇，还有他们在宁波的靠山，以及那些为倭寇服务的窝主们，他们能牵我们的鼻子走，我们为什么就不能牵着他们的鼻子走一回呢？我猜测，阮军门这是以其人之道还治其人之身。各位将军莫急，阮巡抚到底是何意图，很快就会见分晓的。"

到了邱家洋，阮鹗下令，旗帜不撤，除少量老弱官兵继续留在船上外，其他人就地登岸，官船继续驶入王盘洋某处海港隐蔽待命。

唐顺之对俞大猷和戚继光说："怎么样，我说不是回家吧？"俞大猷说："唐郎中料事如神，俞某佩服。"

戚继光说："这是回到老地方了，看样子我们要进龙山千户所。"

唐顺之说："在宁波，我们的一举一动都在那些人的眼里，他们在暗处，我们在明处，因此总是吃亏。阮巡抚将我等也瞒得紧紧的，就是怕泄露消息，此举也是不得已为之。我猜是引蛇出洞。"

戚继光说："这么说，很快就会有仗可打了，我正好可以练练手，打个胜仗好回家过年。"

唐顺之说："倭寇狡猾，他们躲在岑港，神龙见首不见尾，就怕他们不出来呢。"

俞大猷说："不要紧，仗有的打，阮巡抚总会有办法的。"

阮鹗下令登岸的士卒全部进入龙山所城。进城后，关闭四门，所有人无事不许出城，严密封锁消息。然后，他才召集将领们商议下一步行动。阮鹗说："做出突然撤军的决定，是我个人的主意，之所以一个人都没有告诉，就是怕泄露消息。我在宁波一天也待不下去了，有一种害怕的感觉，我分不清谁是我们的人，谁又是倭寇的人。这仗还怎么打下去？因此才不得不出此下策，还望各位理解。我们这一撤，就和他们换了个位置，变成了他们在明处，我们在暗处。”

唐顺之笑着说：“我们在船上就猜出大人的意图了。”

俞大猷说：“不是我们，而是唐郎中猜到了，我和戚继光只是感到纳闷而已。现在阮巡抚这么一说，我们什么都明白了。”

阮鹗说：“我已安排徐勇罗绮夫妇、严氏五子带着一批士兵，化装成百姓，日夜关注着宁波港那边的动静。我想，这海面上应该很快就会有热闹可看了。”

北风呼呼，天阴沉沉的，随时要下雪。这海边的风，从无比空旷的海面上一路吹过来，毫无阻拦，像一支支利箭，突然射在伏龙山上，恨不得将山射个对穿。山就这样一天天地承受着无数的箭矢。面对着海风的方向，草木也被拔得光光的，裸露着苍黑的巉岩。阮鹗静静地坐在室内，室内烧着一盆炭火，温暖如春，可他感觉那箭风似乎穿透了墙壁，一下接一下地射在他的心上。

一转眼，四五天过去了，每一天的等待都是煎熬，徐勇那边一点消息也没有。这一场大雪要是砸下来，没有个三五日，甚至十天半月，是难以消停的。天寒地冻，大雪纷飞，不要说打仗，到时军粮运输都是问题。这叫他怎么能不着急呢？

正在阮鹗苦恼时，阮良进来报告说：“罗绮来了！”阮鹗大喜，罗绮早不来晚不来，偏偏在他最着急的时候来了，肯定带来了好消息。阮鹗说：“快叫她进来！”

罗绮进来了，解开了外面红色的大氅。阮良接过衣服，说：“快到火盆边来烤烤火。”罗绮的脸冻得红扑扑的，头发被风吹得僵硬如铁丝，她说：“冷死我了，这鬼天气，差点连人带马都让风刮跑了。”

阮鹗问道：“怎么样，王和贤那边有消息吗？”

罗绮说：“阮巡抚，我这大老远地跑来，就不能让我先烤会儿火？”

“你这丫头，就知道逗我玩，我们三千人都在等着呢，你知道我有多着急。”

“好吧，就不和您卖关子了。这几天码头上都静悄悄的，下午，突然悄悄开来了五六条双桅大船，二三百人同时向船上装货。徐勇让我报告您，他估计明天一早这几条船就要出港，可能要到岑港去送私货。”

阮鹗说：“这真是怪事，看来他们专拣恶劣的天气出港。”

罗绮说：“他们是大船，抗风浪；再说，天气越恶劣，反而越安全，他们拿稳了官船不敢出海。”

阮鹗叫阮良带罗绮去厨下吃点东西，罗绮说不必了，还急着赶回去呢，徐勇还在等着消息。阮鹗拿来了一壶酒，递给罗绮说：“好吧，这个带在路上喝吧。”罗绮也不客气，接过酒，揣在了怀里，出门骑上马，风一般地去了。

罗绮走后，阮鹗立即叫来了浙江海道副使王询和参将戚继光，命他二人点五百精兵，明晨天亮后到达岑港附近海面，务必将走私船只截获。

黄昏时分，天纷纷扬扬地下起了大雪。阮鹗带着王询和戚继光在海边察看船只情况，明天的行动是高度保密的，只有极少数几个人知道。这龙山所城里，倭寇或宁波窝主们说不定安插了多少眼线呢，不能不防。野外渐渐白了，望着纷飞的雪花，阮鹗对王询和戚继光说：“这场雪，给你们明天的行动增添了不少困难。”

王询说：“困难没啥，大雪好隐蔽，海面上也看不见，嘿，到时候我们从天而降，将他们逮个正着。”

戚继光也说：“这点困难都不能克服还能当兵吗？阮巡抚，您就放心吧，安心等着我们的好消息。”

次日，天刚刚亮，其他人都还在睡梦中，王询和戚继光就带着五百士卒悄悄地出了龙山所城，来到了海边。阮鹗亲自给他们送行。昨晚的雪下得很大，现在已经停了，到处一片雪白。船上覆盖了厚厚一层积雪，成了最好的伪装。阮鹗对王、戚二人说：“截住了走私船只，带到宁波港，不要放走了船上的人，截私不是目的，我要把幕后的王和贤揪出来，整个王帮就散了，切断倭寇在宁波的根蔓。”

王、戚二人说：“阮巡抚，卑职明白！”

王询和戚继光率领着由二十几条快船组成的船队出发了。到了金塘岛东南的横水洋，此处洋面广阔，是通往岑港的必经之路。王询命船队寻一僻静的海岛处隐蔽，同时派出哨船，到前方海面上探看。

没多久，哨船来报，说有几条双桅大船正向岑港方向驰来。王询和戚继光大喜，目标终于出现，看来不虚此行。

此时，王和贤正坐船舱里。舱里烧着两个火炉，温暖如春。案上一个雕着卧虎的精致小铜炉里，正燃着肉豆蔻，发出酽酽的香味。肉豆蔻性温，温肾暖胃，还能祛寒。王和贤对嘉靖迷恋龙涎香表示不解，认为他不懂香料。香料不养生，仅仅闻着舒服，在他看来，那怎么能叫闻香呢？王和贤闭目养神，身体里暖意融融，隐隐地有种年轻的冲动，这就是肉豆蔻带来的效果。本来，一般的交易，王和贤是不跟船的。可这次下了大雪，海中的雪景难得一见。况且这阵子他的心情实在太好了，阮鹗带着官军离开了宁波，他也重操旧业。老天也配合他，突然就降了一场瑞雪。他是一个讲究生活情趣的人，怎么能错过这样的机会呢？先养足精神，等会到船头上去赏雪。

王和贤披了件黑貂皮大衣，戴上瓦楞帽，倒背着双手，总管王春山打开了舱门。王和贤刚一伸头，一阵北风吹来，像是被谁突然打了一巴掌。他打了一个寒噤，赶紧退了一步。王春山说：“爷，不上去了吧？”王和贤咳嗽了一声，恢复了常态，慢慢踱出了船舱。王春山一步不离地跟在身后。

王和贤有种不祥的预感，刚才那阵妖风来得太突然了，但愿不要出什么事。他的船上，还带了几十支火铳，真有什么不测，倒也能应付一阵。

海中的雪景太美了，那些海岛变成了一座座雪山，千姿百态，憨态可掬。幸亏跟船来了，不然，到哪里能看到这么美的雪景？这时，王和贤好像看到远处有一艘小船。他心里一个咯噔，在海上，这样的天气，一般不会突然出现一只孤零零的小船，渔船都是成队的。类似这样的一只孤船，很可能是只哨船。如果是哨船，会是谁的呢？官军还是倭寇？应该是倭寇的，这种大雪天，哪里会出现官军呢？那些当兵的，王和贤太了解了，他们肯定还躺在床上睡大觉呢。对，应该是岑港倭寇派来迎接的船只。王和贤进一步确认了自己的想法。

可是，那艘小船却奇迹般地从海面上消失了。正在王和贤纳闷儿的时候，远处忽然出现了一列船只。难道是倭寇出海迎接？不对，迎接也用不着派这么多船啊。会不会是海盗？他倒真希望是海盗。有没有可能是官军的船只？真要是，今天就要栽了。真是看海景看出鬼来了。王和贤心绪大乱，让王春山通知全体火铳手，做好准备。

真要是海盗，王和贤倒一点不怕，他的火铳手不是吃素的。怕就怕官军，他们要是在这般寒冷的日子里突然出现，显然是针对自己的，是有备而来。那他王和贤的麻烦可就大了。他后悔不该跟船来，在这海面上，逃无可逃，完全是人为刀俎，我为鱼肉。可现在就是后悔也迟了，管他来的是谁，只要来者不善，就斗胆和他们干一场。王和贤血液里的那阵冲动又上来了，像海里泛起了潮汐，肉豆蔻真是个好东西。

对面的船渐渐近了，船头大旗上的字也能看得清楚了，“王”和“戚”。果然是官军的船，王和贤的脸绿了。王春山紧张地说：“老爷，是官军的船，咋办，快逃吧？”

“逃？我们是大船，又是满载，能跑得过他们？”王和贤怒道。“那……那怎么办?”王春山的声音都哆嗦了。

“不怕，先看看情况再说，看看他们是什么意图。”

官船越来越近，王询站在船头上，大喊道:“我是浙江海道副使王询，现奉命缉私，请你们停船检查!”

王春山说:“老爷，你还说看看情况，现在情况很清楚了，你快下命令吧!”

王和贤躲进了船舱，低声喝道:“开火，送他们上西天!”

王和贤话音刚落，火铳声大作，爆竹一般噼里啪啦地响了起来。官船上的士卒们显然没料到他们竟敢开火，一时间大乱，多人中枪，惨叫声不绝于耳。

戚继光赶紧指挥还击，可走私船是双桅大船，王帮的人居高临下，根本打不着他们。戚继光命令后撤，撤到火铳的射程之外。

王和贤突然发现，老天不知什么时候刮起了南风。这真叫天遂人意，他命升起满帆，加速逃跑。

王询和戚继光当然不会任凭王和贤就这么跑了，紧追不舍。私船虽借风势，速度很快，但毕竟是满载，要想甩掉官船，也非易事。官船撵着私船一路南下，保持着不远不近的距离。

这该怎么办呢，总不能把官船就这样带到自己的海港里去吧?到时还是死路一条。王和贤想到了沈家门水寨，把总方胜是自己人，得赶紧到他那里去避一避。王和贤庆幸自己这趟还是跟船来了，不然，遇到官军，手下不知应变，这趟生意肯定就栽了。

把总方胜正在酒馆里喝酒，听说王和贤的私船来了，他激动得身子一震，放下酒杯，一把抓起腰刀说:“兄弟们，快，生意来了!”王和贤向来出手大方，是方胜讨好的对象，当兵的俸禄很低，平时全靠收些黑钱养家糊口。

方胜到水寨门口的时候，见王和贤站在船头上，不停地向他比画着，意思是叫他开门。方胜本想和他叙叙旧，动作就慢了一些。没想到，大船上的人以为他为难他们，忽然凭空放下一只米箩，里面全是光灿灿的银锭。方胜的眼都花了，笑着对王和贤说:“王老爷，您这么客气干什么?”

王和贤在船头上急得乱跳，嘴里不断地嚷嚷着。风太大，方胜听不清他在说些什么，但明白老头儿的意思。方胜下令打开寨门，几艘大船鱼贯而入。待大船全部顺利进入水寨，方胜下令关闭寨门。方胜对手下说:“不管什么船来了，无论谁来了，没有我的命令，都不要开门!”然后，扬长而去，到酒馆继续喝酒去了。

王询和戚继光率领的船队被拦阻在水寨的门口，水寨大门紧闭，看门的水兵说找把总报告去了，可半天就是不见人来。王询气得大骂："这些混账的兵，他奶奶的熊蛋，一个个都酒囊饭袋，指望这些兵，大明朝迟早要完！"多难听的话都骂出来了。戚继光再也受不了了，长枪一挑，啪地刺在寨门上；再一扬，寨门轰的一声飞了。官船上的士兵齐声喝起彩来。戚继光一把揪住一个看门士卒说："快带我去见你们的把总方胜，不然我现在就宰了你！"

"戚将军饶命，我带你去！"那个士卒赶紧带路。戚继光对王询说："王副使，你带人去追王和贤，我去会会方胜就来！"

来到方胜喝酒的那家酒馆，带路的士兵指了指坐在中间的那个人。戚继光虽不认得方胜，但听俞大猷说过他把守的沈家门水寨曾窝藏过倭寇。戚继光走到方胜面前，一把揪住他的前胸，方胜瞪着血红的醉眼，问道："大胆，你是什么人？"

"在下宁绍台参将戚继光！王和贤的私船躲进了你的水寨，你为什么不许打开寨门？"

"戚将军，这，这绝对是没有的事，卑职怎敢窝藏走私船只？"方胜来了个死不承认，心想你还能咋办。

"这是本将军亲眼所见，我的官船就紧跟在私船后面，难道还会有假？"

"沈家门水寨由末将亲自把守，苍蝇都飞不进一只，也不会有假！"

戚继光说："你明明在这酒馆喝酒，何以谈得上是亲自把守？"

方胜说："这么冷的大雪天，卑职和兄弟们喝壶酒暖暖身子，难道也错了不成？"

这时，副使王询带着人回来了，对戚继光说："戚将军，你和那个酒鬼理论什么，我们走吧，王和贤的船逃远了，追不上了，今天算是撞鬼了，白出来一趟。"方胜故意对王询说："王副使，带着兄弟们进来吧，喝一杯暖暖身子！"

王询拉了一把满脸怒色的戚继光说："走吧，和这种烂兵生气不值得。"方胜一听，脸上挂不住了："王副使，你这么说卑职可就有些看法了，你怎么骂我们是烂兵，那你们算什么？依卑职看，就算没烂，也好不了多少！"

戚继光再也忍不住了，啪啪打了方胜几个耳光。这几个耳光打得很重，方胜捂着脸大叫道："姓戚的，你才多大年纪，竟敢打老子，兄弟们，上！"双方推推搡搡起来，要不是王询拉着戚继光走得快，差点儿就要打起来。

再说王和贤，他带着船队从沈家门水寨转了一圈，成功地甩掉了尾巴。然后一路西行，向宁波港方向驰来。在进入港口时，从东部王盘洋方向，突然冲出一列官船。首船的船头上站立一人，手持长枪，鲜盔亮甲，长髯飘飘。身后一旗，上写一个大字“俞”。王和贤不看便罢，一看则魂飞魄散，全身如坠深渊。这不是浙江副总兵俞大猷么？怎么在这地方碰到这尊瘟神？

俞大猷的船已到了眼前，他朝王和贤啪地一抱拳，客客气气地说：“王老爷子，跟我们走一趟吧！”

原来，王询和戚继光率队出发后，阮鹗左思右想，还是不放心，他又安排俞大猷率五百官军，迅速赶到金塘港附近，接应王、戚，以防不测。王询和戚继光的船队撵着王和贤的走私货船一路南下，俞大猷在远处看得一清二楚。当时，他按兵不动，静观其变。果然，没多久，王和贤的私船就从沈家门水寨的另一端出来了，而官军的船队却不见了。当时，俞大猷就推测，官军肯定被拦在了寨门外。

见到俞大猷，王和贤就像中了魔一般，一动也不敢动。俞大猷带着官军登上了私船，向邱家洋方向驰去。

王和贤被带进了龙山所城，至此，他才知道，浙江巡抚阮鹗就住在这座所城里，并没有返回杭州。如何处置王和贤，阮鹗很是费了一番脑筋，经请示朝廷，决定将王和贤以走私和通倭罪斩首，将宁波府推官王奋和沈家门水寨把总方胜撤职，收押听审。

王询带着官军来到宁波，捉拿王奋和方胜归案。他先是直扑住在宁波南城王奋的家。王家大门紧闭，问隔壁邻居，说王和贤出事的第二天就搬家走了。王询又来到沈家门水寨捉拿方胜。当兵的说已有两三天没看见他的身影了。撬开他的营房，哪里还有人影，只见墙壁上用利刃画了一行大字：此处不留爷，自有留爷处。

王询安排人四处打听王奋和方胜的下落。很快就有了消息，有人说亲眼看见他俩同乘一只小船，到岑港避难去了。

得知王奋和方胜进了岑港，阮鹗大吃一惊。说是避难，这不是去当倭寇了么？好在岑港倭巢本在清剿之例，到那时，看他俩倒往哪里躲。

生员倪泰员又来了，他告诉阮鹗说，王奋和方胜确是到了岑港，当上了倭寇的顾问。他俩到岑港后，对岛上防护设施重新进行了布置。在滩涂新建了栅栏，堵塞了多个路口，进出只留一条小径，最窄处只能容一人通过，大队人马根本无法施展，可谓一夫当关、万夫莫开。经他和杨挺留心观察，岛上的倭寇有八九百人。

一天，阮鹗叫来了戚继光，命他带一千水师攻打岑港，而且特意嘱咐，只许败不许胜。戚继光说：“大人，你放心吧，你只给我一千兵，我就是想胜也胜不了。”

戚继光率领官军，悄悄靠近岑港，然后突然冲上海岛。刚上岛，只听螺号声大作，此起彼伏，倭寇持刀从山洞里纷纷冲了出来。早在战前，戚继光就安排了多名士卒，留意倭寇从何处山洞现身，并做好记号。这也是阮鹗的要求。戚继光估计了下倭寇数字，和倪泰员说的不差，有八九百人。等倭寇冲到跟前，戚继光才下令开火。官军胡乱放了一阵火铳，然后丢下旗帜和部分兵器，匆忙上船，装作落荒而逃。

过了十余天，阮鹗又叫来俞大猷，也命他带一千水师攻去打岑港，并告诉他同上次戚继光一样，只许败，不许胜。俞大猷如法炮制，又装模作样地攻打了一次岑港。

两次攻岛战役结束后，离除夕也就三天时间了，阮鹗下令班师。三千水师大张旗鼓地出了龙山所城，从邱家洋上船，向王盘洋驰去。

关于这两次败仗，明眼人都能看出来，不过是试探岑港上倭寇的实力。现在阮鹗下令班师，差不多所有的人都认为这是回家过年。至于岑港的倭寇，只能待节后再说了。毕竟有一个多月没有归家了，将士们都很兴奋。俞大猷和戚继光兴致勃勃地说着过年的事。唐顺之说：“依我看，我们这并不是回家过年。”

俞大猷说：“唐郎中，上次我们自宁波港班师，侥幸让你说中了，毕竟那次一仗未打。如果这次不是回家过年，你说，阮军门要带我们去哪里？”

戚继光也说：“郎中大人，你就别扫大家的兴了，这明明走的就是回杭州的水道嘛，难道你又得到了什么消息？”

唐顺之正色说：“没有消息，唐某不过是猜测而已。”俞、戚一再追问，他只是说，“别急，我想大家很快就会知道了。”

还真被唐顺之说着了。晚间，官军到了王盘洋某处海港，阮鹗命所有将士就地潜伏休息。次日晨，卢镗从杭州押送着一批运送物资的船队抵达了。此前，俞大猷只听说阮鹗命卢镗回杭州了，没想到是安排他回去采购物资。再看卢镗运来的东西，除了猪牛羊肉和一坛坛美酒外，还有一船硫黄和火药。岑港倭寇盘踞在多个洞穴里，如果硬攻，官军势必要吃大亏，有了这些家伙，就能来个一锅端。阮鹗传下令来，大家吃好喝好，准备除夕夜登陆岑港，一举扫除倭巢。

除夕这天，吃过午饭，阮鹗下令向舟山岑港进发。阮鹗算好了路上的时间，抵达岑港时，正好是半夜。出发的时候，天助官军，又下起了雪来，海面上一片迷蒙，官军的船队神不知鬼不觉地出了海。

抵达岑港时，正是午夜，三千水师悄悄下了船，沿着狭窄的小径往山里走着。由于是寒冷的夜间，有倭寇的地方，都燃着大大小小的火堆。这样一来，倭寇全在明处，官军反而在暗处。入口处有一座小山洞，设有岗哨。阮鹗示意戚继光带人上前。戚继光和手下披上了早已备下的白被单，悄悄向岗哨处潜行。披着白被单，身体与雪混为一体，加上又是夜间，即使摸到岗哨身边也不易被察觉。

戚继光看了看，两个倭寇哨探正坐在火堆旁旁若无人地吃喝，旁边的地上，还睡了两个。戚继光琢磨着，这四个倭寇一时还真不好处理。要是进去杀了那两个醒着的吧，势必惊醒了睡着的两个。怎么办？戚继光一想，很快有了主意。

他摸了块石头，扔到了洞口边上，两个正在吃喝的倭寇一愣，其中一个骂骂咧咧地到洞口边来看看动静。到了洞口，戚继光将他死劲一推，那个倭寇一声惨叫，摔下了山崖。另一个倭寇以为同伴摔倒了，战战兢兢地又来到洞口，又被戚继光一把推下了山崖。两个同伴已死，另两个倭寇仍睡得像死猪一般，几个兵丁一拥而上，又将睡着的两个倭寇杀了。

解决了哨探，官军开始沿着小径向山里摸去。由于路很窄，加上下了雪，行进很是迟缓，有几个士兵还失足摔下了山崖，幸好大队官军顺利地抵达了倭巢腹地。

倭寇都住在山洞里，夜间，他们睡觉的地方，都燃有火堆。这样一来，他们的住处全暴露在官军的视野里。阮鹗数了数，一共有八处火堆。围着火堆，横七竖八地睡着许多倭寇。由于是除夕，天又下雪，他们压根儿没想到官军会在这时候前来偷袭，根本没做任何防备。除夕夜自然少不得一番大吃大喝，此时，他们一个个睡得正香。阮鹗先行派出八支小队，直赴八处山洞。

士卒们挟着事先备好的火药包，悄悄摸进了山洞，也不用点火，直接朝燃烧着的火堆扔去。一声声巨响从山洞里传来，倭寇们还在睡梦中就被当场炸死了，更多的人被炸醒了，可山洞里浓烟弥漫，根本分不清方向，也不明白发生了什么事，一个个鬼哭狼嚎、大喊大叫。有的幸运地刚冲到洞口，被早就守卫在那里的官军杀了。

突然，有倭寇吹响了海螺。这是在通知同伙官军来了，赶紧准备战斗。至此，倭寇们才明白发生了什么事。可现在反应过来已太迟了，他们已失了先机，加上分处各洞，等于已被分隔包围，一时难以组织有效的反击。

洪东冈和黄侃睡在最大的一座山洞里。洪东冈正在做梦，他梦见自己成了老家漳州最富的地主，妻妾成群，正在欢度春节。他被炸醒的时候，第一感觉就是官军来了。这些长年在刀头上舔血的人，对突然来临的危险有着高度的敏感性。山洞里烟雾弥漫，醒来的倭寇一个个咳个不停。当务之急是要冲出山洞，再待在这里只有死路一条。这时，黄侃也醒了。洪东冈知道，此时，洞口外肯定挤满了要杀他们的官军。他对黄侃指了指酒坛子，又指了指洞口，黄侃马上就明白了。

黄侃带着几个同伙，每人夹着个酒坛子，在烟雾中一步步地贴近了洞口。突然，他举起酒坛，朝洞口砸去。他的同伙也仿效他，七八只酒坛子朝洞口飞去。酒坛被砸得粉碎，酒流了一地。黄侃朝地上扔了一只火把，火呼地烧了起来，整个洞口都被大火笼罩。洪东冈抱着脑袋，一头冲进大火。洞口边的官军被这突如其来的变故吓了一跳，纷纷后退。又见洞内冲出一个浑身是火的人，不敢上前迎战。趁着这阵慌乱，又有多名倭寇陆续从洞内冲了出来。到了洞外，洪东冈立即吹响了海螺。

洞内烟雾弥漫，就算没被炸死也会被呛死，洞外虽然有官军，但毕竟余地大，反而安全得多。洪东冈和黄侃等人冲到洞外后，一瞅眼前的形势，就知道再无回天之力，开始四散奔逃。

再说徐勇，自在邱家洋和洪东冈一战，被洪潜水逃脱后，心里一直就憋着一股气，这次一定要活捉洪东冈。自战斗开始，他就一直在寻找着洪东冈。眼见从洞口火光中冲出一个高大的身影，徐勇一眼就认出来，他就是洪东冈。倭寇大多身材粗矮，洪东冈却身材高大。虽然个子高，却一点不影响他身手敏捷，攀岩上树跳跃，就算严家老五严小鹏都不一定能赶得上。洪东冈一次次摆脱危险，能活到今天，绝不是偶然。

眼见洪东冈几个长蹿，就从官军的包围圈中冲了出来。徐勇急了，他手持长矛迅速跟了上去，罗绮担心丈夫会吃亏，紧跟在他身后。洪东冈地形熟，蹿了几个山岭后，徐勇就跟不上了。徐勇急得汗都下来了，他压根儿没想到洪东冈跳跃的功夫如此了得，看来他平时跟那些真倭们学了不少本事。在一个拐弯处，洪东冈又不见了。徐勇吃力地瞪着眼睛，在雪地里找着。此时，他压根没想到，洪东冈已到了他的身后，手中的倭刀正向他刺来。

在这节骨眼上，正好罗绮赶到了，她吓得一身尖叫。洪东冈一侧身，罗绮手中的火铳响了，一团火光朝洪东冈的面门扑去。洪东冈一声尖叫，手捂着脸，一个长蹿，又不见了身影。徐勇还要去追，罗绮一把抱住了他说："夫君，不能追了，这里太危险了，他中了火铳，估计没多大活头了。"徐勇想想有理，这才放弃了追赶。

再说前不久上岛的宁波府推官王奋和沈家门水寨把总方胜，他们平时养尊处优，哪里睡得了山洞。好在岑港内尚有不少库房，都是倭寇们建的，平时用来存放走私的货物。王奋和方胜各拣了一间库房，由倭寇平时抢来的几位妇女服侍着，这才没享几天清福呢，就在睡梦中被官军活捉了。

官军大胜，清理战场，共杀死倭寇七百余名，余下的逃了，洪东冈和黄侃侥幸再次逃脱。阮鹗下令放火烧了水寨，捣毁并封闭了倭寇们藏身的山洞，盘踞于舟山岑港的徐海余孽终于被清剿殆尽。

捷报到了朝廷，被列为首功的是浙直总督胡宗宪和督军赵文华，两人不仅各擢升一级，还各荫一子；阮鹗也被擢升一级，任右副都御史，并赏赐金币五枚。王询、唐顺之等官员和俞大猷、卢镗和戚继光等将领均分别获得相应奖赏。

阮鹗重奖了生员倪泰员和村民杨挺。班师离开的时候，倪泰员说什么也不愿离开阮鹗，一心要拜他为师。唐顺之也在一边劝阮鹗收下，阮鹗拗不过，只得答应了。

第十五章

出任闽抚

嘉靖三十六年正月，官军刚获新胜，整个杭州城沉浸在一片喜庆的气氛之中。清河坊老街，一大早就市声如浪，人头攒动。胡宗宪和赵文华身着便装，穿行在人群里。赵文华想尝尝江南小吃，胡宗宪便陪着他来到了位于吴山脚下的清河坊。两人身着长衫，倒背着双手，在石板路上踱着方步，只是不时有急驰而过的马车，几次将他俩吓了一跳，街道太过狭窄，但杭州的车夫都很有经验，分寸把握得极好。眼看着快撞上路人了，但往往有惊无险，马车常挨着路人的衣衫飞驰而过，吓客人一身冷汗。

两人拣了家雅致的茶楼，点了几样小吃，一壶上等的西湖龙井。本来，依胡宗宪的意思，要挑间雅室，可赵文华说还是大堂好，可以听听茶客的言谈，顺带着了解民情。胡宗宪觉得这主意不错，就同意了。

两人刚刚坐定，一位须髯如雪的说书老人也在一个角落坐定了，只听啪的一声醒木响，赵文华一愣，他手中的筷子正夹着一束冒着热气的煮干丝。说书老人说道："话说除夕之夜，天寒地冻，家家户户正吃着年夜饭，浙江巡抚阮鹗率领着官军，悄悄登上了舟山岛。那些倭寇们做梦也没有想到，官军会在这时刻来临，他们还以为是天兵天将呢……"说的是阮鹗与诸将除夕夜岑港剿倭的故事。赵文华就像被施了定身法，筷子不知不觉停在空中，干丝上的热气早已散尽。胡宗宪刚刚呷了一龙井，茶水还在嘴里，突听这一说，这口茶就变得不是滋味，嘴里突然又苦又涩。他看看说书人，又看看赵文华，这才意识到今天选错了地方。

赵文华放下了筷子，起身就走，胡宗宪也赶紧跟了出去。两人一言不发地穿过清河坊，来到了运河边上。河边北风飕飕，没几个行人，冷冷清清。胡宗宪带着歉意说："赵尚书，扰了你的兴致了。"

"你们杭州的百姓怎么都这样，这还让不让人活啊，不就是打了个小胜仗嘛，用得着这样夸张地演绎吗？"

胡宗宪有点尴尬，赵文华说："你们杭州的百姓，明显是站在京官的角度。"

语含讥讽。胡宗宪说："民间说书人，见着风就是雨，没见过世面，咱们也不能管着不让人说话，赵尚书就不要和普通百姓一般见识了。"

赵文华余怒未消："派几个人去，把那间茶楼关了。"

"这？"胡宗宪有点为难，劝道，"赵尚书，关茶楼有什么用，那个老头儿换间茶楼不是照样说吗？"

"那就将老头儿抓起来！"

胡宗宪摇了摇头："不妥不妥，这杭州城里，说书人成千上万，百姓就好这口，抓了这个，还有那个，能抓得尽吗？让他们说去吧。"

赵文华顿了顿，问道："那事怎么样了，怎么到今天还没有旨意下来？"

"可能皇上在忙着过年，一时顾及不上，再等等吧，我估摸着很快就有旨意了。"

赵文华说："到那时，少了这根眼中刺，我们就清静了。"两人相视一笑。

阮鹗在担任浙江巡抚后，在对待倭寇的态度上，与胡截然不同，胡主抚，阮主剿，两人意见相左，矛盾也日益加剧。桐乡之围后，督抚不和就已经公开化。直至招降徐海，阮鹗更是极力反对，两人的冲突达到了顶峰。由于嘉靖的支持，加上官方和民间几乎一边倒的呼声，胡宗宪才不得不调兵前往沈庄围剿徐海。舟山岑港之役，也是阮鹗积极主战的。总之，胡宗宪感到，阮鹗对他越来越掣肘。

赵文华和胡宗宪向来是一个鼻孔出气，自然在各方面支持胡宗宪。阮鹗率军在宁波征战时，胡、赵二人就商定了个一致意见，现在浙江倭患基本平定，倭寇已转战福建。此前，一直是浙江省巡抚兼理福建。面对新的倭情，单独设立福建省巡抚十分必要。胡宗宪向朝廷建议，单独设立福建省巡抚一职，由阮鹗担任。胡、赵的意图非常明显，以平定福建倭患的名义，将阮鹗调离浙江。其实就是二人联手，将阮鹗排挤出浙江官场。下一步，胡宗宪还要对盘踞于日本五岛的王直进行招降，王直的势力和影响比徐海更大，要是阮鹗继续担任浙江巡抚，肯定会极力反对招降王直。弄走他，胡宗宪好一心实施自己的招降大计。

早晨，阮鹗起床很迟，难得在家好好睡一觉，他尽情享受着日常家居的幸福。在家和在外面睡觉还是有很大区别的，只要率兵出了门，阮鹗就觉得自己的心悬了起来，始终不踏实，睡觉也不能叫睡觉，那只能叫合了会眼。只有在家里，那才叫睡得香、睡得忘我。一个人睡得好不好，看他醒来时的状态就知道了。醒来时若神清气爽，那肯定是睡了一个好觉；若头昏眼花，那十有八九是没有睡好。

吴若瑶打来了洗脸水，服侍丈夫洗漱。范琼已将早餐端上了桌子。阮鹗坐到餐桌前一看，一大碗藕煮稀饭，佐以腌白菜、炒干丝、卤豆干等几碟小菜，香喷喷的。阮鹗一看藕煮稀饭，眼放绿光。西湖的藕实在是太好吃了，煮熟后呈肉红色，咬一口，粉粉的、糯糯的，又香又甜，连稀饭都变得晶莹如玉，黏黏稠稠。阮鹗吃得呼啦呼啦地响，吃完一碗，又盛了一碗。

范琼心直口快，心里存不住话。她说："官人，我和姐姐早晨上街，路过一家茶楼时，听到里面的说书人在说你。"吴若瑶一个劲地朝她使眼色，意思是叫她别说。

阮鹗说："说我什么了，不会是说我的坏话吧?"

"那倒没有，官人是个好人、好官，怎么会有人说坏话呢?"范琼说道，"只不过……"

她停住了。阮鹗抬起头说："只不过什么，你继续说。"

"嗯，只不过按说书人的说法，倒是胡宗宪和赵文华二人有不对的地方。"

阮鹗一愣，心想坏了："说书人到底是怎么说的，你说详细点。"阮鹗放下了筷子，也没有心思吃藕粥了。

范琼说："先是说你和诸将于除夕夜突袭舟山岑港，打得倭寇找不着北。这倒没有什么，只是说到后来朝廷赏赐，胡宗宪和赵文华未出杭州，竟位居首功，不仅擢升还各荫一子；而你出生入死，得到的奖赏还不如他们……"

听到这里，阮鹗大惊："说书人这么说，不是害我么?走，我们快去阻止他!"

范琼按了按丈夫说："也不知道这书词是谁写的，这杭州城里，说书人成千上万，你制止得过来么?算了吧，任他们说去吧，难道还不让人说话?况且他们说得对，依我看，这首功也应该是你。"

"真是妇人之见!我身为浙江巡抚，怎么能计较这些事情呢?要说功劳，应该属于那些在一线浴血奋战的将士，没有他们，倭寇还不知要把这东南沿海闹成什么样!公道自在人心，外面的人要说任由他们说去吧，咱也阻止不了，这事到此为止，不要再提了。"

吴若瑶朝范琼撇了撇嘴，意思是怪她不该说，惹得大家都不快活。范琼被丈夫一番数落，嘟着嘴一言不发，在一边也生起了闷气。

朝廷赏赐不公的事，阮鹗何曾没有感觉到，只是他向来不计较这些事情罢了。胡宗宪和赵文华待在杭州，根本没有上战场，怎么能功居首位呢？也有同僚和将领私下替阮鹗鸣不平，都被他及时按捺下了。只是，他实在想不到，这件事竟然被说书人在茶楼里演绎了出来。胡宗宪和赵文华要是知道了，还可能会认为是他授意的呢，他俩真要那么想，他阮鹗就是跳进钱塘江也洗不清了。

阮鹗越想越烦躁，在外面行军打仗都没有这么憋屈过。那些说书人本来是好意，阮鹗何曾不明白他们的意思，只是舌头底下压死人，这好意要是传入胡、赵二人的耳朵里，天知道会被他们怎样解读。

正月底，阮鹗突然被叫到总督府去接旨。阮鹗到达时，香案都已摆起来了。胡宗宪、赵文华和阮鹗跪到案前，宫里来的太监开始宣旨。旨意很简单，大意是说鉴于闽地倭患兴起，特设福建巡抚一职，任命阮鹗担任，浙江省巡抚由胡宗宪兼任，接旨后即日到任。

突然接到旨意，阮鹗一愣，有些意外，想想又在情理之中。自己和胡、赵二人龃龉已非一日，这不是明摆着借圣意赶自己走么？走就走，道不同不相为谋，与其互相戒备和心存芥蒂，倒不如眼不见为净，到福建去得好。又想到那边人地生疏，缺兵少将，阮鹗不免心事重重。

回府后，阮鹗将幕府里的贴身随从和亲兵叫到行辕前，讲明了旨意，明确告诉他们，愿意跟从他去福建同甘共苦的，自然欢迎；如不愿意的，发给路费，自行回家或另谋生路。阮鹗一说，行辕前像炸开了锅。徐勇说：“他娘的，胡宗宪和赵文华二人太阴暗了，抗倭是软蛋，欺负人倒有一套！”罗绮说：“都是些什么玩意儿，就喜欢背后摆弄人，搞小动作，下绊子，姑奶奶瞧不起这样的男人！”阮良说：“做人不能太老实了，找他们理论去！”亲兵们也群情激愤，要到总督府去说理。

阮鹗说：“罢了罢了，阮某到福建任职，是圣上旨意，和任何人无关，你们就不要再说了！我三天后启程，还是那句话，愿意随我到福建去干一番事业的，我举双手欢迎；不愿意去的，我也理解，概不勉强。好在圣上眷顾，阮某还是一省巡抚嘛，自当殚精竭虑，设法平息闽地倭患。拜托大家不要再给我添麻烦了！”

阮鹗这么一说，众人虽心有怨气，倒也没有人再吱声了。接下来就是报名去福建，阮鹗平时待人宽厚赤诚，从不以官威压人，大家都信得过他，竟没有一人表示不去。

阮鹗将去福建担任巡抚的消息传开后，这两天，不断有同僚和故人前来看望他，大家都心知肚明，有些话又不便明说，言说中都含有安慰的意思。阮鹗表面上虽很乐观，但一想到福建那边的倭患，心里就沉甸甸的。抗倭要兵，卫所的兵不堪用，那兵从何来？饷又何来？

戚继光来送行了，拎着大包小包的礼品。见到阮鹗，戚继光的眼圈红了，说："恨不能与大人同行。"阮鹗说："有你这句话就够了。闽地要是有你这样的良将，何愁倭患不平？你来得正好，我有话要告诉你。"

戚继光说："阮巡抚请讲。"

阮鹗说："关于你练兵的事，我一直惦记着呢，此番入闽，以后可能帮不上你的忙了。不过，关于战法，我倒是有个建议。你想想看，这些年来，各地客兵入浙作战，胜算居多的应该算哪支？"

戚继光想了想说："应该算永顺土兵。"

阮鹗一喜，说："对了！再想想看，永顺土兵为何会屡屡克敌制胜？"

戚继光说不上来。阮鹗说："两个字，阵法。永顺土兵的旗头阵往往让倭寇头疼，二十四人为一队，分为五重，择壮勇者举大旗当先，五重一体，首尾呼应，左右协同，前赴后继，势若铜墙铁壁，与一人挥扇众人舞刀的蝴蝶阵相比，更胜一筹。土兵长杆枪达三丈余，又能力克倭刀。故旗头阵临敌，屡破蝴蝶阵。我并不是让你就练旗头阵，而是说永顺兵的这个阵法有可借鉴之处。"

戚继光大为感动，说："大人，都这时候了，您还替我想着这些事，让戚某汗颜！"

阮鹗握着戚继光的手说："这东南抗倭大业，将来就靠你们这一班年轻将领了。"

戚继光挺起身子说："戚某愿马革裹尸，不破楼兰终不还，还东南沿海一片海晏河清！"

"有你这番雄心，何愁倭寇不灭。择机再把募兵的事向胡宗宪提出来，我想他最终会同意的。"

苏一纶和女儿桑娘也来了。苏一纶去年在狱中备受折磨，身体受到损伤，但现在看上去已基本恢复。桑娘也已成家，头发梳成一个圆髻，上束一方淡绿色的巾帼，横插一支金钗，庄重而雅淑。巾帼是一种丝织品的头巾，多束在顶髻上，再用簪钗固定。因宋代抗金女将梁红玉喜戴巾帼，故常将女中豪杰称为巾帼英雄。桑娘说："小女子和老父前来给恩公送行，去年，我们父女身遭不测，要不是恩公……”桑娘说到这里，许是想起了伤心往事，泪水不禁涌了出来。

阮鹗说：“过去的事情就不要再提了，你们现在不是很好吗？这江南的丝艺，精工细织，传承弘扬，还要靠你们云锦堂呢。”

自阮鹗救下苏一纶后，吴若瑶和桑娘也由此相识，吴若瑶跟在桑娘的后面学习过一段时间刺绣。桑娘拿出一个小包裹，递给了吴若瑶，说：“嫂子，这个给你。”吴若瑶打开一看，见里面是各色上等丝线，露出惊喜的神情。桑娘说：“你带到闽地去用吧，我担心那边买不到这些。”吴若瑶说：“谢谢桑娘，那我就不客气了。”

苏一纶拿出一沓银票，放到阮鹗面前，说：“得知阮大人将赴闽地，我们杭州商会的同行们商议了一下，觉得应该帮大人做点事，就自愿捐了一笔钱，供大人到闽后募兵和采买军需。总之，是用于抗倭大业的。请大人务必收下。”

苏一纶含冤入狱，是阮鹗帮他昭雪的。他出狱后，阮鹗还推荐他担任了杭州商会的会长。苏一纶筹集了这笔银子，显然是出于报恩。但抗倭是官府的事，商人们挣点钱也不容易，怎么能收他们的银子呢？阮鹗拿起银票，塞回到苏一纶手中，并握住了他的双手说：“苏会长，你们的心意我阮某心领了，但这笔银子无论如何不能收，至于我到闽地后的募兵费用，自有官府保障。这笔钱，你们用来添购织机，提升工艺，把杭绸的牌子打得更响。真要客气，到我阮某致仕那天，你们送我几匹杭绸，做几件衣服，正所谓衣锦还乡，那我就心满意足了。”

两人又拉扯了一番，见阮鹗执意不收，苏一纶只好说：“阮大人，那您多保重，您到闽地后，要是一时拮据，信得过我苏某的话，不妨吱个声，我们商会一定鼎力相助！”

三天后，阮鹗带着两位夫人，还有五百亲兵，开始向福州进发。倭寇已在福建沿海多处登陆，建立据点，然后攻州夺县，四方抢掠，祸害百姓，形势危急。阮鹗刚到兰溪县，就接到福建都指挥使司指挥林念的通知，说他已在福建省的邵武府官驿等着他，倭情紧急，务必请大人加快行程。

林念如热锅上的蚂蚁，在官驿里的小路上来来回回地走着。别看他人在官驿，耳朵却注意着驿站外面官道上的动静。一只苍蝇在他耳边嗡嗡地飞来飞去，林念连拍了两巴掌，没拍中。他大怒，唰的一声抽出钢刀，只见刀光一闪，苍蝇被一劈两半，落到了他的脚边。林念用手指在刀背上弹了一下，对自己的刀法和速度颇为得意。这种刀斫飞蝇的功夫，没个十年二十年的苦练，是不敢尝试的。几个卫兵见长官突然拔刀，不知发生了什么事，快步跑了过来，林念摆了摆手说："没事，你们忙你们的吧。"

忽然，林念隐隐听到了一阵车马喧闹的声音，他大喜，快步走出官驿。果然，远处的官道上，人马杂踏，烟尘腾空。林念大声说："阮巡抚来了，准备迎接！"

阮鹗一行到了近处，林念一看，傻眼了，看看阮鹗带来的兵，顶多也就四五百人。倭寇已经围困了福宁州城，省布政使马东升让他带着五百亲兵在这里迎接阮鹗，就是指望着他带些精兵强将来，然后和林念兵合一处，去解福宁之围。林念一看阮鹗才带来这么点人，怎能不傻眼呢？可傻眼归傻眼，阮鹗一行已到驿前，先去迎接要紧。

林念的五百亲兵站在官道两边，他自己带着几个部下站在官道中央，拱手施礼道："卑职福建都指挥使司指挥林念恭迎阮巡抚！大人一路辛苦了！"

阮鹗下了马，拍了拍他的肩头说："林指挥辛苦了，形势怎么样？"

在这官道上，特别是当着手下兵卒的面，当然不便谈论倭情，林念欲言又止。阮鹗马上明白了他的意思，让他进屋里说。

坐下后，林念说："阮大人，形势很不好，倭寇已经包围了福宁州城，马东升布政使带着千余兵守着省城，这几百人，是卑职的家丁和老家乡勇，让我和大人兵合一处，然后去救援福宁。"

阮鹗大惊："怎么才这点兵？"

"卫所的兵本来就严重缺额，去年底和今年以来，不断有倭寇在福建沿海登陆，建立巢穴，那些兵们平时吃闲饭惯了，知道大事不好，很快逃掉了大半。目前福建几乎无兵可用。"

福建的倭患本来并不严重，可自浙江的抗倭斗争连连告捷之后，倭寇知道遇到了劲敌，就开始南下，到福建沿海建立据点，四处抢掠。这样，福建的倭患就突然严重起来。

阮鹗问道："围攻福宁的倭寇大约有多少人？"

"据哨探报告，不少于三千。为首者是洪东冈和黄侃，二人曾是倭酋徐海的同伙，他们在浙江待不下去了，年后秘密潜回福建，啸聚一方，拉拢真倭、海盗和不法渔民，烧杀抢掠，作乱一方。另外，在浯屿、月港、梅岭等处，也活跃着小股倭寇。"

阮鹗没想到福建的倭患已如此严重，当务之急是要解福宁州城之围。阮鹗和林念的家丁乡勇合起来也不过千人，以这些人去抗击倭寇，无异于以卵击石。可情急之下，兵从何来呢？返回浙江去借兵？一则时间上来不及；二则还不知道胡宗宪借不借呢。

见阮鹗在犹豫不决，林念说："卑职有一个建议，可解燃眉之急，只是不知大人是否同意？""快说来听听。"阮鹗说。林念说："我有个故人现任南赣巡抚，他手下有批来自福建汀州、广东韶州等处的峒兵，骁勇善战。据我了解，这支峒兵目前正驻扎在汀州，要是能借来，可以力克倭寇，解福宁之围。"

峒，原指以河流、山岭为自然界线的峒场，有固定地域，泛称"峒"或"溪峒"。后来指对南方部分山区的少数民族的泛称。关于少数民族的土兵，阮鹗深知他们战斗力强悍，浙江抗倭时就曾多次征用过湘西永顺和保靖的苗家土兵。

阮鹗点了点头说："南赣峒兵训练有素，我曾有所耳闻，汀州离此地也不远，快的话一日可达，倒是可以一试。"

"只是借来客兵，到时需要支付一大笔费用，这饷银的事……"

林念话音未落，阮鹗说："费用的事你不用着急，由本抚来落实，你只管带几个人去借兵，我在这等着，争取明天天黑前到达这里。"

晚上，阮鹗在官驿里简单吃了点晚餐。他见吴若瑶和范琼有点心神不宁，说："二位夫人，我们刚进入福建，倭寇就大兵压境，在福宁等着我们，眼看着这一仗是省不了的，是凶是吉，现在也不好说。阮某抱歉，让二位夫人跟着我担惊受怕。"

吴若瑶说："夫君说的哪里话来，我们虽有些紧张，倒也不致怕到那种程度，只是若瑶恨不得是男儿身，不能上阵杀敌，不能助夫君一臂之力。"

范琼说："姐姐说的是呢，不怕不怕，我们只恨不能帮上什么忙，反倒成了夫君的累赘。"

"二位夫人放心，有你们在我身边，一家人在一起，心里倒还踏实些，哪里谈得上累赘呢。只要林指挥能顺利借来峒兵，退倭就有把握。只是这接下来的日子，可能就不怎么太平了，倭寇一日不灭，闽地就一日不宁。但我不怕，徐海都被我们杀了，岂有畏惧他的同伙之理！"

第二天傍晚，林念果真借来了三千峒兵。峒兵为首者为向猛和向燕兄妹。再看这些峒兵，皮肤黢黑，身材魁梧，服饰与发型与内地人迥异，兵器是清一色的标枪和弓箭。林念对阮鹗耳语："和向猛商量好了，退福宁之敌，酬金二千两，伤残另计。退敌后若另有任务，酬金另计。"阮鹗同意了，他想试试峒兵们的功夫。只见向猛一个呼哨，二十个峒兵站成两排，一排十人。瞅瞅驿站内有一排树木，距峒兵有百余步远，向猛一指树木，只听嗖嗖声起，十杆标枪准确地扎在树干上，枪杆微微颤动。第一排十人投完，迅速后退，又抄标枪在手；第二排向前一步，向猛再一指，十杆标枪又准准地扎入树干。阮鹗大喜，这等身手，对付倭寇绝对没有问题。峒兵在百步之外就能出手，这种原始的标枪，杀伤力仍不能小觑。

峒兵以牛角为号，进退有序，队伍齐整。只是他们说的是土音，只听哇哇乱叫，却无法弄明白说的是什么意思。

阮鹗吩嘱林念，晚上给大家做一顿美餐，然后好好休息一宿，明天一早向福宁进发。这闽地抗倭首战，只能胜，不能败。

林念去办了。阮鹗的亲兵和林念的家丁们忙着帮峒兵安营扎寨，邵武府官驿内外一片忙碌。不一会儿，饭菜飘香，峒兵人人善饮，营寨里杯来盏往，其乐融融。阮鹗怕他们喝多，影响明天战事，上了几坛酒后，就不再上了。向猛亲自来向阮鹗讨酒。阮鹗说出了自己的担忧后，向猛倒是会说汉话，他说："阮大人，您放心，我这些兄弟们，非要喝酒才有力气，标枪才会投得又远又准。"

阮鹗无奈，只好又命再上几坛。喝得兴起，峒兵们起哄要向猛唱歌，向猛也不客气，端起一碗酒，高声唱道："苗家贤惠成佳话，热情好客人人夸。欢迎客人来光临，敬一杯美酒暖心怀。塞过苏尼喵杭唉……"

一唱众和，声震山野。峒兵就是这么洒脱，阮鹗看着也不禁有点乐了，这明明就是一场酒会嘛，他们无论在哪里，都能把每一天的日子过成酒会，哪里看得出大战前的半点紧张气氛。这种热情奔放和桀骜不驯就是峒兵的个性。

次日一大早，这些峒兵又像是变了一个人，人人都紧张起来，整好行装，收拾武器，随时准备投入战斗。大家列好队伍，没有一人说话，只顾埋头赶路，向福宁城奔去。

关于作战方案，阮鹗仔细揣摩过了，不宜硬拼，只宜智取。福宁城附近有座塔岗山，可将峒兵埋伏于此。由林念、向燕和罗绮带着亲兵，到福宁城下去讨伐倭寇，设法将他们引到塔岗山埋伏圈，然后峒兵突然袭击，杀倭寇一个措手不及。林念也十分赞成。

第三天中午，他们进入了福宁州境内。

洪东冈和黄侃率领倭寇围住福宁后，由于城内军民拼死抵抗，围困多日，一直未能破城。去年除夕，官军清剿岑港时，洪东冈利用地形准备偷袭跟踪他的徐勇，眼看就要得手，却被一个女人的火铳击中面门，幸亏他眼疾手快，见到火光一闪时就提前开始躲避。纵使如此，还是有十多粒铅弹打在他的脸上，虽然治愈，却留下了满脸焦黄的斑痕和麻子，像一片被虫噬烂了的树叶，惨不忍睹。那次受伤，他的心里也受到严重挫折，变得喜怒无常，凶残怪谲。

由于多日未能破城，洪东冈暴躁不安，他正在城下指挥着攻城，一列列倭寇攀着云梯，与城头上的守军苦战。突然，有人发现后方的营寨里火光冲天。洪东冈的第一反应是，难道官军的援军来了？可福建这边几个卫所里的情况他都很清楚，根本无兵可调。

很快，有人向他报告说，官军的援军来了，烧了营寨，为首的是一男两女。

烧了营寨，就意味着晚上没地方可住了。洪东冈大怒，又听说为首者中有两员女将，他的兴趣来了，对黄侃说："招呼兄弟们快过去，务必活捉那两个女人，给我俩做压寨夫人！"

黄侃是浙江人，然而他处处以真倭为示范，留月牙头，短衣短裤，穿着草鞋，腰间插着几把长短不一的倭刀，也学了几句简单的倭语。听洪东冈说要去抢压寨夫人，兴奋地说了句"哟西"，也不管攻城的事了，拔刀在手，掉头就走。

四下里螺号声起，围城的倭寇呼啦啦撤退，去救营寨。营寨里多处着火，被烧得七零八落。营寨前，千余官军刀出鞘，箭上弦，正等着他们呢。为首者一男两女，骑着战马，特别是两位女将，身披红氅，娇艳如花。洪东冈眼睛都看得直了，手中倭刀一挥，叫道："快抓活的！"

只听一阵弓弦响，箭矢如雨般飞来，众倭中有多人中箭倒下。倭寇被激怒了，哇哇乱叫着向前扑来。林念指挥着众人又放了一番箭矢，然后迅速向塔岗山方向撤退。

向燕和罗绮远远地跑在前面，到了塔岗山前，直接向山上奔去。山坡上是半人高的灌木，待倭寇冲到坡前，只听林中突然响起一声悠长的牛角号，埋伏在灌木林里的峒兵一跃而起，标枪嗖嗖嗖地飞向倭寇。倭寇们哪里料到这等变故，一个个正追赶得兴起，避闪不及，跑在前面的纷纷被标枪刺中，顿时倒下一片，惨叫声四起。

后面的倭寇继续往前冲，灌木林中又跃起一群峒兵，标枪如雨，又是一批倭寇中枪倒下。峒兵居高临下，且在倭寇百步之外就发起攻击，标枪射出后又潜入林中，倭寇们根本伤不到他们的皮毛。洪东冈急令道："大家改用弓箭！"倭寇们解下身上的弓箭，可纵使如此，峒兵们在暗处，哪里能射得中。

这些峒兵的标枪简直比火铳还厉害，指哪打哪，一打一个准。倭寇们被这突如其来的攻击打得晕头转向，纷纷后撤。牛角号声又起，三千峒兵从灌木林中冲了出来，个个手持标枪，嘴里呜啦呜啦地怪叫着，他们手中的标枪像长了眼睛一般，不断有倭寇惨叫着倒地。倭寇们长于近身搏杀，可他们根本没有机会挨着峒兵的边，有力无处使，一个个气得吹胡子瞪眼睛，却又无可奈何。

洪东冈一看形势不对，急忙传令撤兵。本来，奔跑跳跃是倭寇的强项，可这次他们却遇到了克星，峒兵们奔袭的功夫比他们更胜一筹。他们一番追赶，硬是将倭寇撵得不见影儿。估计倭寇们人人心里都存了一个疑问，这些手拿标枪从深山老林里出来的家伙，到底是人还是鬼。

福宁之围迎刃而解。入闽首战告捷，阮鹗心情很好。傍晚时分，他带着吴若瑶和范琼去看海，两位夫人都还没见过海呢，这次来到海边，不带她们去看看是说不过去的。他们登上了霞浦山，霞浦江从山下流过，逶迤入海。再看海中，青、黑、元、黄四屿，像四尊祥兽，静静地卧于海水之中。

山顶上看海，才能真正感受到海天之大。正是日落时分，夕阳映照，每一片云都披上了五彩斑斓的丝绸。它们悠闲地在海天之上来来去去，随心所欲地变幻着身形。云缝间伸出无数根长长的光线，如同一根根缆绳，伸进海里，像是要揣测海的深度。渔帆点点，正在向港湾驰来，每只船都闪闪发光。鸥鸟飞得格外欢快，它们互相追逐着、鸣叫着，像是在啄食夕阳。夕阳的滋味应该是甜的，不然它们为何会如此欢快？

海风拂面，阮鹗感觉脸上暖暖的、黏黏的。两位夫人也看得呆了。吴若瑶若有所思地说："真是太美了，桑娘送我的那些丝线能派上用场了，我要绣一幅海云图，主景就是海空上的云。"

范琼说："海边上一定要绣上一只船，一只空船，是给我们一家人备下的，等着我们将来有一天笑傲山海。"

范琼的话将阮鹗逗乐了，说："女人不都是想着相夫教子么，怎么倒想着归隐呢？"

"夫君，刚才你听清楚了没有，我是说我们一家人，即使归隐了，仍可以相夫教子啊，一点不矛盾。"范琼说道。

吴若瑶呆呆地看着空中的云，她张开双臂，好像要去拥抱那些云，又不无遗憾地感叹道："这些云看着和我们挨得好近啊，好像一伸手就可以碰到，但又总是够不着。"

阮鹗说："那你就早点把它们绣出来吧，到时挂在卧室里，可以天天欣赏。"

"我明天就开始绣。"吴若瑶郑重其事地说，像是决心做一件大事。

晚上，福宁州官署举行了盛大的庆功宴，庆贺峒兵首战告捷。席间，阮鹗正考虑着是不是就此让峒兵回去，可一时又拿不出饷银给他们。客兵的规矩，他们返程的时候，酬劳以及伤者的药费和亡者的抚恤要支付完毕，没有欠账的理。人穷气短，拿不出钱，就不好撵人家走。可阮鹗下一步要去省城福州，难道让这些峒兵一路跟随么，这多一天就是一天的酬金。

正在阮鹗犹豫不决的时候，林念来到他的身边，悄悄对他耳语：布政使马东升派人送来急报，说大批倭寇已在福州不远处的连江县琯头镇集结，倭寇们准备啸聚万人，一举攻破福州城。福州危急，请阮鹗急速赶至福州。

阮鹗放下了筷子，他再也吃不下去了。真是一波未平，一波又起。阮鹗纳闷的是，福建的倭患为何严重到了如此程度？正好峒兵尚未离开，他下令立即出发，星夜驰援福州。

第十六章

福州鏖战

走到半道上，天忽然下起雨来。早春的雨，淋在身上，寒意彻骨。那些峒兵长期生活在山林里，他们能用草和树叶很快做件雨衣。他们给阮鹗也做了一件，可这玩意儿穿上身比不穿还要难受。两位夫人好歹还有一辆马车能遮风挡雨，她们心疼丈夫淋雨，一路上都在催促他上车。可阮鹗怎么能上车呢？他必须和当兵的一样，这是他一贯的风格。

急驰两昼夜，第三天天明时分，他们终于抵达了福州城下。还好，并未见倭寇围城。可进城时还是闹出了个不大不小的笑话。城头上的守军见城下突然来了一支服饰奇异的队伍，以为是倭寇攻城来了，吓得四处逃窜。指挥林念出面，喊了半天门，最后还是由福建布政使马东升、福建海道副使邵梗出来确认，这才打开了城门。

此前，福建巡抚并未单独设立，一直由浙江巡抚兼管福建。阮鹗是首任福建巡抚，且任职匆忙，省会福州城中也就未来得及新建巡抚衙门。按阮鹗的习惯，就将衙门设在福州府学内。府学位于南门边，附近有座九仙山，环境清幽。更重要的是，此处扼守南门要道，可以随时关注城外动静。

阮鹗详细了解了当前倭患情况。目前，倭寇已在距福州城约八十里地的琯头镇建立了据点，人数有上万人之多。近日，每天都有小股倭寇装扮成百姓，到福州四周打探，估计不日将进犯。福州城内，守军只有两千，且大多是老弱病残，战斗力差。

双方力量悬殊，形势十分危急。福州作为省城，是断然不能有失的。幸而三千峒兵仍在，暂时没有什么危险。问题是，峒兵总是要返回的，他们只能解一时之需。当下首要任务就是募兵。阮鹗下令，城中男丁，无论青壮老弱，一律发给兵器，参加守城。其中青壮者择优充入兵营。

募兵就要钱粮。阮鹗问道："府库中钱粮情况如何？"

马东升的脸色马上就变了，说："粮食倒可以应付一时，只是银两……"

见马东升吞吞吐吐的样子，阮鹗急了："到底有多少，你倒是说啊？"

马东升看看左右，见没有什么外人，这才小声说："府库无银。"

阮鹗身上的湿衣服都还没有换，还在不断地往下滴着水。此时，他站立的地方，地面都潮湿了。听了马东升的话，他怀疑自己听错了，抹了把脸上的雨水，厉声问道："你说什么？"

"府库无银。"马东升低着头，又重复了一遍。

阮鹗屏退左右，只留马东升一人在场，说："兵马未动，粮草先行，这是古往今来的铁律。府库无银，你说这仗怎么打，这三千峒兵还等着要佣金呢。募兵的银子又从何来？身为一省的布政使，这点简单的道理你不会不懂吧？"

马东升说："卑职明白，年才过完，今年的提编银还未征收。"

提编银就是用于抗倭的加派饷银，一般要到当年年中后才征收。要是现在就征收提编银肯定是早了，会引起民怨，但形势紧急，也顾不得许多了。阮鹗说："你立即组织人手，争取在半个月之内给我弄十万两银子来，一刻也耽误不得。"

"半个月？"马东升冷汗直冒，"时间太紧了。"

阮鹗说："半个月时间都长了，其实我现在立即就要银子，峒兵的佣银一两未付，他们是拼着性命替我们打仗，要是知道我们府库无银，说不定立即就要与我们理论。"

"是，是。"马东升说，"本官一定抓紧时间征收。"

阮鹗说："你将府库账簿拿来，我要看看。"

听说阮鹗要看账簿，马东升又紧张了，支支吾吾的。

阮鹗说："怎么，不能看吗？"

"能看，能看，下官一向清廉，账目清楚，禁得起任何检查。我这就安排库吏送来。"马东升说。

账簿很快送来了，阮鹗简单翻看了下，就发现了一个大问题，那就是，近三年用于抗倭的提编银，有六万两用于购买香料，差不多每年有两万两。提编银要专款专用，怎么能用来购买香料呢？阮鹗敲着账簿说："马大人，你们布政使司每年买这么多香料干什么，这个能当饭吃？"

马东升说："容卑职禀报，这笔款项专用来采购供皇上使用的龙涎香。因为这种香料特别贵，金额较大，其他地方不好报账。"

嘉靖喜欢龙涎香，一天都离不了它，这点朝中人所共知。只是这种香料特别稀少，且只有葡萄牙人手里才有货，不是随要随有。没有路子，就算你有再多的银子都没地方买去。阮鹗早就听说过有人因进贡龙涎香而被升官的事，这个马东升可能就是其中之一。

“其他地方不好报账就在提编银里支取，你知道六万两银子能募多少兵，能买多少火铳、多少刀枪，能修多少座水寨?”

“阮巡抚，卑职也觉得这样做不太合适，可是圣命难违，事情又不能不办，只好折中处理了。”

马东升抬出了嘉靖，心想，看你怎么说？其实，百官进贡龙涎香，并没有什么硬性任务，有则进，没有就算了，嘉靖也只是说说而已。有些人却逮着机会，投其所好，处心积虑地钻起了空子。这些情况，阮鹗何尝不知。阮鹗说：“你进贡龙涎香，为圣上解忧，孝心可嘉，只是这提编银是专用于抗倭的，少花一两银子，就要付出十倍百倍的代价。这个钱，是任何人任何事都不能侵占的。同样给你半个月时间，你个人设法将这六万两银子补上，要是不能兑现，别怪我翻脸无情，到时本官抄你的家产抵上!”

马东升说：“阮大人，这，这不妥吧?”

“有何不妥?”阮鹗说，“进贡龙涎香是你个人行为，侵占了提编银影响抗倭不说，就等于是让百姓替你埋单，有这样的理吗?”

马东升无话可说，抱着账簿走了。马东升走后，林念进来了，低声说：“阮大人，最后几句话卑职听到了，痛快！这个马东升，以前是福州知府，就是靠连年进贡龙涎香，才一路坐到布政使的位置上。他在知府任上时就有个外号，叫香料知府。其实岂止这账上的六万两，要是把知府任上的累加起来，怎么说也有一二十万两。”

“该收的要收上来，该补上的也要补上来，钱的事我来负责。林指挥，你把这募兵的事也要紧一紧，说不定倭寇明天就会抵达福州城下。”

阮鹗说的完全有道理，据最新的消息，大批倭寇已离开了琯头镇，在距福州仅有数里之遥的闽江北岸洪山桥附近驻扎。洪山桥是从闽江进入福州城的必经之地。林念说：“阮大人放心，整个福州城里的百姓都动起来了，能不能打仗我不敢说，人数绝对是不少的。”

“那就行，有人就好办。”阮鹗说，他叫林念准备五百匹素布，全裁成方巾备用。林念正要问具体用途，阮鹗制止了他，说：“天机不可泄露。”

阮鹗说倭寇明天就可能抵达福州城下，将形势说得如此急迫，其实是催林念赶紧募兵。没想到，还真被他说着了。第二天上午，哨探快马来报，说大批倭寇离开了洪山桥附近的营寨，直奔福州城而来。阮鹗心想坏了，倭寇要进犯福州！

阮鹗命所有募兵全部登上城头，多竖旗帜，择青壮者发给素布一方，以布裹头。阮鹗对林念说："你对外宣称，说浙江阮军门携峒兵和麻阳兵到了，福州可保！"

麻阳兵是湖湘麻阳县苗家土兵，常被征调至抗倭战场，屡立战功。麻阳兵的标志就是以素布裹头。至此，林念方才明白，阮鹗是要以假充真，诡称麻阳兵。兵不厌诈，情急之下，这么做不能不说是一个好主意。

阮鹗在城头上亲自坐镇指挥。他朝下一看，不禁倒吸一口凉气，城下密密麻麻的全是倭寇。初步估算，人数不下万人，远处还不断有新倭向城下集结。只见洪东冈和黄侃身着红色大氅，被众倭簇拥着。看看人数集聚得差不多了，只见洪东冈站了起来，手中的纸扇唰的一声打开。众倭全部拔出倭刀，高高举起，伸向空中，嘴里发出啸叫。万把雪亮的倭刀组成了一片刀的丛林，将福州城团团围了起来。又见扇子一转，众倭同时转动倭刀，将阳光折射到城头上，直射人的眼睛。虽然早春的阳光尚不算强烈，但此举足够吓人，城头上发出啊的一片惊叫声。这阵势，果然将峒兵和百姓都吓倒了。

阮鹗大声说："大家不要怕，这不过是雕虫小技罢了！去年春天在桐乡，围城的倭寇不比现在少，而且是由徐海统率，从古至今的攻城之法无不用尽。结果如何？本官率众坚守桐乡二十九天，打退无数次进攻，后倭寇自行退去。福州是省城，城池高大坚固，城内百姓众多，又有峒兵相助，只要我等齐心坚守，眼前的这些倭寇完全不足虑！"

在林念的带领下，城头上的守军和百姓也举起兵器，晃动旗帜，大声地嚷着："阮军门！阮军门！阮军门……"

城头上这么一嚷，城下的倭寇都明白了，原来浙江巡抚阮鹗已率兵入城。再看城头上，旌旗招展，人头如麻，枪在手，刀出鞘，箭上弦，在等着他们呢。在这种情况下贸然攻城，肯定占不到什么便宜，只会造成众多伤亡。洪东冈和黄侃几个倭寇头领一合计，此时攻城不合适，但返程又不甘心，干脆在城下驻扎下来，看看情况再说。

倭寇一直在城下徘徊了两天，见城头上始终戒备森严，最终不敢轻易涉险，退回去了。不过，他们并未远走，而是扼守在洪山桥附近的闽江北岸。阮鹗得知这个消息后，不禁感叹，倭寇中有高人，洪山桥这个地方，进可攻，退可守，守住了洪山桥，就等于截断了福州出海通道。也就是说，倭寇随时可以卷土重来，福州的危险并未解除。

要退倭，洪山桥一战不可避免。一天傍晚，阮鹗和林念带着几个人，装成普通百姓，到洪山桥附近去查看。来到闽江边，只见洪山桥雄跨于闽江之上，这是一座古桥，自宋代就有了，不过那时还是一座浮桥。大儒朱熹往来福州讲学十一次，每次都是通过这里进城。现石桥于后来重建，百余丈长，桥面三四丈宽。倭寇在桥头北面修建了桥头堡，盘查来往行人，堡上有方孔正对着桥面，战时可以通过方孔发射火铳和箭矢。再看闽江北岸，倭寇的营寨前不见头，后不见尾，少说也有二三千人。

回来后，阮鹗心事重重，苦苦寻思着破敌之策。要剿倭，还是需要兵。他让林念安排得力人手秘密去湖南，请麻阳兵入闽。要是麻阳兵来了，加上峒兵和福建本地兵，三股力量结合，这胜算就大了。林念领命，悄悄安排心腹赴湘。

洪山桥窄而长，桥北为倭寇把守，只宜智取，不可硬攻。然而如何智取，阮鹗尚无良策。还有，他安排马东升征收提编银，由于倭寇在多处交道要道布防，致使政令无法传递，目前只能在城内征收，进展缓慢。

布政使司后衙有个小院子，几场春雨后，池塘满了，塘埂上的草青了，青蛙也开始鸣叫，如同一场劫后重生。阮鹗在小院子里徘徊着，忽然，发现林念在院门口站着。显然，林念是有事要禀报，不忍打扰自己。阮鹗向他走去。

林念说："阮大人，峒兵要酬金了，福宁加上福州，两个地方呢，少说也要四五千两银子。"

阮鹗点了点头说："这是该给人家的，幸亏这三千峒兵，不然福建还不知是怎样的乱局呢。"

"可是，哪里有银子付给他们呢？"林念着急地问道。

是啊，到哪里去弄银子呢？阮鹗不知如何回答，当场愣在那里。这时，院门口人影一闪，罗绮进来了。阮鹗说："你不和徐勇去巡城，跑到这里来干什么？"

罗绮说："情况我都知道了，峒兵讨要酬金，都讨好几回了，峒兵都开始牢骚满腹了，毕竟一两银子都还没给人家。"

阮鹗笑着说："你知道的还不少嘛。"

"那当然，"罗绮说，"我还知道大人您正烦着呢，因为没银子给。"

罗绮的话逗得阮鹗尴尬一笑："你就是来告诉我这些的？"

“当然不是，”罗绮说，“本姑娘是给您送银子来的。”

“送银子？”这下轮到阮鹗惊愕了，他说，“你哪来的银子？”

罗绮说：“有倒是有，不过，说出来您可不要怪我。”

阮鹗说：“行，我不怪你就是。”

“还是在杭州的时候，苏一纶会长说杭州商会捐了一万两银子，准备给您到福建募兵用的，当时您没有收。”

阮鹗说：“不错，是有这事。”

罗绮说：“后来，桑娘找到我，让我无论如何把这一万两银子带上，到福建应急用，如果没地方可花，这笔钱将来再还给她不迟。这样，我才擅自做主收下了。您看，现在也正好用得着。”

阮鹗说：“你，你怎么能替我做这样的主？”又想刚才答应过不怪她，遂缓和了语气说，“银子都收下了，说什么也没有用了。就先用了这笔钱吧，等提编银收上来，立即还你。这笔钱仍然是你经手，回杭州时立即还给桑娘。”

罗绮见阮鹗答应了，笑道：“好，我包还给她。”又递给阮鹗一个包裹，说银票都在里面。峒兵的酬金暂时解决了，阮鹗松了一口气。

阮鹗对林念说：“抓紧训练，准备相机夺取洪山桥，不能老是让这股倭寇卡着我们的脖子。”

经过去年除夕夜岑港之战，阮鹗现在更善于利用恶劣天气出奇制胜。一天晚上，天下起了暴雨，阮鹗突然下令，除留下少量人守城外，其他士兵全体出击。林念亲自择一千青壮士兵组成敢死队，负责夺桥；阮鹗和福建海道副使邵梗率大队人马在后，待夺取洪山桥后迅速过江，攻击倭寇。

大雨如注，几乎无法睁开眼睛。林念和徐勇率着敢死队在夜色里神不知鬼不觉地贴近了桥头。除了闽江里亮着几盏稀落的渔火，天地间一片漆黑。林念吃力地看着对岸的桥头堡，里面亮着昏黄的灯光，根本看不清具体情形，更不知道是否有倭寇值班。

为防人夜间过桥，倭寇将桥面上缠了好几道绳子，绳子上系着铃铛，雨水将铃铛打得当当地响。大风呼呼，雨更大了，粗大的雨点将人的脸打得生疼。桥头堡内那盏灯像是在雨水中漂浮着，一会儿跃起，一会儿落下，微弱得好像随时都有可能熄灭。

林念向徐勇做了个手势，徐勇点了点头。这打头阵的事，徐勇得亲自来，交给别人他不放心。他将长矛夹在腋下，沿着桥面鬼魅一般向前爬行着，身子浸在雨水里。每经过一道绳子，就将它剪了。不能不佩服倭寇这一招有点绝，幸而雨声掩盖了铃声，没有人发现他。

那盏灯在徐勇的眼里越来越近。终于，到了桥北。徐勇卧在雨水里，努力地睁大着眼睛，打量着四周。桥头堡里静静的，没有发现人影，里面的人可能睡了，只是亮着一盏灯而已。雨水将倭寇的牛皮帐篷打得砰砰地响，像是炒苞谷一般。也许是雨太大了，并没有任何岗哨。徐勇暗暗佩服阮鹗的决定，选择在这样一个雨夜发动袭击实在是高招。

徐勇发现，桥头上横着几根粗大的树木路障。他站了起来，试了试，树木岿然不动。他一使力，这才将树木搬了起来。他估计这根树木有五六百斤重，一般的人根本搬不动。徐勇悄悄搬开了桥头上的所有路障，扫清了障碍。见桥北半天没有动静，桥南的林念知道徐勇已经得手。于是，一千敢死队如一阵狂风般通过了洪山桥。紧接着，阮鹗和邵梗率领的大队人马也顺利过了闽江。

阮鹗下令，向倭寇掩杀。倭寇们正龟缩在帐篷里，都在睡梦中，哪里会料到官军会趁着雨夜主动出击，许多人根本来不及反应，更谈不上组织有效的抵抗，就糊里糊涂地做了刀下之鬼。侥幸没有被杀死的，趁着夜色向琯头镇方向逃去。

洪山桥终于又恢复了畅通。

一天后，林念来到议事厅，悄悄对阮鹗说："麻阳兵到了，我让他们驻扎在城北的屏山中，随时听候大人召唤。"

这又是个好消息。阮鹗并没有沉浸在胜利的喜悦之中。琯头镇的倭寇据点一日不除，他的心里就一日不得安宁。阮鹗和林念的意见是一致的，即要消灭倭寇的主要力量，而不是简单地将他们驱走。一时将倭寇驱走，只能换来暂时的安宁，他们一旦缓过气来，又会卷土重来，而且变本加厉。斩草须除根，对待倭寇绝不能心慈手软，否则后患无穷。现在，官军有了峒兵，又新来了麻阳兵，再加上福州原有的官兵和招募的新兵，彻底解决琯头镇的倭寇时机已成熟。阮鹗之所以隐藏着麻阳兵，就是怕倭寇们知道后吓跑了。真要那样，再歼灭他们就难了。

阮鹗在想着如何下一盘大棋，想着想着，他有了主意，虽然险了点，但胜算很大。

他先是安排了一个欢送会，欢送峒兵返乡。暗地里却放出风声，说之所以让峒兵回去，是因为布政使司府库空虚，付不出酬金。这理由听上去合情合理，由不得人不信。一列列峒兵高举着旗帜，从福州西门出发，在闽江边上了船，回乡去了。峒兵返程只不过是虚晃一枪，他们在行了一段路程后，就悄悄驻扎了下来，等候着命令。

连日来，驻扎在琯头镇的倭寇们心情普遍很沮丧，一个个借酒浇愁。前几天的洪山桥一战，他们丢失了桥头堡，还折了许多兄弟。镇里死气沉沉的，街上半天看不到一个人影。

琯头镇口的道路上，一个书生背着书箱，嘴里之乎者也地吟诵着酸腐诗文，此人正是拜了阮鹗为师的生员倪泰员。

几个放哨的倭寇打算逗这个书呆子玩玩。有人寻了条死蛇，放在他将经过的地方。倪泰员低着头一步一步地走着，突然看到蛇，他大叫一声，吓得跌倒了，书箱也掉在地上，书跌散了出来。倪泰员指着死蛇说："哪里，哪里来的长虫，勿伤吾！勿伤吾！"

看着他惊慌失措的样子，倭寇们笑得前仰后合。倪泰员借机过来向倭寇讨碗水喝，他自称宁波人氏，现在福州城里教私塾，今天是回家探亲。倭寇们和他聊了起来，聊着聊着，他们发现眼前这个书呆子无意透露的福州守军情况很有价值。

倪泰员无意中说，由于福建省官方付不起酬金，峒兵已经回去了。还有，守城的麻阳兵是假的，不过是用块素布包了头，其实他们都是城中百姓。

倭寇们将倪泰员带到了洪东冈和黄侃面前，倪泰员还是那几句话，并说如果不信，可以派人到城里去核实。洪东冈正有此意，立即安排几个倭寇化装成百姓，进入了福州城。同时将倪泰员好茶好饭地侍候着，继续打听城中的情况。倪泰员在喝了几杯酒后，拍着胸脯说："投之以木瓜，报之以琼瑶。只要你们信得过我，兄弟我愿意给你们带路。"

到福州城里打探情况的人很快回来了，情况与倪泰员所说完全一致，峒兵走了有两天了，他们是敲锣打鼓地离开的。至于那些头上扎着素布的麻阳兵，说起来就更好笑了，全是城里百姓。他们换岗时，换下的士卒直接扯下头巾就回家，根本不是什么麻阳兵。倪泰员更加得意了，说："读书人说的话，难道还会有假不成！孟子说，诚者，天之道也；诚之者，人之道也。我是个实诚人，从不说谎言。"由此，倭寇们更加信任倪泰员了，将他引为上宾。

峒兵已离开，麻阳兵是城中百姓，再没有什么比这更让倭寇们兴奋的了。洪东冈和黄侃几个倭寇头领一合计，觉得这是天赐良机，若是现在夺取福州城，简直如探囊取物！

机不可失，时不再来。驻扎在琯头镇的倭寇们决定，明天一早，直逼福州城。倭寇个个咬牙切齿，发誓这次一定要攻破福州，以洗洪山桥遭袭之耻。

当天晚上，夜深人静，星光暗淡，一弯孤月悬在西天。驻扎在城北屏山中的三千麻阳兵，神不知鬼不觉地从北门开进了福州城。

阮鹗断定，倭寇攻城，必攻西门。因西门正对着倭寇的驻地琯头镇。阮鹗决定在这里布下天罗地网。

次日天刚蒙蒙亮，路上还没有行人，琯头镇的倭寇倾巢而去，驮着长长的云梯，如一股旋风，浩浩荡荡地刮向福州城。到了洪山桥附近，天色大亮，早起的百姓被倭寇吓得四散奔逃。可今天倭寇同平时不一样，不杀人，不抢劫，只顾低头赶路。不过，看他们驮着长长的云梯，明眼人都知道这是去攻打福州城。

福州府学里，阮鹗一宿未睡，他来到院子里，看看天是不是亮了。外面有层薄雾，像一层灰纱飘来荡去，海边就是这样，湿气重。街坊上还亮着灯，天还没有完全亮，府学街上的几间茶楼里，不时有咳嗽声传来。这些人真起得早，他们来这里喝茶，本来是冲着份悠闲来的，可一会儿还不知受到怎样的惊吓呢，杯残盏碗一身狼藉是免不了的，只希望不要伤着就好。

倭寇们很快到了福州西门，他们朝城头上一看，完全没有防备，只零零星星地有几个扎着素布的麻阳兵在晃悠。洪东冈和黄侃看着倪泰员，倪泰员说："假的，都是城里百姓，不信你们上去看看！"

惊心的海螺声响了起来，一架架云梯靠上了城墙。第一批倭寇爬了上去，城头上的麻阳兵吓得四散奔逃。倭寇们直接攀上了城头，没遇到任何抵抗。

城下的洪东冈差点喜极而泣，他重重地拍了一下倪泰员的肩膀说："兄弟，我要进城去了，回头我要重重地谢你，咱们在福州城里见！"说着，他振臂一呼，亲自带人攻城去了。

洪东冈带着一帮亲信快速爬上了城墙，鸟瞰全城，福州城三坊七巷尽在眼底。他们每攻打一座城池前，都会派人仔细调查，将城里官绅富豪的府第画于图纸上，然后烂熟于心。这样，城池得手后就可以直奔目标而去。比如眼前的福州城，就有林、沈、陈、吴四大名门望族，这些自然是他们的首选目标。

城头上的倭寇有上千人了，他们向城门杀去。只有夺下城门，城外的大批倭寇才能进来。到那时，就大局已定。

突然，城外响起了嘹亮的牛角号声。倭寇们一愣，像被定身术定住了一般。洪东冈问道：“什么声音？”

黄侃说：“你，你听不出来吗，这不是峒蛮子的牛角号吗？”

“可那些峒蛮子不是已经走了吗？”洪东冈脸色惨白。

黄侃说：“我也不知道，可听这声音，明明是峒兵的牛角号，这声音直往耳朵眼里钻，除了那些峒蛮子，其他的人根本吹不出来。”

洪东冈叫道：“那个倪秀才呢，快叫他来！”

有人回道：“他还城外呢！”

洪东冈说：“快去找，他肯定知道情况。”

可是，已经来不及了。当牛角号响起的时候，城外的倭寇阵脚大乱，他们突然发现，已被人抄了后路。而且抄他们后路的不是别人，正是几天前已经离开福州的峒兵。

倭寇们慌乱起来，不得不暂停攻城，回过头来专心对付这些峒兵。城墙根下，乱作一团，双方混战在一起。

城头上的倭寇更不好过，牛角号声响起的时候，不知从什么地方突然射出一支响箭。响箭是一种信号箭，箭尾上有小孔，飞行时能发出尖锐的声响。“嗖——”只听响箭拖着长长的尾音，当的一声钉正在西门城楼上，箭尾在疾速地颤动着。洪东冈的心颤动得比那箭尾还要快，他知道大事不好。果然，从房顶上，树丛中，街头巷尾，数千扎着素布的麻阳兵突然现身，纷纷朝城头上的倭寇放箭。一时间，箭矢如雨。倭寇大多没带盾牌，中箭的人发出一声声惨叫。

黄侃站在洪东冈前面，胳膊上中了一箭。箭射得并不深，他一咬牙，将箭拔了出来，扔了。洪东冈关切地问道：“黄兄，没事吧？”黄侃瞅着箭伤处皮肤正在变黑，他哭丧着脸说：“妈呀，毒箭啊！”

一听说是毒箭，倭寇全吓得变了脸色。只听喊杀声四起，麻阳兵挥着雪亮的苗刀，从各个角落向城头上冲来。苗刀刀身和刀柄都很长，一种五尺，一种三尺七寸，兼有刀、枪两种兵器的特点，且可单、双手变换使用。对敌时，攻势凌厉，刀随人转，势如破竹，威力极大。倭寇的倭刀算是碰上了克星。

阮鹗在正街口出现了，只见他手持破罡剑，正在指挥着麻阳兵攻击城头上的倭寇。洪东冈傻眼了，城头上的倭寇全成了麻阳兵的活靶子。他至此方才明白，先前攻城时出奇的顺利，根本就是一种假象，说白了就是故意放他们上来受死。

洪东冈打了一个冷战，这些麻阳兵太厉害了，就是没有人中箭，城头上的倭寇们也不是对手。何况现在已有多人中箭，士气严重受挫。

这时，官军竟然主动打开了城门。城里的百姓们拿着各种家伙，纷纷涌出了城门，支援城外的峒兵。福州周边五里八乡的百姓，听说倭寇被官军包围了，也纷纷赶来。平时，他们对倭寇恨之入骨，却莫奈若何。今天好不容易有了这样一个报仇雪恨的机会，一个个拿起农具，成群结队地涌向福州城。

倭寇陷入了包围，阵形大乱，开始分散四处突围。洪东冈带着一批人好不容易杀出一条血路，向洪山桥方向逃去。来到洪山桥，他一看，傻眼了，桥上站着一人，像座铁塔一般，手持长矛，正虎视眈眈地瞅着他呢。洪东冈一见此人，两腿一软，差点跌倒。来者正是他的死对头徐勇。

徐勇带着一批人，在这里等候他多时了。他料定洪东冈会从此逃命，任何情况下，洪都会选择向海上逃窜。海是他的命根子，只要到了那里，哪怕他输得再惨，都有机会卷土重来。

可徐勇不会轻易放他过去的。他首先来了个追魂枪，可刺个了空。徐勇一愣，人呢？再一看，洪东冈像只鱼一般，轻盈一跃，直落到闽江里。后面的倭寇也纷纷仿效，争相跳进了闽江。徐勇仰天长叹，恨不得变成一只鱼鹰，直擀洪东冈而去。

阮鹗、林念指挥着军队一路追赶到琯头镇，将镇上倭寇的营寨付之一炬。经此一役，洪东冈和黄侃部再次被打散。黄侃身中毒箭，逃入山中后不久病死。洪东冈逃回海上，重新拉起大旗，以图东山再起。

福州城内外，弥漫着浓重的血腥气。雨下了好几天，才将那股血腥气冲散。打了胜仗，要趁势抓紧做好当前的几项重要工作，阮鹗命布政使马东升利用交通恢复之机，抓紧时间征收提编银；命林念继续募兵练兵，充实卫所，加强海防；命各府县办好儒学，加强教化。福州大捷，闽地的局势总算暂时稳定了下来。

第十七章

倭寇之王

嘉靖三十六年九月二十三日，风平浪静，宁波东南方向的王盘洋海域突然悄无声息地驰来了几十艘造型怪异的巨大战船。说怪异，是因为它们与人们此前见到的官船和民船都不同，船首像一只洋人的高鼻子，高高翘起，船舱完全封闭，有三四层，两侧留着一排排的方孔，便于对外射击。每一艘船上，都插有一面大旗，上面都写着一个“王”字。

进入王盘洋海域后，首船的船舱内，一块金黄色的地毯上，盘足坐着两人。一位身材魁梧，皮肤黝黑，身着和服，他就是被称为倭寇之王的王直；另一位身着从五品官服，神色不安，如坐针毡，他就是一年前出使日本的使团正使、浙江市舶司提举蒋洲。王直身后一侧，有一个刀架，上面横放着几把精致的倭刀。此时的蒋洲，心里是又喜又忧。喜的是，自己终于不辱使团，成功地说服了王直前来宁波接受招降；忧的是，虽然胡宗宪、赵文华是诚心招降，但朝廷对王直是何种态度，他半点底也没有。徐海的命运就是例子。再加上倭寇生性凶残，喜怒无常，一旦有朝一日激怒他们，东南沿海恐怕又是一片血雨腥风。而这些问题，都是他马上就要面对的。这叫他怎能不着急呢?

一个年轻人伸头看了看外面的海域，又对王直耳语了一句，王直点了点头。这位年轻人就是王直的义子毛海峰。毛海峰得到命令后，快步来到前舱，猛地一挥手中的三角旗。船舱两边的方孔打开，一尊尊铜炮的炮口伸到了方孔边上，倭寇们熟练地装弹。毛海峰再一挥旗帜，炮次第响了，炮弹拖着火舌在不远处的海面上炸开，激起数丈高的巨浪。

附近的渔船四散奔逃，有人惊呼：“王直来了！”

王直，号五峰，一说姓汪，徽州府歙县人。少时颇有豪侠气，立志做一番大事。嘉靖十九年，趁海禁松弛之际，他与同乡徐惟学、叶宗满等人远赴广州，打造巨舰，满载明廷严禁出海的硝磺、生丝等违禁品，运往日本、暹罗以及西洋诸国，做起了海盗，很快成为巨富。王直讲究信誉，出手大方，深得各国商人信任，被称为五峰船主。嘉靖二十三年，王直尚是同乡、海盗许栋的管账会计。嘉靖二十七年，屯聚于浙江双屿港的许栋团伙被浙江巡抚朱纨所灭。王直收拾许栋残部，另起炉灶，自立为船主，开始大规模召集亡命之徒，徐海、陈东、麻叶等先后被其招至麾下，后各自独立发展。嘉靖三十一年，王直吞并了广东海盗陈思盼后，势力进一步壮大，成为倭寇中的头号人物。他以日本五岛为据点，僭号为宋，自称徽王，部署官属，授予名号。王直在日本很有号召力，三十六岛之夷都甘愿受他驱使。王直集团长期对浙江沿海地区进行疯狂侵扰，甚至深入内地，大肆洗劫。

炮声响后，首先是定海卫的烽火台燃起了狼烟。很快，浙江沿海几十座烽火台全都狼烟滚滚，一匹匹快马驮着一封封告急文书，飞向杭州总督府。

一听见炮响，蒋洲的脸色就白了，他紧张地看了看海面，只见浓烟滚滚，白浪滔天。他对王直说："王兄，这样不妥吧？"

王直说："有什么不妥的，这些全都是为本次行程刚铸的新炮，试试威力如何，看来还不错。"

"以后咱们就是一家人了，你我同朝为官，哪里还用得上这些东西，再也不用打打杀杀了。"

王直感慨地说："我何尝不想如此，朝廷要是能接纳我，当然是上上之策，沿海百姓从此也能过上安稳日子。"

"说得好，说得好，"蒋洲拍了拍手说，"王兄请放宽心，胡宗宪总督和赵文华尚书都是在皇上面前说一不二的人，有此两公力保，焉有不成功之理？你此番回来，可以说是功成名就、衣锦还乡。"

王直说："事情若有成，蒋提举您就是我王某此生的大恩人，可以说恩同再造，我一定要好好谢谢您！"

"恩不恩的不敢说，蒋某这也是在为朝廷和沿海百姓效劳，替皇上分忧。"说到这里，蒋洲站了起来。

王直想起惨死的同伙徐海，脸上的笑容突然消失了，他从架上拿起一把倭刀，将刀身抽出一半，又唰的一声合上了。然后，对站在一边的毛海峰大声地说："进驻岑港！"船队向东，进入灰鳖洋，向岑港方向进发。

此番王直归来，名义上是送使团正使蒋洲回国，实质是接受官方招降。但官方招降是否真心，能否答应王直的条件，这些都是极为敏感和不确定的因素。在王直看来，武力施压必不可少，要让明廷知道他的厉害。因此，此番归来，他征调巨舰，精选骁勇之士数千，可谓精锐尽出，满载着火炮器械，浩浩荡荡，兴冲冲而来。显然，王直是做了两手准备的，一旦情况有变，马上撕破脸皮，兵戎相见。

看到王直突然变得狰狞的表情，蒋洲的头脑中，马上浮现出一幅画面：王直离开日本五岛时，各路倭酋前来送行，他们向王直承诺，只要明廷敢于不敬，他们立即挥师前来助阵，闹他个天翻地覆。这些话既是说给王直听的，更是说给在一旁代表明廷的蒋洲听的。一想到这些，蒋洲就觉得自己正坐在一叶小舟内，而这叶小舟已经飞上了浪尖。

杭州总督府内，灯火通明。胡宗宪的案头，横七竖八地摆着一份份告急文书，这些都是浙江沿海卫所刚刚送来的倭情急报。胡宗宪倒背着双手，在室内走来走去。赵文华看看胡宗宪，又看看一旁的徐渭、唐顺之、郑若曾等几个幕僚，以及曾出使过日本的使团成员夏正等人，也不说话。胡宗宪走到案边，两手胡乱抓起几份告急文书，抖搂着对赵文华说："赵尚书，那个活阎王来了，你说，这，这咋办?"由于紧张，他的声音有点发抖。

赵文华本来不害怕，可见胡宗宪吓成这样，也紧张起来，说："还是派人去问问他有什么条件，说什么先都答应下来，反正不能轻启战端。"

"他要取消海禁也能答应？他要官也能答应?"胡宗宪问道。

这就触碰到敏感话题了，海禁是朝廷的禁令，没有嘉靖的首肯，任何人也不敢轻易表态。见自己一句话就将赵文华问着了，胡宗宪有意化解尴尬，说："不过赵尚书说不能轻启战端，倒是启发了本官，先和他玩点虚的，能不打仗当然最好。"

唐顺之说："虽说争取不打仗，但我们还是要做些准备的。"

胡宗宪说："这个是自然，通知卢镗、戚继光等，立即悄悄移军到舟山附近，千万不可大造声势。"

胡宗宪为什么没有说让总兵俞大猷也率军到舟山呢，这里还有另一层考虑。嘉靖三十二年三月，王直纠集倭寇到沿海抢劫，攻陷了浙江昌国卫城。五日后，俞大猷率兵赶至，击溃王直部属，收复了昌国卫城。毕竟二人曾交过手，为了表明官方招降的诚意，胡宗宪有意让俞大猷暂时回避。

胡宗宪说对众人说："大家连夜准备一下，明天一早我们全体移师定海县总督府。"说着，示意徐渭将桌上的文书收了起来，他自己从抽屉里拿出三枚古钱，卜筮吉凶。徐渭几个见他一本正经忙活的样子，互相对视了一眼，想笑，又忍住了。

只见胡宗宪将三枚古币放入掌心，双掌合拢，上下晃动，两眼紧闭，嘴里念念有词。然后突然停下，一松手，古币掉在桌上。一番转动之后，古币停了下来。然后拿过笔，在纸上记下正反。然后继续卜筮，如是者六。最后，胡宗宪拿过一本《周易》，快速地翻着、找着。忽然，他满脸喜色，大叫一声说："太好了，鸿渐于陆，上上卦，上上卦啊，你们快来看！"

得知是大吉，屋内的人都松了一口气。胡宗宪拿着《周易》，指着上面的卦辞，对赵文华和幕僚们说："你们看，鸿渐于陆，鸿鸟本应飞于九天，而渐飞于陆地，必定折其翅、失其势！据此卦辞判断，活阎王此番必定完蛋，此乃天意！"

徐渭几个幕僚趁势说："祝贺胡总督、赵尚书，此乃朝廷之福、百姓之福！"

浙直督抚衙门分设于两处，一处位于省城杭州；另一处位于宁波府定海县。定海位于海滨，是宁波府属县，为何能取得相当于省城的地位？主要在于定海地理位置重要，历代为海防要地，有浙东门户之称。将督抚衙门设于此地，自然是为了便于指挥抗倭。

到了定海后，胡宗宪带着随从匆匆登上了招宝山。该山位于县城东北部的甬江口，名为招宝，意指此地是"南舶所经，百珍交集"之所，寓招财进宝。山并不高，不过二三十丈，胡宗宪沿着山中古道一气登上了山顶。站在山巅，海天尽收眼底，滔滔甬江由招宝山麓入海。胡宗宪的眼睛一动不动盯着远处的岑港。唐顺之说："胡总督，今天海面上有点薄雾，看不见那边情况。"

"看得见，你们看，"胡宗宪指着南方，"你们仔细看看，那一长溜，不就是王直战舰吗?"

徐渭、唐顺之、郑若曾、夏正等一个个使劲地睁大眼睛，吃力地朝胡所指的方向看去，还是什么也看不见。但他们又不好明说，唐顺之只好附和着点了点头说："好像是能看见点模糊的影子。"

"我还会骗你们不成，"胡宗宪说，"听说王直的巨舰能连射火炮，不知是真是假?"

几个人都摇了摇头，说不知道。胡宗宪自言自语："听说是葡萄牙人造的，是当今世上最厉害的火炮。"

几个人不知如何回答，干脆不说话了。山顶上有座宝陀禅寺，住持听说浙直总督胡宗宪来了，早在门口等候。胡宗宪走进禅寺，青烟袅袅，梵音悠扬。住持递给了他三炷香，胡宗宪点燃了，插到了香炉里，又恭恭敬敬地拜了三拜。

然后，对唐顺之使了个眼色。唐顺之拿出一锭银子，递给了住持。住持连声称谢。然后，一行人才下山去了。

为了诱使王直尽快前来定海总督府接受招降，经过一番苦苦思索，胡宗宪很快想好了对策。他是诚心招降的，但就怕那个活阎王提出让他为难的条件。条件越高，在官方和民间激起的反弹就会越大，招降的难度也就会成倍增加。到那时，事情就会变得不可收拾，很可能会引发冲突。但就算再难，胡宗宪也要一试。

先是双方互换人质。胡宗宪派指挥夏正赴岑港，王直派义子毛海峰到定海，互为人质。毛海峰到定海后，胡宗宪将他当作亲儿子一般看待，让他与自己同居一室，连床而卧。为了表示自己招降的诚意，胡宗宪在毛海峰的身上想足了点子，他演了一出类似于三国蒋干盗书的好戏。

一天，胡宗宪假装出门赴宴。他的案上，摆着拟好的请求朝廷宽宥王直的奏疏，奏疏旁边，一同摆放着十余篇诸将的请战书。毛海峰将胡的奏疏偷偷抄录了一份，藏于怀中。晚上，胡宗宪大醉而归，假装对王直说梦话，说什么吾欲救你，故至今尚不进兵；你不来，到时休怨我也。诸如此类。为了证明自己是真醉，胡宗宪又一番呕吐，污秽满床。第二天，毛海峰就请求回岑港与王直商议归降事宜。胡宗宪情知这小子上当了，内心大喜，自然同意他回去了。

为防王直逃逸，胡宗宪也在积极备战。俞大猷被他暗中调至舟山，率水师潜伏，以便随时堵截；卢镗、戚继光等率兵进入舟山所城，随时准备出击。

胡宗宪那封被毛海峰抄录回去的假奏疏发挥了重要作用，王直始相信胡是真心收服，而他也想叶落归根，与老母、妻子和儿子团聚。他虽在日本五岛自称徽王，看似风光，但毕竟寄人篱下，处处要仰他人鼻息，他太想回到故国过一种安定的生活了。如果错失这次机会，他可能就要终老于海外。

在这种情况下，王直率部分手下，来到定海县总督府，接受胡宗宪的招降。胡宗宪大喜，亲自接见，待若上宾。王直提出了接受招降的两个条件：一是请求朝廷开放海禁，与日本通贡开市；二是免除他的罪过，授其巡检一职，稽压海上。这两个条件实施起来难度很大，特别是取消禁海令，基本没有可能。但胡宗宪一口答应了下来，先稳住他再说，并安排浙江文武官员们每天轮番陪吃陪喝。王直在总督府排行位居浙江地方官之首，乘着金碧色的华舆，前呼后拥，出入秦楼楚馆，逍遥快活。

同当初徐海到平湖县城接受官方招降一样，王直的到来，引起了浙江文武官员的恐慌，甚至引起了朝中百官的不安，大家不知道胡宗宪到底要干什么，怎么和头号倭酋混到了一起。在民间，也激起了轩然大波，一时间舆论大哗，谈王色变。朝中大臣多主张立即逮捕王直。有人甚至说胡宗宪之所以厚待王直，是因为收受了他的巨额贿赂和海外奇珍，以求开放海禁和免死。工科给事中徐浦劾奏，将原浙江巡抚阮鹗也连带了进去，说胡、阮在浙直摊派税役过重，历年所费，漫无稽考。前南京御史慎蒙提出停止征收提编银，请朝廷派人清查浙江历年账目。类似上疏，雪片般飞向皇宫。这些情况，都是胡宗宪远未料到的，他没有丝毫心理准备。嘉靖多疑，素来相信科道官员言论，形势和舆论对胡越来越不利。

胡宗宪惶恐不安，紧急向朝廷奏言王直始末。嘉靖传来谕旨，严责胡宗宪，并命他立即擒剿王直和屯聚于岑港的倭寇。至此，胡宗宪终于明白，他一厢情愿的招降之策是行不通的。他隐瞒旨意，不敢外露，同时暗中布置，准备行动。他先是派人于十一月二十七日将王直送到杭州，收入狱中。浙江"三司"即承宣布政使司、提刑按察使司和都指挥使司集议之后，对王直案予以定性："王直始以射利之心，违明禁而下海，继忘中华之义，入番国以为奸。勾引倭寇，比年攻劫，海宇震动，东南绎骚。虽称悔祸以来归，仍欲挟倭而求市。上有干乎国策，下遗毒于生灵。恶贯滔天，神人共怒，问拟斩罪，犹有余辜。"

留守岑港的毛海峰，密切关注着王直的命运。他密派骁将十余人，潜伏于杭州城中，探听王直消息。毛海峰已预感明廷不会轻易饶恕王直，积极备战，在岑港大建栅栏，修筑了坚固的防御工事。胡宗宪调兵遣将，准备对岑港倭寇展开行动。为了省城杭州安全和便于指挥，他率师移驻余姚。

身在福州的阮鹗，一直密切关注着王直和岑港倭寇的一举一动。当王直到定海总督府接受招降时，他就料定会像去年招降徐海一样，在官方和民间激起强烈的反弹。王直的命运显而易见，朝廷不会放过他，百姓更不会饶了他，等待他的唯有一死。他去时容易，想走恐怕就难了，胡宗宪不会也不敢放虎归山，他负不起这个责任。这样一来，岑港一战在所难免。没有了王直，屯聚于岑港的倭寇就成了一盘散沙，在官军的强大攻势下，会受到重创，余倭势必会南下福建，继续为害一方。也就是说，胡宗宪在浙江擒获王直立下显赫功勋，阮鹗要在福建默默无闻地替他收拾残局。

这就是阮鹗对当前和下一步倭情的基本判断，事后的发展也证明，他的判断是正确的。针对当前形势，阮鹗觉得，仅凭官军的力量是远远不够的，必须广泛招募乡兵，加强地方上的守护，修筑营垒和城堡，千方百计阻挡倭寇。

一天，阮鹗正在和海道副使邵梗商议招募乡勇事宜，阮良进来递过一张帖子，说兵部郎中唐顺之从浙江定海过来了，目前住在榕城客栈，下午求见。

阮鹗一听大惊，继而大喜。唐顺之是胡宗宪的幕僚，他这节骨眼上来闽地干什么？阮鹗认为，他很可能是前来帮助自己。他当即放下手头的事情，对阮良说："准备轿子，我们到榕城客栈去一趟。"

到了榕城客栈，伙计说唐顺之刚出去。阮鹗也不急，就坐在院子里的凉亭内等着。唐顺之一来，他的心里就安定多了。院子里有棵大榕树，虬枝如盖，绿叶纷披，将天空遮得严严实实。榕树生长缓慢，一般要二十年左右才能成荫，这棵大榕树，少说也有三四百年了。福州城内多榕树，据说刚建城时，城内居民饱受旱涝之苦，加上南方气候炎热，居民经常患病。当时的主政官员号召百姓开渠植榕，福州生活环境为之一变，患病的从此果然少了。

望着院子里的这棵大榕树，阮鹗感叹，这个唐顺之就是不一般，连住都这么会挑地方。

等了一会儿，唐顺之回来了，身后跟着一个伙计，提着大包小包的东西。阮鹗的突然出现，让唐顺之一惊，说："不是说好了我下午去拜访你吗？让一个堂堂巡抚在院子里坐冷板凳，失礼了。"

阮鹗说："阮良是说你下午要来，可我听说你到了福州的消息后，从心眼里高兴，哪里还能坐得住？这不，就赶过来了。"望着唐顺之身后伙计手里的东西，阮鹗问道："你才到，这大包小包的买的都是什么？"

"还能是什么？茶叶呗。我的嗜好你老兄还不清楚。"唐顺之说着，打开一包新买的茶叶，泡了两杯，放了一杯在阮鹗面前说："明前的建州茶叶，《茶经》中提到的，陆羽评价其味极佳。你尝尝看，能否担得起这个极字。"

阮鹗说："建茶以北苑为贵，你这是哪里产的？"

唐顺之说："甭管哪里产的，你尝尝味道如何？"

阮鹗说："品茶的事，急不得，品建茶要兔毫盏、鹧鸪杯，这客栈里的茶碗怎么行？回头我送你几个。"他小呷了几口唐顺之刚泡的建茶，说："上等建茶纹如兔毫，其味香醇，你这个叶子粗大，味道也淡了点。依我看，只能说是中品。"

唐顺之惊道："阮兄，没想到，你对品茶这一行倒也非常精通。"阮鹗摆了摆手说："精通谈不上，略知一二而已。"阮鹗又打量一下唐顺之住的房间，说，"唐兄，这里太简陋了，搬到我那里去吧，愚兄我也好早晚讨教。"

"讨教二字无论如何是不敢当的，顶多是我们互相交流下看法而已。今晚就让我在这里住一晚吧，就冲院子里的这棵大榕树，住一晚也是值得的。"

阮鹗说："那好吧，今晚我也住在这客栈，我们好好聊聊。"

客栈厨下弄来了佛跳墙、琵琶虾、七星鱼丸、蚵仔煎等几样精致菜肴，两人推杯换盏地喝了起来。阮鹗说："唐兄，你和我说句真话，在这节骨眼上，你怎么跑到我这里来了？"

"浙江大局已定，"唐顺之说道，"王直被押往杭州，岑港的倭寇失了主心骨，其势已衰。我再待在总督府不是吃闲饭么，就和胡总督说，到闽地来散散心，顺便看看故人，他也同意了。"

"可是，你跑到我这来，就不怕将来胡总督叙功时，把你的名字漏了？"

唐顺之大笑说："我是在乎功劳的人么，都是浮云而已。我到你这里来，是特地来和你打个招呼，岑港战局一开，倭寇肯定会四散逃命，福建首当其冲，希望兄弟这边早做防备，以防不测。"

阮鹗感动地说："谢谢唐兄厚爱，我们想到一块去了。"阮鹗又奇迹般地从怀里掏出一张福建地图，摊在桌子上，他指着沿海的岛屿说，"依唐兄看来，倭寇们可能会选择哪里立足？"

唐顺之直愣愣地看着阮鹗，阮鹗也觉得奇怪，说："唐兄，你这样看着我干什么？"

唐顺之说："难道你随身都带着一张闽省地图？"

"哪里的话？"阮鹗说，"我到你这里来，是真心向你讨教来的，临走的时候，就顺手拿了张图揣在怀里。"

唐顺之说："阮兄一心为公，在下佩服。"他审视着地图，先是指了指连江和长乐县，说："我在《邸报》上也看到了，你们刚在福州和琯头重创了倭寇，我觉得他们选择这里的可能性不大，毕竟和省城距离近，官军防备也严密些，随时有被清剿的可能。"

"你的意思是说，他们还会继续南下？"

唐顺之没有直接回答阮的话，而是将手指一路南移，在漳州府九龙江出海口附近停住了，然后抬头看了看阮鹗。正好阮鹗也在看他，两人几乎同时说出一个地名：浯屿。

两人相视一笑。阮鹗说："我不是没有想到这里。嘉靖二十七年，当时的浙江巡抚朱纨率军击退了盘踞在舟山双屿港的倭寇，并填塞港口，使双屿成了一座废港。倭寇一路南逃，就选择了浯屿。"

浯屿是漳州府同安县极南的一座小海岛，它位于九龙江航道上，西边距漳州陆地仅数里，距月港镇约两个时辰的航程。由于位置极其重要，自古为兵家所倚重。明洪武二十年，江夏侯周德兴在浯屿建立了水寨，建寨之始，驻军就达到了三千四百名，官船六十多艘。后来，水寨设施荒废，加上补给不便，干脆移到了嘉禾屿。官军退出后，葡萄牙人看中了这里，在浯屿盘踞了二十余年，以浯屿为据点，向月港以及与其相邻的海仓等地派发货物，然后由窝主销售，精心构筑了一条内外相通的走私通道，长期活跃，屡禁不止。所以，唐顺之说岑港的散倭会选择浯屿，完全是有道理的。

阮鹗说："月港与浯屿之间的海外走私一直很活跃，兄弟我来闽地后，就注意到这里了，并已安排海道副使邵楩在月港招募一批乡勇，争取隔断月港的窝主们与倭寇之间的联系通道。"

唐顺之叹了口气说："海外走私人人获利，在这条道上谋食的小民何止千万，哪有那么容易说断就断。"

唐顺之说的是实话。两人说来说去，最终的归处还是说到了朝廷的海禁政策上。阮鹗说："我有一个大胆的提议，与其屡禁不止，不如彻底放开海禁，允许自由贸易，朝廷在沿海各地设市舶司收税，于国于民都是件双赢的良政，不知朝中的那些大佬们怎么就想不通这个理？"

唐顺之说："不只那些大佬，还有那个最大的老爷。"他说的明显是指嘉靖皇帝。

阮鹗说："等这次王直团伙平息之后，我们这些在沿海任职过的官员，到时都要向皇帝上疏，要放开海禁，不能再这么禁下去了，海禁一日不开，倭患一日不止。"

唐顺之说："好，就这么说定了！"

两人都喝得差不多了，停顿了好久，都没有说话。最后，唐顺之好像下了决心，放下筷子，说："阮兄，唐某此番入闽，胡宗宪还交代了我一个私密差事，还望兄弟多多帮忙，替我解决一个难题。"

"你说，只要我帮得上的，绝不会推辞。"

"我临行时，胡总督吩咐在下，让我设法替他寻些龙涎香。你知道宫里那位大老爷好这口，听说内阁首辅严嵩也跟着好上了这一口，说是能延年益寿，真实效果只有天晓得。偏偏这龙涎香遍寻不得，没有通番的路子，就是有再多的银子你都没地方买去。这个难题对我唐某人来说，实在太大了。胡总督故意交代我这事，也说不定就是指望着你有路子，银子的事你不用担心。我知道这事让你很为难，但你总要替兄弟我着想一下。”

果然，阮鹗的脸色就冷了。他一听到龙涎香就来气，《礼记》中说，上好是物，下必有甚矣。故上之所好恶，不可不慎也，是民之表也。马东升就是靠着用库银买龙涎香才从知府一路混到福建布政使的位置上。现在严嵩也喜欢上龙涎香了，暗中肯定还有嗜好者。这倒好，应了上行下效的话了。

想到这里，阮鹗说：“他们这么喜欢龙涎香，怎么就不知道放开海禁呢？一边死死地禁着海，一边还想着海外的东西，这不是天大的笑话吗？”

唐顺之说：“阮兄，海禁的事，下一步再说。你得先替我想办法解决这个难题才好，胡总督还说，买那玩意儿，要到月港。”

“我也没有路子，”阮鹗说，“只能说我留意吧，要是听说哪里有货，我告诉你一声，你自己买去。我可跟你说清楚，就是杀了我，我也不会去买那劳什子！”

“好，好，到时你告诉我一声就行。”唐顺之无奈地说。

次日，阮鹗派人将唐顺之接到了府学里。刚刚将他安顿好，海道副使邵梗就匆匆来禀告，说他刚刚接到浯屿官澳巡检司巡检陈碣报告，几天前，一群倭寇冲上了浯屿，很快控制了岛上原有的几百名倭寇。而且，这群倭寇到来后，就将巡检司的几名巡检全部赶了出来，不许他们再上岛，这群倭寇的几个头领堂而皇之地住进了巡检司里。陈碣暗暗派人一打听，得知这群倭寇来自舟山岑港，他怀疑是王直的部下，觉得兹事体大，因此特地来报告。

阮鹗一惊，这群倭寇胆子也忒大了，竟然将官方的巡检司都占了。巡检司设在浯屿上，就是为了便于堵截和查处走私行为。虽说月港与浯屿之间的走私行为基本半公开化，巡检司根本管不了，甚至他们可能被倭寇收买了，但是，它毕竟还是代表官方管理海禁查处走私的机构。倭寇明目张胆地将它占了，明显是没有将官府放在眼里，是赤裸裸的挑衅行为。还有，巡检司和岛上的倭寇长期相无安事，怎么这群新倭来了，就将巡检司占了呢？人也不准上去了。要是这群新倭真的来自舟山岑港，那就非同小可。说明岑港倭寇已经相中这里，并且采取了行动。一旦岑港守不住，他们的下一个落脚点就是浯屿。要是不早做防备，后果会很严重。

阮鹗和唐顺之一合计，决定到浯屿上去走一趟，了解些真实情况。两人带着巡检陈碣以及徐勇、罗绮、阮良、倪泰员几人，到了漳州府境内，也不告诉当地官方，雇了两条渔船，由几个渔民带着，一行人就下了海，扯上帆，向浯屿岛驰去。

浯屿岛北边有座小山，名叫观音山，山上有座天妃宫，官澳巡检司是一座石城，位于山下。两艘渔船刚刚靠近，一艘快船就过来了。只见船头上站着几个倭寇，为首一个说："快离开，这里不准捕鱼!"喊了几声后，见渔船还在磨磨蹭蹭半天不肯离开，随即拔出火铳，朝渔船砰砰砰连开几枪。倭寇的火铳射程远，帆上顿时被打了好几个窟窿。

陈碣躲在船舱里，指着浯屿岸边说："大人们快看，老水寨的位置停了好几艘大船，这样的船肯定不是浯屿的，是新来的战船无疑。你们再看，礁石边用石条砌了工事，好多倭寇还在忙碌呢。"

陈碣说的老水寨就指洪武年间废弃的官军水寨。阮鹗和唐顺之仔细一看，海边果然停着几艘形状怪异的大船，岸上隐隐有人影在活动，像是在忙活着什么。本想再看一会儿，可快船上的倭寇又在放火铳了。阮鹗示意离开，向浯屿东南边驰去。唐顺之说："你看，倭寇防守严密，我们还没靠岸呢，就被他们发现了，山顶上肯定设了观察点。"

阮鹗点了点头："我们到南边的渔村看看，要设法弄清楚这批新倭是从哪来的。"

到了浯屿南边，他们倒是没遇到什么阻拦，两艘渔船顺利地靠了岸。几个人进了渔村，借口渔船坏了，上岸歇歇脚，寻找师傅修船。陈碣将几人带到了一户熟人家里，让他们歇息一会儿，他自己找人打探消息去了。

阮鹗和唐顺之哪里坐得住，难得到岛上来一回，趁此机会抓紧四处走走看看。两人一道在村里转了一趟，真是不看不知道，一看吓一跳。浯屿是海岛，上面的村子称渔村，按外人的理解，岛上的居民肯定以捕鱼为生。但事实恰恰相反，这岛上家家都不捕鱼，而是以贩私运私为业。浯屿海域周边的渔船都是漳州府其他地方的，捕鱼属于贱业，贩私才是人人羡慕的差事。岛上的房子，大多是仓库，里面的走私货物堆积如山。生活在月港的窝主和海商，他们相当于是倭寇的代理人，在这里从倭寇手中领取货物，运到月港、海沧等地销售；同时，将从内地采购到的生丝、丝绸、茶叶、漆器、药材甚至硝磺等物，以高于内地的价格出售给倭寇，由他们运往海外。

陈碣很快回来了。他说，通过熟人打听清楚了，这新来的一批倭寇确是岑港过来的，为首者是王直的侄子王汝贤和他的军师叶宗满。本来，浯屿倭寇的头领是洪东冈，王汝贤和叶宗满来后，洪自知不敌，主动让贤，坐了第三把交椅。目前，他们在浯屿构筑工事，重修水寨，看样子是打算在此长期盘踞。

真是担心什么来什么，听了陈碣的禀报，阮鹗半晌沉默不语。唐顺之说："我们先回吧，回去再想办法。"

第十八章

龙涎香

回到福州后，只要坐到书斋中，阮鹗的眼神总是会不由自主地审视着海防图，最后落到那个叫作浯屿的小岛上。一旦倭寇在岛上站稳脚跟，会带来无穷后患，到时不光漳州府不得安宁，更会祸及整个闽地，一定要早日采取措施。阮鹗决定，巡抚行辕暂时移师漳州府。他把这个想法告诉了唐顺之，唐顺之也认为非常有必要。

海道副使衙门位于漳州，福建巡抚行辕搬到漳州后，这里暂时又成了巡抚衙门。一省巡抚坐镇漳州，海道副使邵楩和漳州知府桂嘉孝压力很大。阮鹗天天督促着他们招募乡勇，训练水师。月港自然是重中之重，邵楩说，月港乡勇组建非常顺利，目前已有三四千人，且人数还在不断增加。由二十四位壮士率领，民间称二十四将，为首者名叫张维。

阮鹗决定去月港看看，一则了解下情况；二则顺便拜访一位名叫谢彬的当地士绅。谢彬是月港人，曾官至山东省按察司副使，致仕后隐居乡里。千万不能小瞧这些致仕官员，他们回到故里后，在当地非常有影响，常常是一言九鼎，地方府县对他们都敬畏三分。首任浙江巡抚朱纨就是得罪了士绅林希元，才被他扳倒的。林希元是正德十二年进士，曾任广东兵备海道，因与督臣不和被罢归。林家就在月港附近，他回来后当上了窝主，和倭寇做起了走私生意，富甲一方。朱纨严格执行海禁，得罪了林希元。林希元联络朝中的浙闽籍科道参劾朱纨，朱纨在得知消息后情知不妙，自尽身亡。月港家家贩私，谢彬自然也未能幸免，不过他的声名比林希元要好得多。唐顺之不是要买龙涎香吗，让他一道去，看看谢彬能不能帮上忙。

月港位于九龙江航道上，因其港道呈月牙形，故名月港，是一处天然良港。虽只是弹丸之地，因地处九龙江入海口，交通便捷，商贸繁华。早在嘉靖初年，葡萄牙人就瞄准了这里，发展了一批专事替他们采买和销售货物的窝主和海商，月港很快成了海外走私货物的集散中心。

夜色初降，华灯绽放，月港成了一片灯火的海洋。港口内外，满载着货物的船只来来往往，穿梭不息；码头上，卸货的、上货的，都在举灯忙碌。入夜的月港亮如白昼，人声鼎沸，比省城福州最繁华的大街还要热闹。那些身着各式绸衫的商人摇着纸扇，成群结队，大摇大摆地出入酒馆和青楼。

堂堂一省巡抚来访，谢彬自然亲自出来迎接。谢彬五十来岁的年纪，体态丰腴，精明干练，上身是一件金黄色的湖绸褙子，头戴一顶六合帽，帽边正中，镶着一方翠绿莹亮的滇玉作为帽准。阮鹗在介绍唐顺之时，有意隐瞒了他兵部郎中的身份，只说他是唐姓客商。落座后，大家先是寒暄一番，接着聊到了海禁问题。一说到海禁，谢彬似乎很激动，他来到窗前，指着窗外的月港说："阮大人您看，这月港旧时本是渔港，可现在家家为商，人人乐而为之，海禁怎么个禁法，难道让这些人喝西北风去？整个东南沿海，像月港这样的地方还有多少？自嘉靖二十八年朱纨自尽后，沿海走私行为不仅未收敛，反而更加活跃，基本半公开化。说句不尊的话，朱纨就是白死了。老夫多次向朝廷建议开放海禁，可惜人微言轻，起不到作用。"

阮鹗说："说得有理，我这次来访，就是要了解民情。本官的看法和大家是一样的，海禁事关沿海百姓生计，从实际来看，有百害而无一利，不如放开，朝廷在各主要港口设税司，这每年的税银恐怕是一个惊人的数字呢。"

得知巡抚大人也主张开放海禁，谢彬的心里似乎有了底，几人越聊越投机。临离开前，阮鹗示意唐顺之说出委托谢代买龙涎香一事。谢彬明白，唐顺之是阮鹗带来的客人，他们俩的关系显然不一般。第一次上门就委托自己办事，这是信任自己呢。谢彬说："龙涎香很不好买，不过，这事找我还真找对了人，我在道上还有几个朋友。这样吧，近日我打探打探，一有消息，就派人通知你们。"

唐顺之听谢彬这么一说，舒了一口气："那就拜托谢兄了，至于价格，我们好商量。"

谢彬说："价格也请放心，不会比别处贵的，我怎么着也不会高价卖给巡抚的朋友。"他这么一说，阮鹗等都开心一笑。

离开了谢府，两人在月港的夜市上一路逛着。来到一幢精致的小楼前，一楼和二楼的廊下都悬着一排红灯笼。再看门头的匾额，上书四个字：海市蜃楼。唐顺之先看到匾额，对阮鹗说："阮兄，你来看，这是做什么生意的？"

阮鹗一看，用这四个字做匾额，倒是很奇怪，他哪里猜得出是做什么生意的。唐顺之再侧耳一听，楼上弦乐声声，笑语喧哗。他说："明白了，这是一家歌楼，名字倒是起得很别致呢。”

见阮鹗还在琢磨着，唐顺之又说：“入乡随俗，要不我们上去看看？”

阮鹗有些犹豫：“这种地方有啥看头，还不都是那样，有辱斯文吧？”唐顺之说：“来都来了，看看吧，这海市蜃楼到底指什么，我还真想弄清楚。”说着，生拉硬拽，硬是将阮鹗拉进了楼。

上了二楼，真是不看不知道，一看吓一跳。台上的歌女们正在展示各种质地的丝绸，和罗绮在杭州展示的软烟罗、凤凰火、云绫锦之类的一个样，没想到这偏远的月港，竟然也流行起了这些新款。

台上的一位歌女，披着一袭彩绸，玉体半裸，耸肩摆腿，举手投足，娇羞动人。灯下看美人，越看越精神。唐顺之在阮鹗耳边窃笑道：“我知道这家歌楼为什么起名叫海市蜃楼了。”阮鹗说：“我还是没想明白。”唐顺之指着台上说：“台上的景，美得虚幻，只可远观而不可亵玩，这不是海市蜃楼又是什么？”

阮鹗恍然大悟：“我明白了，原来指这个啊。”

唐顺之又说：“你看这里的歌舞，和西子楼比咋样？这月港的丝绸，和杭州的比又咋样？”

阮鹗说：“都不差，这月港，我看就是小杭州。”

浯屿岛上，近几天，倭酋洪东冈先后收到两位重量级人物求购龙涎香的通知。一位是月港海商张维。月港有二十四位大窝主或大海商，家家有船队和武装家丁，人称月港二十四将，为首者正是张维。福建布政使马东升是他的靠山，张长期替马购买龙涎香，这在海商圈内是公开的秘密。另一位是世居月港的士绅谢彬。谢氏家族在月港颇有势力，谢彬也是位言出如山的人物，此前，他也时常联系岛上倭寇求购一些稀罕物品。这两个人，浯屿岛上的倭寇们都得罪不起。

龙涎香是一种古老而神秘的香料，殷商时就被贵族用来制作香囊；南北朝时，皇帝的贡品中常有龙涎香。它还是味补益强壮的名贵中药，《本草纲目》中就记载龙涎香有“活血、益精髓、助阳道，通利血脉”之效。龙涎香来自大海，开始时，人们并不知道它是什么东西，只道是海中的“龙”吐出的宝物。这龙其实是抹香鲸。刚被吐出的龙涎香黑而软，气味难闻。在海水长年累月的作用下，它逐渐变灰，颜色越变越浅，最后变成灰白。这需要长达百年左右的时间。灰白的龙涎香是上品，干燥后会产生持久的香气，点燃时散发出的香气比麝香还要浓。因为难得，其价比黄金。

嘉靖信奉道教，除了日常熏香外，他还需要大量的龙涎香来从事斋醮，而这种香料偏偏又十分难得。他下旨用国库库银采购，多次处罚采购不力的官员。嘉靖三十四年，他下旨户部采购龙涎香百斤。户部行文广东，悬赏每斤价银一千二百两，但仅买到了十一两，送入宫中鉴定后竟是假货。嘉靖还派出官员，到沿海各地与番人接触，大肆求购。手中握有龙涎香的葡萄牙人，竟用这种香料与明朝官方做起了交易，以香料交换关在大牢里的葡萄牙囚犯。由于皇帝急需，导致龙涎香价格暴涨，最贵时一两售价高达百金。有的官员因进奉龙涎香获得奖赏和提拔，福建布政使马东升就是典型的例子。胡宗宪命唐顺之到福建求购龙涎香，明显也是为了讨好嘉靖，投其所好。

洪东冈将张维和谢彬向他求购龙涎香一事，告诉了王汝贤和叶宗满，引起了叶宗满的注意。叶宗满本是王直的军师，在王直到定海接受招降时，他就预测到主子不会有好结果，后来的事实也证明了他的预测完全正确。叶宗满还判断官军会很快向岑港发起清剿，到时岑港肯定守不住。这话当然不能向岑港现在的主子毛海峰明说，他只是拉拢了王汝贤，借口提前替大家物色新地盘，带着一批倭寇开溜了。叶宗满觉得师爷就要有师爷的样子，不愿留倭寇中流行的月代头，仍束着发髻，戴一顶瓦楞帽，留着山羊须，一年到头都身着一袭灰布长袍。

叶宗满听说月港的两位重量级人物都争着求购龙涎香，沉吟半晌："好，龙涎香是嘉靖眼里的宝贝，谁拿到了谁就会升官发财，这两位是明的，暗地里还不知道有多少人争着要呢。你们听我的安排，我要让他们互相斗起来，来个狗咬狗，咬得你死我活才好。"

王汝贤问道："军师，可哪里有龙涎香呢？"

叶宗满神秘一笑："有没有不重要，问题是，要让他们相信我们手头上有，这就行了。"说完，几人心领神会地大笑。

一天午时，一艘开浪船扯满风帆，从浯屿方向而来，箭一般进了九龙江口。这种船船头尖而高，利于开浪，吃水浅，只有三四尺，四桨一橹，迅捷如飞。所以，它将其他船只远远甩在后面。它正是叶宗满派到月港交货的快船，所交货物，正是龙涎香。负责送货的人名叫阿龙。

海道副使邵梗一大早就得到内探提供的消息，说今天午时会有一艘倭寇快船到月港码头送货，送的不是普通的货，而是价若黄金的极品龙涎香，且这次数量不少，整整两斤。邵梗一听大喜，要是以缉私的名义，将这批龙涎香拿到手，呈上朝廷，岂不是大功一件？听说皇上最近向沿海派出多位官员，求购龙涎香。这玩意儿可遇不可求，哪是说买就能买得着的。这是机会找人呢，看来自己升官发财的时候到了。一大早，邵梗就选派了一批得力人手，亲自率领，暗暗埋伏在月港码头。

张维昨天就接到了浯屿派人捎来的口信，让他准备银票，送龙涎香的快船明天午时准时到达月港码头，到时银货两讫。

谢彬也是昨天接到的通知，内容与张维的一样。接到通知时，谢彬大喜，没想到事情这么快就有了着落，自己在巡抚阮鹗面前就好交差了。

次日午时整，浯屿来的快船准时抵达月港码头。船还没靠岸呢，阿龙看见码头上已经挤满了人，且互相在推推搡搡，各不相让，眼睛都瞄着他的船。

阿龙有点紧张了，他不知道发生了什么事。这两斤龙涎香可是桩大生意，价值两万两银子，还是便宜价。他今天来送货，没几个人知道，可码头怎么这么多人呢？要是有个闪失怎么得了？

张维没有亲自前来，他派心腹家丁张丰和张冲兄弟接货。此前和浯屿倭寇做龙涎香生意也不是一次两次了，每次都很平稳，只不过这次量多了一点。在这月港，张维自信没有人敢和他过不去。

邵梗是有备而来，人手带的不少，他带来的兵将张丰和张冲兄弟挤到后面去了。只要阿龙的船一靠岸，邵梗准备第一个上船检查。此时，他面无表情，目光如炬，手握刀柄，一副不拿到龙涎香绝不罢休的架势。

张丰、张冲兄弟一看不对劲，赶紧派人回去搬救兵。张维听说有官军前来抢他的生意，心里那个气，就像海里突然起了潮汐，一浪高过一浪。他振臂一呼，带着四五百家丁向月港码头赶来。

谢彬平时喜欢喝几杯，因此来得有点迟。这笔生意虽然重要，但迟一点早一点去也没关系，别人抢不去。可他到了码头上，见到眼前乱糟糟的情景，像是被人灌了一大口又咸又涩的海水，酒意就醒了。他怎么也没想到码头上会乱成这样，上千人手持刀枪挤成一团，吓得阿龙的快船在水里打着转，根本不敢靠上码头。

谢彬一看形势不对，就没有上前，他要是再掺和进去，局面只会越来越乱。他向来信奉一句老话，是你的跑不掉，不是你的追不来。于是，干脆离得远远的，免得让人误会自己支持哪一方。

快船还是靠了岸，阿龙死死地抱着怀里的包裹，哭丧着脸，不敢松手。张维说："你家主人到底是怎么说的，货交给哪一个？"

阿龙说："主人只对我说将货送到月港码头，自会有人前来接货，你们这么多人，到底谁是买主？"

"买主？"邵梗紧握手中的刀柄，冷笑一声，对阿龙说，"你想得倒美，都什么形势了，还想着买主？你们明目张胆地交易违禁品，本官代表福建省海道衙门，要正式没收私货！走，随我到海道衙门走一趟！"

张维先还想着息事宁人，说："邵副使，这笔业务是我和浯屿岛上的人谈好了的，还请大人给在下一个面子。"

邵梗一摆手说："要是平时可以，可今天不行！本官也是奉朝廷之命，还请张维兄弟理解在下的难处。"

张维还从来没有看过这样狂妄的主，平时，甭管多大的地方官，只要踏上月港的土地，对他这个坐山虎都得客气三分。他平时和邵梗的关系还不错，称兄道弟的，黑礼也送过不少，可这家伙今天不知怎么了，竟然翻脸不认人，被龙涎香熏了心，只想着发一笔横财。可天下哪有这样的美事，太不将人放在眼里了！

张维说："既然邵大人翻脸不认人，就莫怪张某今天不客气了，我撂句话在这里，这笔生意我今天做定了！"

于是，双方大打出手。张维的手下，个个都是跑码头的剽悍之徒，人人有一身蛮力。而邵梗手下的兵，仗着当兵的身份，平时颐指气使，不可一世，可真要交起手来，都是些花拳绣腿。要是一对一，哪里是张维手下的对手，可他们仗着人多，一时倒也势均力敌，胜负难分。

混乱中，也不知是谁率先拔出了兵刃。只听啊啊啊接连三声惨叫，三名官兵倒在了血泊里，在地上痛苦地呻吟着。

张维一看不好，喊了一声"散了"，带着几百家丁一哄而散。

见伤着了人，邵梗也知道今天事情闹大了，他没想到张维的手下竟敢对官兵下手。除了这三个重伤的，轻伤的还有十几个，得赶紧找郎中救治去，要是出了人命不好交差。

谢彬在一旁将这场冲突看得清清楚楚，连出手重伤三个官兵的人他也看见了，是张丰和张冲兄弟所为。谢彬情知大事不好，现在出事了，阿龙手中的龙涎香反而没人敢要了。他在这时候也不能蹚这趟浑水，要是他们后来得知他趁乱得了香料，反而会成为众矢之的。阿龙还算机智，见双方大打出手，吓得掉转船头，溜之大吉。

三个受了重伤的官兵还没见到郎中，由于伤势过重，在路上就死了。邵梗傻了，不得不向巡抚阮鹗报告。

张维见伤及官兵，知道闯下了大祸，赶紧召集月港二十四将聚会商议。月港一地，向来民风剽悍，民顽好斗，二十四将手下募兵和家丁加起来有一万多人，仗着人多势众，他们准备对抗官军，大干一场。不仅月港一地，在二十四将的怂恿下，周边海沧等处的乡民也在蠢蠢欲动，声援月港。

接到邵梗的禀报后，阮鹗和指挥林念来到巡海道衙门口查看。衙门前的广场上，摆着三具尸体，上面覆盖着白布，家属正在一边痛哭流涕。衙门内外挤满了官兵，群情激愤，摩拳擦掌，嚷着要到月港为冤死的兄弟们报仇。

阮鹗先是批评了邵梗处置失策，闹出了人命，月港乡勇再不讲理，但毕竟还是百姓，官军怎能和百姓发生冲突呢？他要求邵梗迅速做好安抚工作，不要轻举妄动。

当天晚上，张维来到布政使司衙门后院。马东升见张维来了，一开始很高兴，以为他送龙涎香来了，可见他半天没动静，知道事情不妙，冷着脸说："货呢？"

张维说："大人，货暂时没拿到，出事了。"说着，将白天发生的事择要说了一遍。

马东升呼的一声站了起来，啪地打了张维一个耳光，骂道："没用的东西，货没拿到，倒闹出一摊子事来，让本官给你擦屁股，你这是将本官往火坑里推呢。"

张维捂着脸说："大人，现在说什么也没有用了，事情已发生，赶紧想辙怎么解决吧。"

"解决？"马东升冷笑一声，"你说得容易，怎么解决，杀人偿命，欠债还钱，谁杀的，就让谁抵命去！"

张维说："不行，那叫我在兄弟们面前怎么做人？我已组织大批人手，绝不让官军把人带走。"

马东升拍了拍张维的肩膀："姓张的，你这是要聚众造反啊，你可想好了，这是诛九族的大罪。"

"法不责众，难道他们能把几万月港人都抓起来吗？至于是不是造反，随你们怎么说，反正我不能让他们把我的兄弟带走！"

马东升见这家伙吃了熊心豹子胆，怎么劝也没有效果，有点紧张起来，喃喃道："要出大事了，要出大事了……"

就在马东升和张维说话的时候，阮鹗带着林念，轻车简从，又来到了月港士绅谢彬的府上。如何处置这次冲突，阮鹗想听听他的意见。

谢彬说，这真叫祸起龙涎香，眼前的形势极为严峻，要妥善处置。说着，他将白天在现场看到的经过又详说了一遍。最后说，阮巡抚，月港现在人心惶惶，都说官军将前来清剿，逮捕二十四将，张维等组织了上万乡勇，准备和官方拼死一战。老夫窃以为，此时双方都在气头上，万万不可派兵，否则将酿成民变，到时局面更加难以收拾。

阮鹗说，这点请谢老放心，月港乡勇都是普通百姓，他们何错之有，断然没有将他们全抓起来的理。杀人偿命，为首的肇事者必须严惩。不过，也不宜现在拘捕，等一阵子再说吧。今天龙涎香的事，听你刚才这么一说，明显是张维、邵梗和你三方都同时都得到了通知，这事就有些蹊跷了，哪有货许三家的理?

谢彬大悟："阮大人，经您这么一提醒，我也觉得这事忒奇怪了。张维问送货的阿龙该谁接货，那小子竟然说不上来，说他家主子说到了码头自有人前来接货。这太不合常理。还有，接货的怎会有三家呢？而且都是事前接到通知。"

话说到这儿，阮鹗心里有数了。离开谢府，在路上，阮鹗问林念说："林指挥，这事你怎么看?"

林念说："依卑职看，明显是倭寇故意为之，意在挑起三方冲突，其实质是挑起官军和月港乡勇的争斗。这场争斗一旦展开，就不是一两天的事，就没人顾得上他们了，他们好坐收渔翁之利。至于那包龙涎香，根本就是个诱饵，只要一亮出来，甭管真假，他们就吃准了鱼会上钩。"

"有道理，"阮鹗说，"倭寇这招叫一箭双雕。这一招想得好呢，还真让官与民斗起来了，只是目前还没有达到他们想要的效果。依我看，这点子十有八九是那个叫叶宗满的军师想出来的。"

"阮巡抚，那下一步我们该怎么办?"林念问道。

"迅速调动五千官军，多调水师战船，多带火器，到港尾镇集结待命。"阮鹗命令道。

港尾位于月港与浯屿之间。林念惊道："大人，刚才在谢府，您不是说暂时不用兵吗?"

阮鹗说："天机不可泄露，你按我的要求办就是了，明天天黑前，一定要集聚到位。"

林念说："没问题，大人您就放心吧。"

次日上午，徐勇带着严氏五兄弟，照例来到海边练习游泳。他们已经练习一段时间了，目前已能在大海中活动自如。到了海边，徐勇头上戴着顶宽檐的毡帽，取下来，只见他留着同倭寇一般半月形的月代头。徐勇为什么要留着这样的发型呢，是为了便于贴近敌人。倭寇时常装成百姓麻痹官军，徐勇想，你们能装扮成百姓，我怎么就不能装扮成倭寇呢？在战时，只要再穿上件倭寇的衣服，倭寇就会把他误认为是自己的同伙。不过，这样的发型平时会招惹来不必要的麻烦，他只好用一顶毡帽遮着，除了晚上睡觉，基本上不取下来。罗绮坐在礁石上，替他们看守衣服，她瞧着徐勇的发型，想笑，又怕徐勇不高兴，只好忍着，有时低着头偷偷地笑。

徐勇和严氏五兄弟在海里打成一团。徐勇手持一柄倭刀，严氏五兄弟分散开来，将徐勇围在中心，徐勇以一敌五，指东打西，丝毫不落下风。忽然，起潮汐了，海浪一浪高过一浪，一个浪头刮来，向徐勇兜头罩去，严氏五兄弟心领神会，趁徐勇躲闪海浪的工夫，五件刀剑同时出手，向徐勇抛去。因为是练习，刀剑都是带着鞘的。

徐勇早看见了，趁浪头来的时候，借力使力，一个猛子扎进了水里，不见了人影。浪头过去，他已冲到了包围圈外，挑衅严氏五兄弟说："来啊，过来啊，爷在这里呢！"

正当他们又要重新较量的时候，只听礁石上的罗绮在大叫："快上来，有任务啦，快上来……"

几个人只好上岸，今天还没玩尽兴呢。徐勇一边穿着衣服，一边问罗绮道："什么任务？这么急，是不是要打仗了，我可是做梦都想杀了洪东冈。"

罗绮说："其实你已经赢了，他被我们赶得像个丧家犬，到处乱窜。"

"不行，几次都被他逃脱了，我一定要亲手逮到他。"徐勇望着不远处的浯屿岛说，"他就在那座小岛上，除非他长了翅膀，这次我绝对不能让他再逃脱。否则，我都没脸见人了。"

严小鹏说："徐哥，要是逮不到洪东冈，都对不起你这新发型！"

徐勇被他说破了心思，佯装生气道："就算没有这发型，凭我徐某人这身功夫，也一样能逮到姓洪的！"

严小鹏说："这次要是逮不到，还是将那半圈头发剃了吧，别恶心人！"

"你小子，别瞧不起徐哥的功夫，要是逮到了，我将你也剃成月代头。"

罗绮说："你们就别闹了，刚才来人通知说，我们不必回去了，直接赶到港尾镇。"

严小鹏说："难道是要打月港不成，听说他们杀了三个官兵。"

罗绮说："现在不好说，我们快些过去吧，到那就知道了。"

在港尾，林念率领的五千官军很快集聚完毕，各种大大小小的战船挤满了河道，帆樯林立，旌旗招展，看这架势，好像很快就要进攻月港。月港那边，也是戒备森严，乡勇们由二十四将率领着，把守着各路口和河道，准备全力阻止官军。

倭寇在月港安排了众多耳目，这边的一举一动，他们知道得一清二楚。浯屿岛上，王汝贤、叶宗满和洪东冈正在原官澳巡检司的衙署里开怀痛饮。王汝贤端起一杯酒说，来："我敬军师一杯，这回有好戏看了，我们不用一兵一卒，就让他们干起来了，月港很快会血流成河。"

叶宗满笑了笑说："雕虫小技，不足挂齿，要怪只能怪他们太笨。"说着放声大笑。

洪东冈说："依你们看，这要是打起来，官军和月港乡勇谁会占上风?"

王汝贤看好官军，叶宗满说不一定，月港二十四将长期深耕细作，乡勇和家丁人数过万，再加上大量百姓参与进来，这战局一开，谁胜谁负还难说呢。

王汝贤说："幸亏那个狗皇帝喜欢龙涎香，不然，要想让他们打起来，还真难呢。"

洪东冈说："军师，我真服了你，用块假龙涎香，就让他们狗咬狗地干起来了。来，我洪某敬你一杯！"

叶宗满喝得有点高，人也被捧得有点飘飘然："上……上将伐谋，我叶宗满是什么人，自幼熟读兵书，精通十八般武艺，上有博古通今之略，下有经天纬地之才！只不过现在屈身海岛，将……将来，会有我发达的一天！"

黄昏时分，阮鹗沿着营寨漫步。营寨沿九龙江而建，一眼望不到头。军营里，全副武装的士兵三五成群，持枪而立。一群孩子沿着军营玩要，他们看见营寨里的士兵，纷纷朝他们扔起了石块。这个说："你们是来杀我们的，打死你们！"那个说："你们是来抢劫的，快滚！"

士兵们出来了，大声呵斥着孩子，驱散着他们。阮鹗阻止了士兵，说："让孩子们走就行了，何必要大声呵斥，会吓着他们的。”孩子们吓跑了，留下一个小女孩，在呜呜地哭。

阮鹗拍了拍小女孩的脑袋，问道：“叫什么名字？”小女孩不哭了，睁着双泪眼看着他，说：“我叫阿霞，叔，你们不会是来抓我的吧？”

阮鹗笑了：“阿霞，别害怕，我们怎么会抓你呢？”

“你爹呢？”

阿霞说：“俺爹到月港去了。俺爹还说，你们和倭寇是一伙的。”

阮鹗明白了，这附近村里的男丁，全部被征集到月港去了。没想到二十四将有这么大的号召力，竟然将月港附近五里八乡的群众都组织了起来。

阮鹗对阿霞说：“你记住了，你爹说错了，我们和倭寇不是一伙的，我们是来保护你们的。”

回到营寨，阮鹗越来越觉得自己的决定是正确的，那就是绝不能对月港轻易用兵。月港乡勇毕竟是百姓，不错，他们平时是以贩私为生，确是违反了朝廷禁令，可这一问题事关百姓生计，由来已久。要说他们是海贼，可以说家家为贼、人人为贼。他们本就在贼与民之间摇摆不定，要是再去用兵，不是逼民为贼么？与月港贩私问题相比，浯屿岛上的倭寇才是心腹大患，若不趁他们羽翼未丰时予以铲除，将来会贻害无穷。在这一点上，林念与阮鹗的看法是一致的。此次屯兵港尾，虽然阮鹗尚未明说用兵何处，但林念早已看出了端倪，阮巡抚是以平息此次月港冲突为幌子，完成了排兵布阵，其实是醉翁之意不在酒，浯屿岛上的倭寇才是他真正的目标。

港尾街的一处民宅内，是阮鹗的临时帅帐。一盏昏暗的油灯下，一张古朴的八仙桌正上方，坐着巡抚阮鹗，兵部郎中唐顺之、福建布政使马东升、海道副使邵梗、指挥林念等分坐两旁。阮鹗说：“本巡抚现已查明，舟山岑港王直部倭寇王汝贤、叶宗满已来浯屿多日，他们大肆招集海盗和亡命之徒，如不铲除，不日将成心腹大患。我大军今日已集聚完毕，本巡抚命令，今晚子时，兵发浯屿！”

邵梗说：“我们不是进军月港，为冤死的兄弟报仇吗？”

阮鹗说：“邵副使莫急，自古杀人者偿命，我们断不会让行凶者逍遥法外。只是这事和浯屿剿寇比起来，孰轻孰重，无须本官明说了吧？”

邵梗不吱声了。接着，阮鹗对如何作战进行了部署，即突然袭击，围剿结合。在浯屿邻近的岛屿与海道安排战船，布下埋伏，防止倭寇逃逸。由他和林念亲自率兵登岛，一举荡平倭寇。

子夜时分，一艘艘满载着士兵的战船悄悄出了九龙江口，船上都没有亮灯，借助着微弱的星光，神不知鬼不觉地进入了大海，向浯屿方向驰去。

到了浯屿附近，战船开始兵分三路：一路由林念率领，到附近海域去设伏；一路由严氏五子率领，到码头上停泊的倭寇船只中潜伏，待他们准备上船逃跑时，打他们一个措手不及；主力由阮鹗亲自率领，直扑官澳巡检司及附近的倭寇营寨。

到了营寨附近，官军点燃火把，四处放火，喊杀声震天。倭寇根本没想到官军会在这深更半夜突袭浯屿，未做任何防备，一个个在睡梦中惊醒。营寨早已被冲乱，倭寇们难以组织起有效的抵抗，一个个要么被杀，要么被烧死，侥幸活着的，本能地向码头逃去。

好不容易逃到码头边，正准备上船，船舱里的严氏五兄弟率领官兵已等候多时。外面酣战，他们早就等得不耐烦了，一个个从船舱里冲了出来。严氏五兄弟都戴着面具，在火光映照之下，阴森恐怖。倭寇们惊慌失措，一番拼杀之下，大多束手就擒。王汝贤和叶宗满率着一批亲信，拼命抢了一条战船，他们本以为到了海上，就可以捡回一条性命，没想到又钻进了林念的水师包围圈，无一逃脱。

经过这一番搏杀，天光大亮，浯屿岛上的倭寇除了被杀死或烧死的外，全都做了俘虏，连王汝贤和叶宗满也被活捉了。可找遍活着或死了的倭寇，就是不见洪东冈，这家伙活不见人，死不见尸，就像凭空消失了。徐勇没能手刃冤家对头，非常沮丧，他问叶宗满，洪东冈到哪去了。叶宗满说他真不知道，昨晚上还在一块喝酒呢，应该没有出这座岛，说不定掉进水里淹死了。

徐勇当然不信洪东冈会淹死，这家伙有九条命，绝对不会轻易死去，他肯定在什么地方躲藏了起来。徐勇带着人在浯屿岛上来来回回寻找着，到处都找遍了，就是不见洪东冈的人影。

要班师回福州了，没找着洪东冈，徐勇仍不愿意离开。阮鹗安慰他说：“这次收获已经不小了，暂时就留那家伙一条命吧，他迟早跑不掉的。”

徐勇说：“阮大人，我敢打包票，洪东冈就藏在这座岛上，找不到他我不服。你给我几个人，让我留下来继续找，就算挖地三尺，我也要把他给揪出来。”

“一个洪东冈不足虑，”阮鹗说，“一晚上都没睡，大家都辛苦了，回去吧。”徐勇这才愤愤地离开了浯屿，一路上都阴着脸，没有半点获胜的喜悦。对他来说，也许洪东冈才算是真正的对手。这对手突然消失了，让他有一种找不着北的空虚。

后来在诏安之战中，多次逃脱官军围剿的洪东冈终于被徐勇制伏。据他交代，官军清剿浯屿时，他确实就隐藏在岛上，他在海边一处偏僻的沙滩上挖了个坑，全身埋在沙子里，躲了三天三夜。一直待官军走远了，他才悄悄爬了起来，一路南下，逃到了广东南澳岛，与盘踞在那里的倭寇打成一片，亦盗亦商，并不时登陆劫掠，为害一方。

阮鹗出其不意，对浯屿用兵，取得浯屿大捷，让岑港倭寇在浯屿另辟倭巢的想法成了泡影。阮鹗命将王直的侄子王汝贤、军师叶宗满打入囚车，押赴杭州。

巡抚行辕门前，王汝贤、叶宗满站在囚车里，像霜打的茄子，没有了往日的神采。阮鹗、唐顺之、马东升、邵梗等官员送别押送的士兵。叶宗满转动着小眼睛，坏水又上来了，他朝站在他不远的马东升努了努嘴，马东升知道他有话要说，就装作若无其事的样子，走到了他的身边。叶宗满说：“马大人，小人房里有包上等龙涎香昨晚上被人拿走了，洪东冈叮嘱过小人，说这包香料是给大人您备着的，小人此去，肯定性命不保，若是大人能帮小人查到的话，权当孝敬您了。”

马东升一听，瞳孔都大了，轻声说道：“你说的可是实话？”

叶宗满说：“就是阿龙那天送到月港去的那批货，因意外发生冲突，就带回去了。小人若有半句假话，千刀万剐。”

囚车吱吱呀呀地离开了，马东升呆若木鸡，他望着囚车一点点远去，直到完全看不见影子。人之将死，其言也哀，他相信叶宗满说的是真的。可是，登记战利品时，并没有龙涎香啊，那被谁拿走了？一包龙涎香，块头那么小，揣在怀里就行了，神不知鬼不觉。最有可能拿走它的人是谁呢？马东升想来想去，认为是阮鹗。昨晚上第一批冲进王汝贤和叶宗满住处的，都是阮鹗的亲兵。不是他还会是谁呢？

拿到了龙涎香，就等于拿到了升官发财的筹码。马东升觉得自己已失了先机，幸亏叶宗满，否则，他还蒙在鼓里呢，做了冤死鬼还不知道。在官场摸爬滚打了大半辈子，马东升也不是好惹的，他有自己的关系网。这张网虽看不见，可极厉害，无论罩向谁，谁都会成为网中鱼。

唐顺之来闽已有三个月，马上要到年关了，他准备回京。临行前，阮鹗在他来时入住的榕城客栈设宴送行，福建地方官马东升、邵梗、林念等作陪。

阮鹗感慨地说："唐兄来闽时，住的就是这间客栈，一转眼，三个月过去了。这三个月来，我们一同出生入死，特别是浯屿一战，唐兄功不可没。想我阮某入闽时，在半路上相继接到福宁和福州的急报，那时是何等狼狈。福建的倭患能得到暂时平息，我阮某要感谢在座的各位，尤其是要感谢唐兄，愿你此番回京，一路顺风顺水，他日荣膺重任！"

唐顺之说："感谢和各位度过了一段愉快的时光，闽地山好水好人好，真想还待段日子呢，可惜佳节在即，要回去看望老母和家人。至于阮兄说的荣膺重任，唐某才疏学浅，愧不敢当。"

马东升说："马某也敬唐郎中一杯，要是唐兄日后发达了，别忘了闽地这一班兄弟就是。"

几人互相客套一番，热热闹闹地喝了起来。酒过三巡，阮鹗端了一杯酒，走到唐顺之身边，瞅瞅其他人没注意，低声道："唐兄，我还要向你说声抱歉，购买龙涎香的事最终落了空，让你在胡公那边不好交差。"

"没事的，买那玩意儿本来就要靠运气。况且，这次惹的祸不小了。这样说来，我还要向你说声抱歉呢。"二人相视大笑。

次日，唐顺之骑上匹快马，告别众人，回京去了。

唐顺之走后两天，一个惊人的谣言就在福建官场悄悄传开了。说是阮鹗之所以兵发浯屿，就是为了抢夺龙涎香；还说唐顺之之所以急着返京，就是因为阮鹗在叶宗满的房里抢到了龙涎香，自己不便离开，就委托他进京，献给皇上去了。

一天，林念正在都司衙门里部署着募兵的事，卫兵进来报告说，海道副使邵梗求见。邵梗进来后，四处望了望，眼神停在卫兵的脸上。林念知道他的意思，示意卫兵退下了。见室内没人了，邵梗才凑到林念耳畔，说："林指挥，最近有一个关于阮巡抚的流言，不知你有没有听说？"

林念一愣："阮巡抚会有什么流言，我还真没有听说。"

于是，邵梗将上面那个谣言重述了一遍。林念听后，阴着脸说："邵副使，别人说说也就罢了，难道你也信这样的鬼话，这不是硬生生地往阮巡抚身上抹黑吗？"

"我也不信啊，阮巡抚不像那样的人，"邵梗争辩道，"可这谣言说得有鼻子有眼，容不得人不信。靠我一个人不信也没什么用，信的人多了。”

林念啪地拍了一下桌子：“邵副使，别人说时你就应该及时阻止别人，追查这谣言的来源，你怎么能是这种态度呢？”

“我这态度怎么了？人心隔肚皮，那我问你，叶宗满的那包龙涎香到哪去了？就是阿龙送到月港又带回去的那包，值好几万两银子呢！”

林念说：“邵副使，你这些话在我这里叫惑乱军心，按军纪是要治罪的。”

邵梗愤愤不平道：“姓林的，我好心来告诉你，你倒好，倒打一耙，口气倒不小，还要治本官的罪。有本事你把拿了龙涎香的人抓起来，你朝本官吼算什么鸟本事！”说着，气呼呼地走了。

邵梗走后，林念觉得这事非同小可，就来到设在府学里的临时巡抚衙门。见到阮鹗，瞧着他又黑又瘦的样子，林念都不忍心提起那个谣言。见林念欲言又止，倒是阮鹗先开了口，说：“林指挥，你我都是爽快人，有什么话你但说无妨。”

林念只好将那个谣言大致重述了一遍。阮鹗听后，一言不发。林念说：“阮大人，我知道您绝不是那样的人，可是，这谣言绝不是空穴来风，且说得还像那么回事，不明真相的人可能还真就信了。依我看，这明显是有人在恶意中伤您，朝您放冷箭呢，您不可不防啊。”

阮鹗说：“这事还真没法解释，我说没有，那些人信吗？只会越描越黑，就算跳进海里也洗不清。还是算了吧，身正不怕影子斜，哪个爱说，就任他说去吧。”

林念没想到阮鹗会是这种态度，不知说啥好。阮鹗说：“林指挥，谢谢你来告诉本官。当年宁王朱宸濠在南昌起兵造反，王阳明先生施离间计，巧妙设伏，在朝廷军队抵达之前就制伏了叛军，活捉了朱宸濠。有人嫉妒他的功劳，竟诬他与宁王同谋，见朝廷大军压境，才捉了宁王邀功。这是多大的冤枉？阳明先生不都背了这个黑锅吗？和阳明先生的黑锅相比，我的这点谣言算什么？岂能尽如人意，但求无愧我心。让他们说去吧，我不怕。”

林念离开后，阮鹗陷入了沉思。这谣言太歹毒了，完全是无中生有，可还让人无法解释。始作俑者会是谁呢？为什么要散布这样的谣言？这明显是针对着他来的，可能是自己挡着人家发财的道了。这小小的福建官场，云谲波诡呢，看来以后行事还要多加小心，尽量不要授人以口实。

年前，还有一件事，不能再拖了，那就是拘捕上次月港冲突中杀死三名官军的张丰和张冲兄弟。阮鹗命林念亲自去办，林念带人半夜时分进入月港，将睡梦中的张丰和张冲捉拿归案。还好二人也有思想准备，并未反抗，愿意伏法。至此，一场险些引发官民严重冲突的事件被平稳化解。

一天晚上，阮鹗在灯下看书，由于那个谣言，他并不能静下心来，书也看不进去。两个夫人吴若瑶和范琼在厨下忙活着做年糕。吴若瑶为主，范琼在一边当帮手。磨好的糯米浆已经在布袋里轧好了，轧成了雪白的粉，范琼将洗净的花生米、瓜子仁和红枣倒了进去。见阮鹗在一边看着，范琼问道："官人，你是喜欢吃甜的还是咸的?"

阮鹗想了想说："还是本味的吧，不放糖也不放盐，本味的香。"又问道，"你们俩在哪学的这好手艺，不嫌麻烦吗?"

吴若瑶说："在街坊上跟那些大嫂学的，一点也不难，过年嘛，就要有过年的样子。"

范琼说："年糕者，谐音年高，寓意日子步步高升，这里家家户户都做呢，过年少不了这口，咱们自然也是入乡随俗啰。"

"学到这手艺，将来回桐城老家，还可以做给老爹和太太吃，我们这儿媳做得还够格吧。"吴若瑶说。

"够格，太够格了，"阮鹗赞道，"要不要我帮忙?"

"哟哟，官人，这厨下的事就不用你操心了，自入闽以来，哪一天轻松过，过年难得歇几天，你好好歇着吧。"吴若瑶说。

范琼说："说起来，今年还算好的，去年除夕，官人带兵上了舟山岛，我和姐姐在家里担惊受怕的……"

阮鹗见范琼说着说着眼圈就红了，赶紧退了出来，说："夫人们，你们忙活吧，我还是看书去得好。"说着，又折身回到了书房里。

除夕之夜，吃完年夜饭，吴若瑶从蒸屉里端出了热气腾腾的年糕。阮鹗本已吃饱了，可一看到香喷喷的年糕，还是忍不住尝了几块，一边吃一边称赞说："真不错，给阮良、徐勇和严氏五兄弟他们也送去一些，让他们尝尝我两个夫人的手艺。"吴若瑶和范琼端着年糕去了。

第十九章

梅岭安民

形势正如阮鹗预料的那样，嘉靖三十七年二月，新年一过，胡宗宪下令俞大猷、卢镗、戚继光等率军水陆夹进，攻击舟山岑港屯聚的倭寇。双方势均力敌，互有胜败，岑港大战一时陷入僵局。与此同时，倭寇成批南下，闽地倭患复炽，连广东南澳等地亦不能幸免。

一天，阮鹗在福州榕城客栈摆了两桌酒宴，以个人的名义，召集部分有功将士吃饭。自入闽以来，战事不断，大家难得有空聚一聚，兴致都很高。可酒席才进行到一半，就见一个小校神色匆匆地跑进了客栈，走到指挥林念身边，对他耳语了几句。林念听后脸色一阴，但马上又恢复了常态，招呼着大家喝酒。可这细节被阮鹗看见了，他情知不妙，将林念叫到一边，问道："什么情况？"

林念本想等酒宴结束才说，被阮鹗一催问，只好说："倭犯诏安，告急来了。"

为了不影响大家兴致，阮鹗和林念悄悄走进了一间偏室。林念在桌上摊开一份闽省海防图，指着福建的东山岛、诏安湾和广东的南澳岛、柘林四地说："目前，据探报，这几个地方都屯聚了一定数量的倭寇，具体人数不明。最严重的是南澳岛与诏安湾，一股倭寇以南澳为巢，却以诏安湾和湾内的梅岭港为活动区域，勾结不法乡民，狼狈为奸，烧杀抢掠，已非一日两日，已成为当地一大祸患。刚才的急报，就是说有一股倭寇已在诏安湾梅岭镇登陆。"

听林念说到梅岭、南澳二地时，阮鹗的眼神就直了，因为这两个地方太重要了。王直的故主许栋，就曾以南澳岛为基地。漳州府的诏安和东山两县位于福建最南边，与广东饶平、南澳县接壤，诏安县的梅岭镇、东山县的东山岛，饶平县的柘林镇、南澳县的南澳岛，历来是海防重地，诏安湾内的梅岭，唐末时被闽王王审知辟为军港；元时，元世祖忽必烈又将其辟作军港，成为征讨南洋的桥头堡。南澳岛扼海上丝绸之路之要津，在郑和下西洋时就是名港。太祖朱元璋为断绝海上出没的张士诚、方国珍残部生路，于洪武四年诏令严禁百姓私自出海；朱棣即位后，为阻止沿海百姓交通外国，下令将海船一律改为无法在远洋航行的平头船。本朝以来，朝廷严禁百姓与外国通商，造双桅船者即予拘捕，发配充边，邻里知情不报者连坐。可这些禁令到后来都成了一纸空文，海禁越严，走私获利越丰，山高皇帝远，通倭走私屡禁不绝。

阮鹗说："那我们得赶紧去，去得越迟，损失越大。"

林念说："大家难得在一块好好吃顿饭，等吃完饭再出发不迟。"

"不行，等不得，让将士们准备准备，我们带些人先行出发。"一听说倭寇已登陆，阮鹗就心急如焚，哪里还有心思吃饭。

两人来到外面，发现大家已全停了下来，都站在各自的位置上。显然，他们已经知道有了紧急军情。阮鹗说："本打算叫大家好好吃顿饭，这倒好，又出事了，实在抱歉啊，赶紧收拾收拾，兵发诏安县!"

阮鹗对阮良说："快回去将我的战马和剑取来，马上就要走。"

阮良说："您回去和夫人们道个别吧。"

阮鹗说："都什么时候了，还道别，快回去拿东西吧。"

秀才倪泰员也在座，他拿出几枚铜钱，在桌上卜筮。他将铜钱合在掌心里，上下摇晃着，然后在桌上散开。如是者三。然后，他愣在当场，呆若木鸡，别人问他结果如何，他也不置一词。

卜卦的结果肯定不好。阮鹗笑道："倪秀才，愣着干什么，是好是坏你倒是跟大家说一声。"

见阮鹗问了，倪泰员才说："是个困卦，泽水困。"

"哈哈，"阮鹗大笑，"这是个上卦啊，你怎么还不高兴?"见大家还不理解，阮鹗说，"泽水困是说陷入困境不假，可是只要坚守正道，就能摆脱困境，事必可成。当年我进入桐乡城，担心城守不住，也悄悄卜了一卦，得的也是此卦。后来结果如何，我不说你们也知道了。"

经阮鹗这么一解，众人方才释然。正好阮良也牵马取剑到了，阮鹗跨步上马，对大家说："我们急赴诏安，必能顺利击退倭寇!"说着，一挥马鞭，战马风一般奔向南门，出城而去。林念、徐勇、倪泰员等紧随其后。

第二天上午，阮鹗一行千余人先期抵达了诏安县梅岭镇。海道副使邵梗率领着大军随后即到。阮鹗先是登上了梅岭半岛，查看倭情和海防情况。半岛东南面，正是诏安湾的出口处。海边上，高耸着一块巨石，上刻"望洋台"三个大字。登上望洋台，遥望大海，海天一色，尽收眼底。

涨潮了，刚刚平静的海面像被突然煮沸了一般，潮汐借助着风势，疯狂地扑向海岛，被林立的礁石撕得粉碎。鸥鸟一点也不惧风浪，它们在浪头上嬉戏，用翅膀挑衅着浪尖，每次都能在将被海浪卷走时，恰到好处地破浪而出，它们乐此不疲。阮鹗怔怔地看着浪头上那些翩跹的鸥鸟出神，是它们，这些可爱的鸟们，让他对眼前这神秘莫测喜怒无常的大海不再那么害怕。阮鹗望着舟山岑港方向，除了连天的乌云，自然是什么也看不见。可他分明看见了海天之上有一片血光。那一片血光突然成了无数碎片，向整个海面抛洒开来，海红了。

阮鹗打了一个激灵。他不由自主地抽出了腰间的破罡剑，举向空中。突然间，风停了，难道这破罡剑真的能破除罡风？不可能。他看了看剑身，乌黑乌黑的，上面刻着破罡二字，与往日并无两样，可这海面上的罡风怎么就停了呢？云层中的太阳又出来了，海面上波平如镜，鸥鸟在追逐着风帆。海面上，满载着货物的船只一队接着一队，来来去去。再也不用遮遮掩掩了，开禁了，大明朝坚持了近两百年的海禁令废了，这海真正成了自由之海，成了百姓家门口的海。海水够咸够苦甚至够红了，再不能向这海里淌一滴泪或一滴血了。

可是，这手里的剑怎么越来越重了呢？阮鹗感觉胳膊又酸又软，再也支持不住了，破罡剑随着胳膊一道慢慢垂了下来，他的眼神也垂了下来。

阮鹗有一种预感，随着王直被逮，岑港战事爆发，倭寇纷纷南下，闽地的倭患将会空前严重。至于会严重到何等程度，由于倭情尚不明朗，现在还不好说。他想起倪泰员昨天中午卜的那个困卦，其实，他在桐乡时根本就没有卜过筮，他根本就不相信这一套。之所以那么说，只不过是为了化解当时的尴尬，振奋士气而已。效果显然是达到了，大家都信了。

望洋台不远处，有一座由块石垒成的石城，这里就是悬钟千户所。所城对面，有一座小山，山顶上矗立着一座烽火台，山因而得名烟墩山，是整个梅岭地区的最高点。阮鹗和林念来到所城边，千户钟海波出城迎接。走进所城，里面是一栋栋低矮而破旧的营房。钟海波集合队伍，在校练场待命。阮鹗一看，不过四五百人，且多是老兵，站也没个站相，像三天没吃饭似的，打不起精神，手里拿着杆枪，枪尖锈迹斑斑。有的兵连武器都没，垂手而立。阮鹗并不觉得意外，卫所里的兵就是这样子，缺额少员，没有战斗力，要不怎么见了倭寇掉头就跑呢。阮鹗问钟海波说：“钟千户，怎么就这点人，你的兵呢？”

“不瞒大人，这里只有一半，还有一半人，到镇上贩私货去了。没法子，待在这半岛上，不像别的卫所还有屯田，当兵的老婆孩子也要吃饭，有路子的都到镇上挣银子去了。我制止不了，也只有睁一只眼闭一只眼。平时倒也没啥，可现在倭寇来了，要打仗，我派人去叫，他们也不理我。”

阮鹗说：“你再派人去叫一次，就说我来了，再不回来军法从事。”钟海波说是，安排几个人去了。然后，阮鹗来到队伍前，叫道：“没有武器的，出列！”

阮鹗数了数，一共十七人。然后，他对林念挥了挥手，林念明白他的意思，示意身后的兵将自己手中的枪递了过去。每递一支，阮鹗先拿过来，然后郑重其事地双手递到没有武器的士兵手里。接到武器的士兵心里很激动，站得笔直。阮鹗说：“养兵千日，用兵一时，都打起精神来，好好练练身手，准备与倭寇决战！”士兵们挥着武器，齐声回道：“决战！决战！”

钟海波带着阮鹗和林念来看倭寇的营地。钟海波说：“这股倭寇是昨天上午从诏安湾登陆的，听说我们到省城搬救兵去了，今天一天按兵未动。但所城四周林子里一直有人影晃动，你们来后，他们肯定是知道的，估计也在商议对策。”

阮鹗看了看倭寇的营房，有四五十座，人数有千余人。这些营房分散在山下数十个地方，毫无章法地分布着。这就有点奇怪了，为什么不在一处扎营呢？这很不合常理。阮鹗问林念说：“林指挥，你看倭寇这营房，这里两三座，那里三五座，哪有这么扎营的，你不觉得有点奇怪吗？”

林念一看，点了点头：“是有点奇怪，很不正常。”

“你不觉得他们可能要耍什么花招吗？”阮鹗问道。经阮鹗这么一提醒，林念惊道：“他们是不是想趁我们大军未至，打算包抄我们？”

阮鹗凑近他耳边低语道：“我有种预感，这些倭寇是要趁我们刚到，立足未稳，晚上前来劫营，杀我们个措手不及。”

林念道：“阮巡抚，完全有可能，不然，如此散乱扎营意图何在？我们要早做防备。”

阮鹗吩咐在山巅避风处择一平地扎营。天黑后，每座营里依旧亮灯，却只留一两名士兵，余下的人到附近林中埋伏。阮鹗没有半点睡意，睁大眼睛看着山下的动静。半夜时分，月黑风高，只听山脚下鸦雀惊叫，四处乱飞，阮鹗知道倭寇出动了。他示意大家准备战斗。

倭寇们趁黑悄悄摸到了官军的营寨前。见营寨里静悄悄的，星星点点地亮着灯火，几处哨卡的士兵在燃着的火堆旁也抱着枪睡着了。官军明显未做防备，倭寇们大喜，举着刀潮汐一般卷进了营里。他们冲进营寨，朝鼓囊囊的被窝里砍去，结果却砍在了棉花上。掀开被子一看，里面大多放着一束柴火。倭寇们大惊，一个个退出营房，来到外面一看，只见营寨已被打着火把的官军包围了。官军们也不近战，只听一阵弓弦响，箭矢如雨般向倭寇飞来。有经验的倭寇，迅速趴倒在地上，来不及躲避中箭的，发出阵阵大叫。紧接着，又是一阵弓弦声，又一批倭寇中箭。这一次，他们全趴在了地上，在黑暗里胡乱地爬行着，试图杀出一条血路，冲出包围圈。可官军已抢得先机，倭寇现在只有被动挨打的份儿，要想逃生，谈何容易。

火光中，有人看见阮鹗持剑而立，在大声地指挥着杀敌。倭寇中有人认得阮鹗，大声惊呼："浙江阮军门来了！"倭寇们称呼的还是阮鹗的原职务。至此，他们终于明白，来诏安支援的，不是普通的军官，而是堂堂福建省巡抚。得知来者是阮鹗后，倭寇们像炸开了锅，拼命夺路逃窜。在留下了一堆尸体之后，他们才连滚带爬地狼狈而去。

天亮了，士兵们清理着战场。初来乍到，就打了个胜仗，林念很高兴，哼着小曲儿。阮鹗说："别高兴得太早，他们知道是我来了，回南澳岛组织人手去了，更严酷的厮杀还在后头呢。"

阮鹗这么一说，林念才不乐了，愤愤地说："这些倭寇太可恶了，怎么杀也杀不尽，唉，这要到何时才是个头啊？"

阮鹗说："恐怕要到取消海禁的那一天。还有，让严大胜和严小鹏化装成伙计，搭条货船到南澳岛去看看，倭寇有什么动静好及时回来报告一声。这里让士兵们收拾，今天邵梗副使会率大军赶到，你留在这里接应，我明天一早要去梅岭。"

林念说："多带些人手，梅岭比月港还乱。"

阮鹗说："不用，带阮良和倪泰员就已足够。"

"阮大人，这样是不是很危险？"林念不无担忧地说。

阮鹗说："都是自己百姓，有什么好怕的？梅岭几大家族眼见官军来了，他们知道我们来干什么吗，还以为我们是来对付他们呢，说不定正严阵以待。如果人去多了，会引起他们的怀疑和抵触，说不定连门都不让进了，效果适得其反，本官还指望着能在这里招募一支土兵呢。所以，这随从是越少越好。"

林念承认阮鹗说得有理。梅岭是镇港一体，梅岭镇世居着林、田、何、吴等几大家族，以林姓势力最大，吴姓稍弱。这几大家族的居住处，分布在梅岭沿海地带的不同村落。他们以宗族势力为基础，依托梅岭港直通南洋的航道优势，勾结外番，贩私运私，屡禁不绝。朝廷也曾在这里设立千户所、安边馆等海防军政机构，试图实施海禁，但走私势力太过强大，参与人数众多，朝廷的这些管制没取得任何效果。眼下，大批官军进驻梅岭，那几大家族会如何着想？明事理的知道是来抗倭，不明事理的还以为是来断他们的财路呢。

次日五鼓，天色微明，阮鹗带着阮良和倪泰员出发了。三人轻衣小帽，一看就像标准的书生。昨天，阮鹗已派人通知梅岭几大家族，让各族族长今天到林氏聚居地林厝村聚会商议。聚会的地点就是林厝村族长家。厝，在闽南语中是房屋的意思，如红砖厝，就是指红砖砌的房子。听说一省巡抚要召集大家聚会议事，各大家族非常惊慌，如临大敌，不知道巡抚所为何来。此前，还从没有一省巡抚召集梅岭几大家族议事的，大家商量来商量去，不知道巡抚大人是何意图，最后达成一致意见，巡抚此来，当是来者不善。因为每次当官或当兵的来梅岭，都是无一例外地重申朝廷海禁令。既然来者不善，当然要做一些必要的防备。

当阮鹗到达林族长家时，屋里屋外早已挤满了人，林、田、何、吴等几大家族的族长都来了。每个族长都带了少则几十多达百人的乡勇，人人身藏利刃。屋外，挤满了看热闹的百姓，听说巡抚来到村里，他们此前都没见过这么大的官，现在到了家门口，岂能错过这样的好机会。

当阮鹗三人到达时，反而被乡民挡在了外面。阮良指着阮鹗说：“巡抚大人来了，请百姓们让条路，让大人进去。”

大家都打量着阮良说的巡抚，只见他中等身材，面容清癯，皮肤黝黑，留着山羊须，面带微笑，手里摇着柄纸扇，挺胸而立。这哪里像一个威风八面的巡抚，倒像是一个私塾先生。百姓们围着阮鹗指指点点，阮鹗也不言语，任由他们看个够。百姓们看来看去，议论纷纷，都说不像，有人甚至说是假冒的。

几位族长听说巡抚来了，从屋里走了出来。林族长是主人，率先作揖问道：“请问这位先生，您是本省巡抚阮鹗阮大人吗？”

阮鹗朗声答道：“正是在下。”

林族长似乎也有点不信，围着阮鹗转了一圈，将信将疑地说：“您真的是阮鹗阮大人？”

阮鹗放声大笑说：“林族长，就请你们放心吧，本人正是福建省巡抚阮鹗，堂堂朝廷命官，岂能假冒？”

这时，百姓中曾有人在福州城服役，有幸见过阮鹗，当场指出他正是巡抚。林族长说：“我们以为大人此番入梅岭，肯定是率兵前来抓我们的，也做了厮杀的准备。没想到大人青衣小帽，深入民间，老夫佩服！”

各大族长这才相信眼前之人正是一省巡抚，遂将阮鹗三人请入堂中。

阮鹗见室内已无容身之地，建议大家干脆全来到外面来。阮鹗找了一处高台，站了上去，一番慷慨陈词，然后宣布了两条禁令：第一，鉴于倭寇已在广东南澳岛筑巢，却以梅岭为桥头堡，骚扰闽地，从即日起，重申朝廷海禁令，严禁百姓从事走私交易；第二，为倭寇充当向导者，一律斩无赦。接着，提出了两项建议：一是招募乡勇，成立一支乡兵，把守水陆要道，协助官军作战，守土安民；二是鉴于村民多不识字，在梅岭创办青衿书院，送幼童入学读书。

阮鹗话音刚落，在座的人群就像蜂巢炸了窝，他们对后两条建议倒是没什么意见，主要矛盾集中在第一条海禁令。梅岭百姓数万，历来以贩私走私为生计，要是不许下海，就等于断了百姓生路。况且贩私行为由来已久，利润丰厚，梅岭家家殷实，百姓已不习惯打鱼为生。一时间，百姓争吵不休，一致反对海禁，场面一度失控。但阮鹗决心抗倭，禁令一旦宣布，岂有改口之理，双方陷入僵局。

最后，几大族长经商定，来到阮鹗面前，建议官民双方各退一步。为了配合官军抗倭，梅岭百姓同意暂时不下海贩私，但战事告一段落后，还要恢复到先前状态，不然梅岭百姓无以为生，民心不稳，最终会逼民为贼。阮鹗想了想同意了，只要接受了海禁令就好，下一步的事到时再说不迟。几大族长见巡抚大人接受了他们的建议，觉得官方给了他们很大的面子，一个个也很高兴，气氛开始融洽起来。

林族长是一个和蔼的老人，须发皆白，佝偻着腰，脸上总是挂着慈祥的微笑。他将阮鹗叫到一间偏室，扑通一声跪下了。阮鹗大惊说：“老族长何以行此大礼？”

林族长说：“大人，其实我们对倭寇是又恨又怕，倭寇一来，杀人放火，大肆抢劫。可又仰仗着他们做些通番的生意，不得不委曲求全。别的不说，就以我们梅岭为例，”说到这里，林族长放低了音调，“被掳到南澳的妇女就有两百多人，做苦力的男丁也有百余人，至今生死不明，老夫请大人设法搭救。若能破南澳，营救他们回家，大人就是咱梅岭的大恩人。”

阮鹗说：“老族长说的我记下了，我身为一省巡抚，自当有责任设法营救他们回家。”

下午，指挥林念担心阮鹗的安全，带着徐勇几个人也赶来了。阮鹗遂带着他们继续在梅岭各村察访。晚间，他们到了一个名叫南涯的村子，租住了几间民房，决定在这里过夜。

附近有民妇田氏自告奋勇前来做饭。田氏乃一壮妇，行走如风，厨艺却是不错，做了个佛跳墙火锅，就是将海参、鱿鱼、海蛏子、猪肉，外加杏鲍菇、笋干、萝卜片等放在一起煮。端上桌时，芳香四溢。外加肉丝香干、五彩虾松等几样闽南特色小炒，田氏还从家里端来了一罐米酒。阮鹗说："瞧这些菜肴，比我在省城里吃的还好呢。"几人围着桌子，吃得满嘴生香。

阮鹗问田氏说："你家男人平时做什么营生？"

田氏说："就是在海里跑来跑去呗。"

阮鹗懂了，就是贩私货，这话不能再问下去了。又问了她几个孩子，是否读书之类。田氏一一作答。

饭毕，几个人在室外树下聊天。阮鹗对林念说："梅岭百姓苦倭久矣，斩草要除根，你近日赶紧训练水师，多备船只和火铳，准备兵发南澳岛，一举拔掉这个倭巢。南澳倭巢不除，闽地永无宁日。"

林念说："大人说的是，这道理卑职何尝不懂，只是请给卑职一点时间，闽军陆战尚不足以应付，遑论海战。"

"好，只要有这个决心就行。"

阮鹗回到室内，田氏已经替他铺好了被子，并打来了洗脸水。阮鹗说了声谢谢，取下腰间的佩剑，正要举手挂到墙上。只见田氏趁着他挂剑的时候，从袖间抽出一把匕首，突然朝阮鹗腰间刺去！

阮鹗正背朝着田氏，他见亮光一闪，情知不妙。幸亏长年征战，警惕性很高，他一闪身子，同时用剑鞘朝田氏的胳膊击去。田氏一击不中，赶紧收手，变招再次刺来。阮鹗已到屋角，退无可退，他并不闪避，再次用剑鞘朝田氏面门击去。田氏一声惨叫，匕首也刺空了。

听到这边响动，林念和徐勇冲了进来，逮住了田氏，并将她绑了起来。阮鹗惊魂未定，没想到刚刚和他谈笑风生的田氏，怎么会突然变脸，将他当作仇人似的，必欲除之而后快。

林念说："快说，是谁叫你来的？为什么要行刺大人？"

田氏并不害怕，振振有词地说："他们说，就是这个姓阮的，他来之后就不许咱百姓下海了，不下海我们吃什么，叫我田氏一大家子人去喝西北风吗？"

林念又问道："他们是谁？"

田氏这次不再开口，林念将刀架在她的脖子上，她一闭眼，死活不开口。林念大怒，找来几根荆条，准备抽打田氏。

阮鹗摆了摆手说："不要打，将她放了吧。"

"什么，放了?"林念怀疑自己听错了。阮鹗又说了一遍。林念说："大人，不将幕后的指使者挖出来，岂能就这么算了?"

"挖出来又怎样？杀了又怎样？不都是自己的百姓吗？我们不知道谁是指使者更好，大家见面后依旧坦坦荡荡，知道了心里反而不舒服。"

徐勇只好将田氏放了，田氏哭哭啼啼地谢恩道歉。阮鹗说："海禁暂时是断了你家的生路，要报复本官也可以，只是方式欠妥，就算本官扰了梅岭百姓生计，怎么着也罪不至死。这事到此为止，你回去吧!"

田氏行刺巡抚，自知必死无疑，没想到巡抚大人放了她。她又朝阮鹗磕了一个头，这才走了。

林念对阮鹗低语道："要不要派人跟在她后面，看她家住哪里?"

阮鹗说："本官说放了她，岂有再兴师问罪之理？这事就不要提了，权当没发生过。"

林念摇了摇头说："依我看，这事不能就这么算了，梅岭的百姓，向来骄横惯了，不给他们点颜色看看，他们还不知道马王爷长了几只眼。"

"依你看，这事该怎么办?"阮鹗笑道。

"他们竟敢派人行刺巡抚，这还了得，依卑职的意思，正好趁此机会，将梅岭各大家族平时通倭导倭者，来个一网打尽，不如此，他们不知道朝廷禁令之威，以后还会再犯的。"

阮鹗说："一网打尽，说得轻松，那将会使多少人陷入牢狱之灾？这涉及千家万户，岂能用如此简单粗暴之法？本来，民苦倭久矣，我们是来救民于水火的，难道还能在百姓身上补上一刀?"

"这……"林念一时语塞，说，"卑职明白大人的意思，卑职目光短浅，知道错了。"

阮鹗说："你去睡吧，明天还有许多事呢。"

阮鹗毫无睡意，在月下坐了许久。院子里有棵榕树，树影将他的身影完全遮住了。阮鹗没睡，林念也睡不好。一晚上，每次醒来时，他都能听见巡抚大人在院子里的叹息声、窸窣的脚步声，也不知他是什么时候进屋睡的。

经过几天筹备，青衿书院很快开学了。书院暂时设在林氏宗祠里，辟了几间房子作为学堂。经过阮鹗动员，秀才倪泰员自愿留下来在这里担任教书先生。开学的第一天，阮鹗抽出时间来了，他要给蒙童们上第一课。阮鹗走进教室时，差不多要发笑，这些孩子，小的四五岁，大的十四五岁，年龄差距也忒大了些。望着一双双稚气的眼睛，阮鹗打开书，带他们读书："青青子衿，悠悠我心。纵我不往，子宁不嗣音？青青子佩，悠悠我思。纵我不往，子宁不来……"

孩子们跟着读，梅岭上，第一次响起了蒙童们的读书声。许多百姓围在窗外，被自己孩子们的读书声吸引住了，久久不愿离开。

到广东南澳岛打探情况的严大胜和严小鹏兄弟俩回来了。据兄弟俩所说，倭寇们在梅岭劫营失利，逃回南澳岛后，并不甘心失败，准备和官军大干一场。他们正在召集人手，调集战船，据说这次准备直接袭击诏安县城。他俩还打探到一个消息，倭酋洪东冈并没有死，他从浯屿逃出后，就直接上了南澳岛。南澳岛上盘据着一股倭寇，为首者是一位名叫荒木厝的真倭。洪东冈本是漳州府人，熟悉闽情，又身经百战，很得荒木厝看重，让他坐了第二把交椅。洪东冈已向岛上倭寇夸下海口，下次他要亲自率兵，一定要攻破诏安县城。

听说洪东冈没死，徐勇松了一口气，同时也倍感压力。上次他找遍浯屿，就是没有发现这家伙的影子，当时怀疑他躲在岛上，只是时间匆忙，不容继续寻找。他一直坚信洪东冈没死，这家伙有九条命，每次危机中都能化险为夷，他要是死了才奇怪呢。现在有了他的消息，徐勇的心里一块石头落了地，他闻鸡起舞，每天苦练，只为了一场久违的决战。

第二十章

最后一战

阮鹗在诏安县城暂时住下了，整日忙着招募乡勇，征集船只，操练军马。陆师有陆师的战法，水师有水师的战法，乡勇也同官军一样，没日没夜地操练着。梅岭上下，到处是他们训练时的呐喊声。奇怪的是，差不多将近一个月时间，倭寇按兵未动，未到闽地来骚扰。大家心里很清楚，这种平静并不是常态，倭寇也在秣马厉兵，他们不是发了善心，而是在等待一个合适的时机，发起致命的一击。

阮鹗知道，大军不可能长期驻扎在梅岭，梅岭今后的保境安民任务，还要依靠设在这里的悬钟千户所。在阮鹗的一手安排下，一批壮实乡勇充实进了千户所内，所城里满编满员；同时，还设法安排了一批饷银，加固加高了所城城墙，对士兵的营房也进行了翻新。梅岭乡勇全部编成队伍，归千户所统一调度指挥。在各主要交通要道，修筑城堡，派乡勇日夜驻守，一旦有倭寇来犯，可利用有利地形组织反击。

一天，阮鹗和林念等人正在望洋台上商量如何加强海岸防守，忽然，一匹快马风驰电掣般从官道上跑到岭下，一名校尉匆匆赶了上来，大声叫道："报告阮巡抚，大事不好，北镇抚司锦衣卫从京城到了福州，布政使马大人差小人前来禀报，请阮巡抚迅速回省城！"

锦衣卫来了，绝对不是什么好事，他们出动，大多是肩负皇命，拘捕朝廷大案要案的主犯。锦衣卫来福州，会拘捕谁，为什么指名叫阮鹗回去？

听校尉如此一说，阮鹗眼前一黑，锦衣卫肯定是针对他而来。他杵在那里，半天说不出话来。林念早已走上前去，将那小校啪啪地打了几个巴掌，低声骂道："不知好歹的狗东西，大声嚷嚷什么，是什么好事还是咋的，生怕别人听不见！"

小校捂着脸说："临行前，马大人特地嘱咐小的，禀报时要大点声，说要让大家都知道咱福建出大事了。"

林念还要打，被阮鹗阻止了。阮鹗对那个校尉说："你先回去，就说我将这边的事安排一下，马上就到。”

校尉回去复命了。望洋台上一片沉默，海涛声远远地传来，像千军万马在奔腾和厮杀，永远不知疲倦。涛声一浪高过一浪，訇然作响，毫无章法，在一片混乱的响声过后，只剩下无数的泡沫，在海滩上扑哧扑哧地炸裂。在这种声响里，阮鹗想起了首任浙江巡抚朱纨，想起了他的继任李天宠，想到了浙直总督张经，他们哪一个不是冤死的呢？他们的生命就像一个泡沫，在发出扑哧的响声之后，就再也没有了声息。本朝以来，大凡抗倭的官员，就没有一个好下场的。现在，轮到他了，他不怕死，这些年，多少次出生入死，不都是挺过来了吗？可是，他怕冤死，死得不明不白、不清不楚；他要一种正大光明的死，哪怕是被倭寇杀了，也没有什么好怕的。

是福不是祸，是祸躲不过。回省城吧，阮鹗将梅岭的海防要点向海道副使邵梗一遍遍做了交代，然后，带着阮良、徐勇罗绮夫妇和严氏兄弟等人向省城飞奔。指挥林念坚持也要回去，说看看到底发生了什么事，这边有什么情况再赶来不迟。阮鹗想了想，没同意，让他坚守岗位，以免倭寇突然来犯。

第二天上午，他们进入了省城福州。街面上熙熙攘攘，人流如织。阮鹗牵着马，在人群里走着。他想起去年二月初入闽地时的情景。当时，倭寇迫近福州，他率着峒兵冒雨狂奔了两个昼夜，入城时是何等狼狈，又冷又饿，站都站不住。接下来的日子也不好过，无银无兵，束手无措。现在事情好不容易才有了起色，可锦衣卫就来了，肯定是有人不想让自己干了。好吧，我也该歇歇了，实在太累了。

负责前来福州拘捕阮鹗的是一个锦衣卫千户，姓邢。邢千户来到阮鹗设在府学里的临时巡抚行辕，在大堂、后衙转了一圈，又来到阮鹗的住处，见他的两个夫人穿的皆是自纺棉布裙，室内仅简陋桌椅数件，邢千户看后不发一言。他又悄悄在府衙及街坊上一打听，这一番审视，又一番打听，邢千户心里有数了，嘴里不断发出啧啧的惋惜声。

望着又黑又瘦茫然不知所措的阮鹗，邢千户叹了一口，说：“阮巡抚，巡史宋仪望参了你一本，圣上差卑职来拘押你进京。”

阮鹗如被人兜头打了一棒，全身的骨头像突然间散了，他瘫倒在椅子上。半晌，他不解地说：“这个人我听说过，江西吉安人，可我和他从无任何接触，他何以会参卑职呢？”

邢千户没吱声，其实明眼人心里都清楚，宋仪望身在京城，对浙江、福建的抗倭形势根本不了解，阮鹗与他从未打过交道，也谈不上得罪他，但他之所以会上疏弹劾，肯定是受人指使。也就是说，被人当枪使了。想到这里，阮鹗问道："邢千户，宋仪望弹劾卑职所犯何罪，能方便透露一二吗？"

邢千户说："未来福建之前，本官对你也不了解，以为你是一个贪官。可入闽之后，本官亲眼所见、亲耳所闻，始知你是冤枉的。宋仪望的奏疏将你说得很严重，说你自桐乡被围后，就被倭寇的气势所吓倒，不敢再战，只知一味求和。倭犯福州时，你以数万银两和大量丝绸布匹重贿倭寇，以六艘巨舰送倭出海。生活奢侈腐化，贪婪无比，敛刮民财千万计……"

邢千户滔滔不绝地说着，他的话像一条狠毒的鞭子，打得阮鹗无处藏身。待邢千户说完，阮鹗手握破罡剑，叫道："这个宋仪望，完全颠倒黑白，恶意中伤，天地良心，哪有这样的事啊，我真想杀了他！"

邢千户摆了摆手，示意他坐下，说："阮巡抚，别生气，我知道你是冤枉的，到京后会审时想想该怎么辩驳，到时我也一定替你说几句，但愿能化险为夷，顺利躲过这一劫。当然，你也别想着还能当你的巡抚，能保住小命就算万幸了。我给你一天时间，明天上午宣读圣旨，然后我们就离闽进京。阮大人，你看行吗？"

阮鹗说："叫我名字吧，我现在已经不是什么大人了。"

"至少在宣读圣旨前你还是，快回去收拾收拾吧，把要办的事抓紧办了，时间很紧。"邢千户叮嘱道。

阮鹗无比沮丧，丧魂落魄地回到家中，两个夫人早已知道发生了什么事，正泪水涟涟地等在家中。想哭，怕惹丈夫伤心，又不敢哭出声来。

徐勇、罗绮、阮氏兄弟等都来了，一个个苦着脸不说话。阮鹗想起入闽前杭州商会捐助的那一万两银票，初入闽时垫付了峒兵和麻阳兵的饷银，起到了大用。后来，提编税银收了上来，阮鹗从府库中将这一万两银子还给了罗绮。这件事还要交代一下，他对罗绮说："罗绮，杭州商会捐资的事是你一手经办的，回杭后及时还给苏一纶，千万别忘了。"

罗绮说："大人，您都说过多少遍了，我一直都记着呢。您还是多想想自己的事吧，快想个办法，可不能就这样受了不白之冤。"

"能有什么办法呢？走一步算一步吧，但愿苍天有眼。"

阮鹗的两个夫人在默默地收拾着东西，其实也没多少东西可收，就是几套衣服什么的，没多长时间就弄好了。从明天开始，阮鹗就不再是福建巡抚了，实际已提前进入了状态，无官一身轻，他一头倒在床上，决定好好睡一觉。很快就睡着了。睡梦中，无数倭寇前呼后拥地向他扑了过来，来一个杀一个，他拼命地杀啊杀，从早晨杀到晚上，又从晚上杀到天明。阮鹗浑身是血，手是红的，脸是红的，成了一个血人。倭寇尸体堆积如山，余下的倭寇再不敢上前，一哄而散。突然，从倭寇中走出一个身着獬豸补子官服的官员。这不是咱大明朝的御史么，怎么和倭寇混到了一起？阮鹗不认识他，可此人却目不转睛地盯着阮鹗，不怀好意地笑着。阮鹗突然想起来了，惊道："难道你就是参本官的……宋仪望？"

那人大笑说："正是本官。"

阮鹗怒道："你为何颠倒黑白，污蔑本官敛财千万、重贿倭寇？你证据何在？"

宋仪望并不回答，继续狂笑着，笑声像潮水一般漫了过来，将阮鹗的身子淹没了。阮鹗在水里挣扎着，他手举破罡剑，大叫道："狗贼休走，吃我一剑！"

阮鹗醒来时，发现两个夫人惊恐地站在床前。见丈夫醒了，吴若瑶紧张地问道："官人，你要杀谁，吓死我们了，刚才你一直在大声地说着要杀人。"

阮鹗说："没事，不过是做了个梦罢了，谁的梦里没几个小鬼呢。去烧几个菜，晚餐我们好好地吃顿饭，唉，我们全家好多天都没在一起吃顿饭了。"见丈夫心情不错，吴若瑶和范琼到厨下忙活去了。

阮鹗正在书房里收拾着书籍，忽然听见外面一声马嘶，只见一名士兵从马背上滚了下来，咚咚地跑进了书房，单膝跪地说："报告阮大人，大批倭寇突然在诏安县城外现身，诏安危急！"

阮鹗身子一震，旋即又松懈了下来，说："我现在不是巡抚了，你还向我报告干什么？"话刚出口，又说，"不对，这圣旨还未宣读呢，我还是堂堂一省巡抚。"他让那名士兵先回去复命，说救兵随后就到。

诏安县城外突现大批倭寇，这真是奇怪了：一则他们为什么迟不来早不来，偏偏在自己出事离开梅岭时突然赶来了呢？说明倭寇在梅岭安插了眼线，自己刚离开梅岭，南澳岛上的倭寇就得到了信息，于是挥师东进，袭击诏安。二则倭寇是从哪里登陆的，如是从梅岭，官军和乡勇怎么都没有发现？诏安城内的守军情况阮鹗是清楚的，城内空虚，老弱残兵加起来不到一千人，兵都抽到梅岭防守去了。一旦倭寇攻城，诏安危矣！

阮良又带着一个士兵匆匆走了进来，士兵手里拿着封告急文书，见到阮鹗，急忙呈上说："阮巡抚，梅岭倭情急报！"又来了一个，阮鹗匆忙打开，是指挥林念写来的，说是倭寇化整为零，且化装成百姓，从官军和乡勇的眼皮子底下混过去了。他现在正率军急赴诏安县城，请巡抚衙门务必再派援军，确保县城万无一失。

难道眼睁睁地看着倭寇在自己的眼皮子底下攻破并洗劫诏安县城，任成千上万的百姓身遭屠戮流离失所？虽然阮鹗现在已是戴罪之身，罪也是欲加之罪；虽然他现在也完全有理由不再管这档子事，可真要那样，那真比杀了他还难受。况且，在圣旨未宣读之前，他还是名正言顺的一省巡抚。

阮鹗来到官驿，找到邢千户，请他宽容几天时间，他要带兵去诏安救援，打好他此生的最后一仗。待他说完，邢千户瞪着眼说："阮大人，你自己的身家性命是否能保全还难说，都什么时候了，你还想着去救援？"

阮鹗平静地说："横竖都不过是一死，与其死在京城菜市口，不如死在抗倭战场上。还望邢千户理解本人的苦心，设法通融通融，宽限数日，解了诏安之围。"

邢千户站了起来，倒背着双手，在室内来来回回地走着，说："我佩服你的决心，可兹事体大，这样吧，我最多只能给你两天左右时间，你后天晚上务必回到福州，大后天我们一早就出发。阮大人，你看怎么样？"

阮鹗说："行，两天就两天，要是我不幸战死了，你就带着我的首级进京复命。告辞！"

邢千户远远地说了一句："希望你凯旋！"

阮鹗来不及告别两位夫人，紧急从福州卫点了两千官兵，带着阮良、徐勇、罗绮和严氏兄弟，风驰电掣般赶到海边，登上快船，借助着风势，直向诏安而去。

第二天上午，阮鹗率军抵达了诏安城下。倭寇正在攻城，诏安县军民正在城头苦战。援军从倭寇背后突然发动袭击，人人高呼："援军来啦！阮军门来啦！……"

倭寇大惊，特别是正在指挥攻城的倭酋洪东冈，听说阮鹗率领援军杀到，他的后脊梁骨一冷，差点跌下马背。南澳岛倭寇在福州和诏安都安插有大量眼线，洪东冈在第一时间就得知锦衣卫前来福州拘捕阮鹗的消息。他欣喜若狂，自阮鹗率军进驻梅岭后，他们就龟缩在南澳岛，不敢轻举妄动，更不敢轻易涉足闽地。这段时间，他们坐吃山空，早就憋坏了。因此，一听说阮鹗离开了梅岭，他们就迫不及待地出动了。这次，倭寇学乖了，为避免过早暴露目标，他们分散乘船从诏安湾沿东溪逆流而上，绕过驻扎在梅岭的官军，长途奔袭，直接攻击诏安县城。

两千官兵早憋了一股子劲，加上又是阮鹗亲自率军，哪有不奋勇杀敌之理。阮鹗一马当先，冲入倭寇阵中，左砍右杀，完全是一种玩命的打法。两千官兵像一只铁拳，砸进倭寇群中，倭寇顿时阵脚大乱。城头的守军听说巡抚阮鹗亲自率军来援，打开城门，从里面杀将出来。洪东冈一看不好，下令急撤，倭寇紧急收刀，退潮一般向东溪方向逃去。

林念过来了，对阮鹗说："大人，幸亏您及时赶了过来，我们已苦战两日，快支撑不住了。"

"没事就好，"阮鹗说，"我让你准备的战船呢？"

"都停泊在梅岭码头呢，大大小小有四五百条。"

"倭寇跑得比我们快，我们追不上，但不能就这么轻易饶了他们，他们还会再来的，不彻底清剿了他们，诏安永无宁日，闽地永无宁日。"

"大人，您说怎么办，我们坚决听您的。"

阮鹗说："这股倭寇在东溪上了船，很快会回到倭巢南澳岛。我们立即赶到梅岭，所有官军和乡勇分乘船只，兵发南澳。倭寇们一定想不到我们竟然会追到他们的老巢来，打他们个猝不及防，彻底解决岛上的倭寇。"

林念听说要到南澳岛剿倭，说："南澳虽距梅岭不远，但毕竟属于广东省地域，我们福建的官军跑到人家地盘上打仗，怎能不照会人家一声？"

"来不及了，"阮鹗说，"到时就说我们追击倭寇，从诏安一路撵过来的。就算广东官方怪罪，你们就将责任推到我一个人身上就行了，就说是我下的令。"

林念说："卑职遵命！"说着，招呼人马，分水陆两路，向梅岭方向奔去。

两路人马在诏安湾会合，除了留下少量官兵留守悬钟千户所外，其余官兵和大量乡勇分乘四五百艘船只，声势赫赫，直奔南澳。

再说洪东冈，他逃回南澳后，庆幸今天捡了一命。阮鹗离开梅岭，他料定阮此行必将一去不回，被京城来的锦衣卫带走，却不知怎的又去而复返，这实在太蹊跷了。还好他见事情不妙，及时下令撤退，没受到什么损失。回到岛上，倭寇们又累又饿，纷纷来到厨下。抢来负责做饭的几十名妇人一番烹炒煎炸煮，匆匆摆下几十桌菜肴，倭寇们胡吃海喝起来。席间，难免议论起今天的失利。这个说："不是说阮鹗被锦衣卫用囚车带走了吗？他娘的怎么又回来了？"那个说："姓阮的今天像是疯了，官服也不穿，一身白袷，裸臂持剑，专往人群里冲，见人就砍，哪里有半点当官的样子，要是再碰见这样不要命的主儿，就赶紧逃吧，还打什么打？"还有倭寇说："说的是，我们虽是做贼，命也还是金贵的，要是没了命，还怎么吃喝玩乐？怎么玩女人？"倭寇们一边说，一边望着上菜的妇人们疯狂地大笑。

正吃喝得兴起，有人大叫："官军来了！"紧接着，海螺声催魂一般地响了起来。

倭寇完全没料到会有此变故，一个个紧张地站了起来，拿着倭刀来到外面。只见大队官兵和乡勇已经登岸，正向他们冲来。海里，还有大批渔船蜂群一般向岛上涌来。洪东冈呆了，他实在想不明白从哪里来了如此之多的官兵和乡勇，少说也有上万人。虽然人多，却并不混乱，训练有素，排在前面的是火铳手和弓箭手，将领在队伍中间指挥和督战，中军骑马忙着传递命令。在这种攻势下，倭寇们只好步步后退，洪东冈夹在人群里，不知不觉退到了刚才吃饭的厨房里。

厨房是连片的几十栋房子，洪东冈指挥着倭寇们依托房屋的有利屏障开始反击。突然，有人大呼："起火啦！起火啦！"洪东冈一看，坏了，好几间厨房同时着火了。肯定是那些抢来的妇人们干的，她们见官军来了，就主动配合着放起火来，要烧死这些倭寇。

形势危急，在这节骨眼上，倭寇中有人欣喜地叫道："岛主救我们来了！"在南澳岛，洪东冈来得迟，坐的是第二把交椅，坐第一把交椅是人称岛主的真倭荒木厝。

荒木厝凶悍野蛮，且诡计多端，他见大批官军和乡勇突然上岛，知道他们是尾随洪东冈的队伍而来。还有，荒木厝已经知道率军攻击南澳岛的不是一般的将领，而是福建巡抚阮鹗。他实在想不明白，这家伙怎么跨省追到了广东地域，这太不符合常理了。虽然他对阮鹗恨之入骨，但是，却佩服他。打仗就应该这样，出其不意，痛下杀手，这才像一个武士。荒木厝已经预感到了南澳岛的危机，他们这次可能要被官军一锅端。到那时，他们唯一的葬身之地，只会是眼前这浩瀚无垠的大海。想到自己被砍去了首级的尸体会被扔到海里喂鱼，荒木厝就感到身上的肉在一块一块地往下掉，直到掉得只剩下白森森的骨架，像一丛枯死了的珊瑚。不行，他必须趁自己还活着，要放手一搏。

可命运已没有给他多少机会了，就在他准备去营救洪东冈时，只听一个女人的声音高声叫道：“荒木君！”荒木厝有一个喜欢的日本女人，那些此前被倭寇们抓上岛来的苦力，眼见大批官军上岛，他们也都拿起棍棒，与倭寇们厮杀起来。他们捉住了荒木厝的女人。此时，那个女人大声地用日语呼救着，意思是叫荒木厝去救她。情急之下，荒木厝方寸大乱，他和她之间隔着太多官军，他插翅难飞。

荒木厝一声凄厉的长啸，围着他的官军吓得纷纷后退，不知这家伙要干什么。只见荒木厝一个旱地拔葱，突然蹿起一丈多高，从官军的人头上跃了过去，落到了那个日本女子身边，一把抱起了她。

这时，他发现怀里的女人一动不动，原来她已经死了。荒木厝双膝跪地，仰面向天，又是一声长啸。然后，掉转刀锋，一咬牙，刺进了自己的身体里。很快，他也慢慢倒了下去，倒在了他喜欢的女人身上。

此时，官军和倭寇们都忘记了厮杀，他们看着刚才的一幕，感到胆战心惊。连阮鹗都觉得意外，他一直觉得倭寇都是冷血杀手，没想到这个荒木厝如此重情。本来，凭他的身手，带几个人逃生不是问题。没想到，在他喜欢的女人死了之后，他却选择了追随她而去。

洪东冈在混乱中剑走偏锋，只身涉险，一头钻进了起火的厨房。真应了那句话，最危险的地方反而是最安全的。厨房虽然着火，但并不是每一个地方都烧着了。洪东冈在烟火之间逃窜着，很快甩掉了官军，逃到了码头边。

码头边停泊着许多船只，这里没有官兵，大多数船上只有一个船夫在看守。洪东冈手持雪亮的倭刀，喝道：“快将船划过来！”这时，一个戴着斗笠、穿着倭服的人划着船向他靠近。一见是自己人，洪东冈大喜，他跳上船头，说：“快逃！”这个戴着斗笠的男人正是徐勇，他已追踪洪东冈多时了，眼前他向码头方向逃去，就抢先一步上了船。

船离开海岛一段距离后，徐勇停了下来，取下了斗笠。洪东冈大惊，他完全没想到，自己多次侥幸逃生，可能今天要栽在这个克星手里。他现在筋疲力尽，一旦打起来，绝对不是对手。好汉不吃眼前亏，他扑通一声跪在船板上，讨绕道：“徐爷，求您绕小人一条生路，我也是被逼走上这条道的。求求徐爷！求求徐爷！”徐勇本已做好厮杀准备，却没料到这家伙突然来了这一手，一时愣在那里，不知如何是好，只顾挠着头傻笑。趁着这空当，洪东冈一跃而起，倭刀向徐勇刺来！

砰的一声，一支火铳响了。洪东冈眼看就要得手，却没料到，他的后背被一支火铳击中了。他突然想起来了，在舟山岑港时，他在偷袭徐勇正要得手，也是被一支火铳当场击中了面门。他早该想到，眼前这个小子有一个形影不离的女人。他回过身来，果然看见一个女人正举着火铳对着自己，她双目怒睁，像一头愤怒的海豹。她正是徐勇的夫人罗绮。洪东冈身负重伤，只好乖乖束手就擒，被徐勇捆了个严严实实。

南澳岛上的倭寇群龙无首，很快被官军和乡勇们清剿殆尽。岛上被倭寇掠来的苦力和女人也被顺利解救了出来。大家兴高采烈地返程。

阮鹗松了一口气，没想到自己这抗倭的最后一役打得如此顺利、如此舒心。他觉得再没有什么遗憾了。到了梅岭后，他趁众人高兴的时候，悄悄骑了一匹快马，上了通向省城福州的官道……

第二天，天色未明，大街上还静悄悄地，一辆囚车吱吱呀呀地出了福州。阮鹗站在车中，神态安详。阮良、徐勇罗绮夫妇也骑着马跟在后面，他们执意要一路陪伴他进京。两位夫人吴若瑶和范琼已被人送往桐城老家。吴若瑶在和阮鹗临分别的时候，将一幅刚刚绣毕的海云图塞在他的手中。多么漂亮的一幅刺绣啊，朝阳升起，海空一片绚烂，一朵一朵的云，都有着一张婴儿般安详的脸，每张脸都是无邪的……

看着这幅海云图，阮鹗的眼里和心里都铺满了温暖的阳光。他仿佛仍和两位夫人站在霞浦山巅，面对着五彩的海天。

几天后，阮鹗进了京城。一天，嘉靖要亲自向他问话。阮鹗被带到了永寿宫门口，刚进门，一股异香扑鼻而来，像一把倭刀突然刺中了他。他的头一晕，努力定了定神，才勉强站住了。阮鹗想，难道这就是传说中的龙涎香，只听说它比麝香还要浓郁，没想到如此冲人。

嘉靖在内室，门口隔着帘子，阮鹗根本看不见他，只隐隐感觉前方有一个臃肿的影子。阮鹗对着帘子磕头，自报家门。嘉靖长年躲在深宫，不上朝，也不见大臣，他肯召见自己一次，这是给了天大的面子。一阵一阵的异香从帘子后往外涌，像海里的潮汐一般，阮鹗的头快要被熏晕了，幸亏是跪着的，要是站着，怕早被熏倒了。皇上天天沉浸在这样的香味里，头脑要是清醒才怪呢。阮鹗觉得，这香味里有种说不清道不明的东西，熏着你的头脑，熏着你的心肺，熏着你的骨头。最终，人会变得越来越慵懒，身子会变得像香气一般轻，一阵风就能吹散。

里面的铜磬当地响了一声，阮鹗身子一震，从香味里挣扎了出来，他知道皇上要发话了。果然，嘉靖轻轻咳嗽了一声，说：“御史宋仪望将你参下了，说倭犯福州时，你怯敌畏战，将大量绫罗绸缎及数万库银，遣巨舰六艘，贿送倭寇，可有此事？”

阮鹗说：“皇上，这真是天大的冤枉，微臣何时惧过倭寇，朝野皆知臣是主战派，几年历经大小战争无数，岂有畏倭之理？至于以财物贿倭，更是欲加之罪。还望吾皇明察！”

嘉靖又说：“宋仪望还说你大肆搜刮民财，锦衣玉食，穷奢极欲，可是事实？”

“皇上，这更是无稽之谈，除了正常的提编银，微臣未多征收一两民财；至于说微臣生活奢侈，臣怎么说都有狡辩之嫌，皇上只需随便问一下闽浙官员便知。”

半晌没有声响，铜磬当地又响了一声。一旁的太监让阮鹗谢恩告退。阮鹗起身，被关进了刑部监牢。

六天后，旨意下来了，阮鹗被削职为民。走出监牢，阮良和徐勇罗绮夫妇等在外面，几个人相对而泣，哭成一团。阮鹗安慰大家说：“别哭了，算是我阮某命大福大，倭寇没能杀得了我，皇上又饶了我一命，现在没事了，老夫准备回老家了，徐勇和罗绮也该回杭州了。”

在通州码头，徐勇和罗绮夫妇向阮鹗磕头谢恩，依依不舍地登上了去江南的航船。然后，阮鹗和阮良也上了船，回桐城老家。

阮鹗被削职后，朝廷任命曾先后担任过浙江海道副使、右布政使的王询担任福建巡抚。阮鹗被逮，福建倭患大发，福清、福安、兴化等地先后失陷。当年十一月，屯聚于舟山岑港的王直义子毛海峰等三千倭寇，见官军放回主子王直已是不可能，而且岑港陷于官军包围之中。于是，纵火烧毁巢穴，夺路南下，在福建的浯屿岛安营扎寨，建立了新的巢穴，然后四出劫掠。倭患由浙江全面转移到福建和广东。

嘉靖三十八年十二月二十五日，浙直总督胡宗宪在嘉兴督战，浙江巡按御史王本固将王直斩首于杭州宫港口。王直临死前对监斩的王本固说：“死吾一人，恐苦两浙百姓！”王直被杀后，毛海峰率众倭为主子复仇，王直旧部也纷纷从日本赶来寻仇，福建倭患更炽，形势日趋严峻。直到嘉靖四十一年七月，戚继光受命率戚家军六千人入闽。经过数年苦战，才基本平定了为祸东南近两百年的倭患。

隆庆元年，福建巡抚涂泽民奏准开放部分海禁，先是梅岭，后改月港，“准贩东西洋”，允许民间赴海外通商，民间私人贸易取得合法地位，明朝出现一个全面活跃的开放局面，史称“隆庆开关”。

尾声　云归处

没事的时候，我喜欢坐在江边看云。一袭布衫，一块方巾，手中时常拿着一本书。宣纸和陈墨的气息，散发着一种古朴的清香，让我心安。

我的腰间，已没有了剑。

我还时常想起从京城返回那天的情景。那是一个黄昏，经过十余天的辗转奔波，终于进入桐城县境。远远地，能看到老家门口ⓣ山的身影了。就是记忆中那座光秃秃的山，无数次在我的睡梦中出现过的山，此时，它看上去是那么亲切。坐在行驶的船上看山，山是动的，点头或招手。山越来越近，满山的石头猴子般欢呼雀跃。山是认得人的，它是久违的亲人。

我的手在无意间碰到了腰间的破罡剑。告老还乡，我成了一介平民，还需要这把剑吗？况且，这把剑上还沾过倭寇的血。我不想将这沾染过腥秽之物的东西带回家。这把剑第一次染上倭寇之血是在什么地方呢？是在桐乡。我清楚地记得那天的事。当时，倭寇攻城甚急，我在城头上督战，一个倭寇突然冲上城头。我急红了眼，一咬牙，刺出了平生第一剑。破罡剑果然是神器，它深深地吃进了肉里。对，它是吃进去的，神器都有一种噬血的本性。

剑红了。血像开水一般，在剑身上扑哧扑哧地响，冒着红色的血汽。倭寇倒下了，我抽出剑，心剧烈地疼了起来，好像倒下的是我自己。

后来，对这种刀头上舔血的生活，我渐渐习惯了，也不得不习惯。现在，我要与过去的生活告别，我不再需要这把剑了。

我取下剑，最后看了它一眼。然后，将它丢进了江里。

剑落水的那一瞬间，它刺疼了江水，我明显地看见江水哆嗦了一下。江面上很快恢复了平静。阮良说，主人，你怎么把剑丢了？我说，我需要一把锄头。

阮良不吱声了，他明白了我的意思。这时，江中的渔船上有人唱起了渔歌。渔歌没有词，全是哟嗬哟嗬之类的咏叹。一个光着脊梁的汉子，划着只小船，在浪头上飞来飞去。他的歌声真好听啊，透亮而干净。他用一首渔歌来迎接我，迎接一个无剑的书生。

想起了我的老父。他平时喜欢端把椅子，坐在门口看云。看长江上空的云、太湖上空的云、山顶上的云，还将他的书房命名为“爱云之窝”，乡邻们因而叫他爱云翁。少时，我曾问过父亲，云有啥好看的，你为什么喜欢看云呢？父亲说，等你长大了，你就明白了。

现在，我不但明白了，而且也像他一样，成了一个喜欢看云的人。我对云的迷恋程度，与他相比，有过之而无不及。

归来后，我成了一个私塾先生，以教书授徒为生。平时，我的腋下夹着几本书，常常穿行于里巷之间。谁也不会相信，眼前这个其貌不扬整天笑呵呵的糟老头子，会是当年闽浙抗倭战场上叱咤风云的人物。我的身上再没有半点当年的痕迹，我成了他们眼里一个有点“鹅里鹅头”（意指迂）的教书先生。

隆庆元年，我病了。几个儿子在为我当年的冤情亟亟奔走，替我平反昭雪。其实，冤不冤的又有什么关系呢，我只求问心无愧。我去世的时候，虽然只有五十九岁，但此生足以称得上无憾二字。带走我生命的，不是疾病，而是一朵云。路过长江边团山的时候，如果你们没看到我，千万不要认为我死了，我只是随一朵云云游四海去了。

后记　一位被遮蔽的抗倭英雄

提起明代的抗倭名臣和名将，人们会想到朱纨、胡宗宪、戚继光、俞大猷、卢镗等。而阮鹗，基本是一个被忽视的人物。诸多抗倭史料对他要么不提，即使提到，也是语焉不详，甚至一笔带过，有的史料连他的名字都写错了。阮鹗的鹗字常被写成鄂。其实，在嘉靖大倭寇期间，阮鹗的重要性是不言而喻的。在浙直总督胡宗宪主政江南抗倭时，胡是主抚派官员代表，对倭寇阵营进行瓦解、分裂和招降；而身为浙江巡抚（后改任福建巡抚）的阮鹗是主战派官员代表，他发动军民，积极推进东南抗倭斗争。

阮鹗之所以长期被忽视，与《明史·阮鹗传》有关。此传简单地认为阮鹗是依附赵文华和胡宗宪而得官。其实，阮鹗和他俩的抗倭立场截然不同。此传又采用御史宋仪望弹劾阮鹗时说的畏战贿倭之语，致使阮鹗长期蒙受不白之冤。

古代通过科举入仕的文臣中，拥有军事才能的人少之又少。幸运的是，阮鹗有这方面的潜质，这需要胆略、智慧和担当。他在顺天督学时，风闻俺答骑兵迫近京城，于是选拔生徒，发给兵器，亲率他们守城。虏退，上疏《御虏十事》。

在担任浙江提学副使时，倭寇进犯杭州。作为一个主管教化的官员，抗倭不是他的分内之事。他却主动作为，营救灾民，教习诸生骑射与兵法。一个主动抗倭的人会畏战贿倭吗？有明一代抗倭史实之集大成著作《筹海图编》（郑若曾著）中，就记载了阮鹗多次率军抗倭的事迹，主要有坚守桐乡、救援仙居、沈庄平徐海之战、定海围敌、慈溪剿倭等。郑若曾是胡宗宪聘请的幕僚，他的记叙尚算客观。李春芳作的阮鹗墓志铭、陈继儒作的《冋峰阮中丞外传》中，提到的阮鹗在浙闽二地的抗倭战斗多达数十场。阮鹗若果真畏战贿倭，岂有下狱六天就被释放的道理？他去世后，杭州武林门外建阮公祠以祀。万历三十七年《钱塘县志》载，阮公祠：在武林门外，祀都御史阮鹗，匾额“忠定”，隆庆六年建，李春芳《记》。《浙江通志》中《祠祀·阮公祠》载，雍正八年，浙江总督李卫重修忠定祠，并作长篇《重修阮公忠定祠记》，其文曰，“杭人德公不忘，于武林门外筑室祀公”。

马其昶在《桐城耆旧传》中充分肯定了阮鹗的抗倭业绩，并对《明史》中的不实评价予以了委婉批评：而史氏记乃颇于公多有微词，岂据当时忌者之言而遂未详欤？

数年前，位于安徽省枞阳县团山脚下的阮鹗墓被盗，经媒体广泛报道，阮鹗墓的荒凉破败震惊了世人。经中国人民大学张全海博士、安庆根亲文化研究会有关专家撰文呼吁，一代抗倭名将阮鹗再次唤起了人们的关注。至此，人们才发现，这位抗倭名将已被世人忽视得太久。

关于胡宗宪和阮鹗的抗倭态度，有一种较为普遍的看法，即胡主抚，阮主剿。这种划分并不完全准确，阮鹗并不是不主张招抚的，他主张有条件地招抚，剿抚并用。这就是陈继儒说的，“剿不坚则抚不成，抚不成则寇不诤。先剿而后抚者势也，外抚而内剿者谋也。此水火相反之形亦水火既济之局也”。比之于胡宗宪只求一味地息事宁人，一招了之，阮鹗则比他更具智慧，一味招降，而倭寇实力仍存，是养虎为患、祸害无穷。

朱元璋是农民出身，将国家当成了自家的小菜园子，实施严厉海禁，关起门来搞自己的小天地。海禁使沿海数百万民众失去生计，阻碍了中西方的经济与文化交流，带来了极其严重的后果，嘉靖大倭寇的实质就是海禁与反海禁的斗争，历经数十年苦战才得以平定。

嘉靖皇帝给人的印象，就是一个坐在深宫里以一枚铜钱治国的主儿，他太过于相信科道官员的弹劾。我料想他是以抛铜钱的方式决定被弹劾官员的命运：阳面，免死；阴面，杀头。整个嘉靖一朝，抗倭官员和将领的命运大多很不好，连立下盖世功勋的胡宗宪都未能幸免，遑论他人。像阮鹗这样被削职为民，倒还算幸运的。

我多次到过阮鹗墓园，在未修复之前，确实惨不忍睹。一处人迹罕至的荒山野岭，重重杂木林中，隐藏着一座规制宏大气象雄伟的陵园。石雕残缺不全，石碑断裂倾圮，埋没在草木丛中。2019 年，阮鹗墓石刻成功入选第八批全国重点文物保护单位。这真是一个好消息，足以告慰先生的在天之灵。

为阮鹗写一本书，这想法萌生于数年前。于是开始着手搜集资料，可先生留下来的文字是如此之少。没有文章，没有诗词，也没有任何奏疏和尺牍。是在历史的烟尘中散佚了，还是先生故意隐而不存呢？一切都无从知晓了。先生一生完全称得上是波澜起伏，换作他人，不知要铺排出多少锦绣文章，咏叹出多少长短句。可先生就是不置一词，任由后人评说。

关于历史小说创作，鲁迅在《故事新编》序言中提到了两种写法，一种是“博考文献，言必有据”；另一种是“只取一点因由，随意点染，铺成一篇”。若据此划分，我的这本书当属后一种写法。2020 年初，正式开始写作这本书时，正值新型冠状肺炎疫情暴发，全国上下投入到抗疫斗争之中，我本人也参与了县城社区卡点值班。在值班时，我不知不觉地将眼前的疫情与倭患联想到了一起。疫情是一场灾难，倭乱也是一场灾难。不过，后者完全是人为的。在灾难面前，普通人唯一的想法也是最基本的想法是活下去。突然到来的疫情给了我许多思考，它让我以平民视角，更多地去关注灾难中的众生，以及灾难中人的表现与作为。灾难是对人性的一场考试，高下与尊卑、顽强与懦弱，在灾难面前显露无遗。

作家叶兆言在一次讲座中说过，文学是拒绝土特产的。刘庆邦也说过，文学要拯救文学性。这些都是振聋发聩之语。我知道自己陷于家乡的历史里太久，我努力把这本书写得更像一本小说、更具有文学性，而不仅仅是再现一个历史人物、讲述一个历史故事。所以，我才安排了一个诗意的楔子和尾声。还有，包括情节的设计，乃至章节标题，都努力出新。目的就是希望这本书与传统的那些中规中矩的历史小说相比，会有一点变化和区别。虽然我做出了点努力，但可能还远远不够。

在本书出版之际，谨向枞阳县阮鹗文化研究会和阮德流会长、中国文史出版社和责任编辑程凤女士、为拙著作序的张全海博士，致以真诚的谢意。

谢思球

2020 年 6 月 30 日

附　阮鹗年谱

明正德四年（1509），1 岁

十月二十四日，出生于南直隶桐城县大宥乡长江畔团山阮氏祖宅。母吴氏；父阮廷瓒，人称爱云翁。兄阮鹏，邑诸生。

晋时，黄门侍郎阮孚（278—326），字遥集，竹林七贤阮咸子，于陈留受节镇皖，乐团山之胜，遂落户于此。历唐，阮枞江受封为镇江南大将军，先显武；南宋时，十六世阮晋卿中解元，再显文。晋卿闻元兵南渡，不食而死。子阮雪堂将其父遗言制成铭文，告诫子孙不得出仕。终元一世，朝中无桐城阮氏为官者。明始，阮氏子弟方始显露头角。

正德九年（1514），6 岁

儿时，端重不戏。

就学，问塾师："读圣贤书不当学圣贤乎？"塾师惊，认为其有奇才。曾作《灯花赋》以见志。

兄阮鹏教授先生于几侧十五年，要求极严，动辄鞭打，常伤致不能着衣。

嘉靖二年（1523），15 岁

"争贡之役"爆发，明廷撤市舶司，严申海禁。

嘉靖七年（1528），20 岁

居家读书。

是年，戚继光出生于山东登州。

胡宗宪（1512—1565），17 岁；

俞大猷（1503—1579），26 岁；

卢镗（1505—1577），24 岁；

谭纶（1520—1577），9 岁。

嘉靖十三年（1534），26 岁

于应天乡试中举。胡宗宪亦于是年中举。

嘉靖十四年（1535），27 岁

游南雍（明代称设于南京的国子监），听名士欧阳德与诸士讲王阳明之学，先生大悟曰："学不在是乎？"尽弃平日驰骛之见，始信阳明"致良知"学。

嘉靖十五年（1536），28 岁

八月二十七日，长子自嵛出生，系大铖祖父。

嘉靖十六年（1537），29 岁

正月二十日，原配张氏卒。继配程氏（生子自恒）、吴氏、范氏（生子自华）。

嘉靖十九年（1540），32 岁

福建罪囚李光头和歙县海商许栋等百余人自福建监狱逃逸入海，伙同歙县王直、徐碧溪等勾引倭寇，结巢于双屿港（今舟山六横岛），四处抢掠。

嘉靖二十二年（1543），35 岁

十一月十日，次子自恒出生。

嘉靖二十三年（1544），36 岁

考中进士，授吏部观政。先生善观星变，曾上疏在朝中推崇清廉耿介之风，排抑追名逐利之徒，帝不应。吏部尚书熊浃独称赞之。

戚继光 16 岁，承袭祖上职位，任登州卫指挥佥事。

嘉靖二十四年（1545），37 岁

授南京刑部主事，敬职公允，精于断案。千户刘恩以善讼作奸，公暴其罪，绳之以法。时有杀人而柜于市者，都下哗然。逻者侦捕朱监生外甥抵罪，业已诬服。先生怀疑其中有冤情，斋沐祷神，细加查究，逮其真凶，于是声名大振。

嘉靖二十六年（1547），39 岁

明廷任命朱纨为首任浙江巡抚，兼理福建，专司御倭。

嘉靖二十七年（1548），40 岁

改任河南道监察御史，裁浮费十万计。地震应诏，奏七事，帝多予采纳。

四月，朱纨命福建都指挥佥事卢镗率军趁海雾直捣双屿港，大获全胜，生擒倭酋稽天、许六（许栋之弟）、李光头等。

六月，金乡卫指挥吴川再擒另一倭酋许栋。

嘉靖二十八年（1549），41 岁

巡视仓场，兼理河运，劾罢漕帅之不称职者，漕政得以肃清。

是年，戚继光考中武举。

朱纨的海禁政策和武力剿倭，触犯沿海地区豪族利益，遭福建籍御史弹劾，被削职革问，服毒自尽。

嘉靖二十九年（1550），42岁

巡按顺天，诸墨吏望风解印绶去。任丘县进士王联曾任阳武县知县，素豪横，数杀人，拟大辟，却上疏弹劾中丞胡缵宗以诗诽谤皇帝，妄图自救。帝震怒，将胡逮下诏狱，并逮抚按藩臬郡守三十六人，一时无敢言者。先生独为胡公辩冤说："以言语诬构人，开盛世荆棘路。"极力周旋调护。结果，胡公出狱，王联伏法。

改提督北直隶学政。先生顺天督学，于涿州校士（考评士子），风闻俺答骑兵迫近京城，于是选拔青壮生徒，发给兵器，亲率他们登上城头。游骑见早有准备，不敢来犯，虏退。上疏《御虏十事》，帝称许。

帝下诏逮捕朱纨（已自尽），卢镗等将领俱被论罪。朱纨死后，倭患大炽。

嘉靖三十一年（1552），44岁

曾为许栋手下的王直收拾残部，纠集海盗和亡命之徒，突犯浙江定海，并于烈港（舟山金塘岛）建立据点。

嘉靖三十二年（1553），45岁

擢浙江提刑按察司副使兼提督学道（简称提学副使）。于学宫中收勇士徐千斤。

是年，戚继光任都指挥佥事，管理登州、文登、即墨三营二十五卫。

嘉靖三十三年（1554），46岁

创办绍兴慈湖书院。

四月，胡宗宪任浙江巡按监察御史。

五月，张经受命总督江南、江北、山东、福建、湖广诸军，专司抗倭，并征调西南少数民族狼、土司兵御倭。

卢镗擢升为参将，分守浙东海滨诸府、县，后失利被削职戴罪。

嘉靖三十四年（1555），47岁

春，屯聚在松江府柘林镇的徐海、麻叶部万余倭寇倾巢而出，向嘉兴、嘉善等处大举进犯，倭乱大起。杭州戒严，城门紧闭，属邑士民竞趋城下，无法进入，哭声震天。先生持剑命大开武林门，令士民有序入城，独无追迫蹂躏之惨。城门卯启申闭，四五日间进城百姓数十万，民咸称先生之德。

四月七日，严嵩义子、工部右侍郎赵文华抵达松江府祭海神，巡视抗倭战事。胡宗宪和赵文华上疏弹劾张经。

五月，张经命总兵俞大猷、参将汤克宽和卢镗，征调来的永顺、保靖土兵，水陆并进，大战倭寇于王江泾（嘉兴市王江泾镇），斩敌五千余人，取得抗倭以来首次大胜。

五月十六日，由于赵文华诬劾，帝诏令锦衣卫缉拿浙直总督张经和参将汤克宽进京。周珫任浙直总督。

六月十九日，浙直总督周珫和浙江巡抚李天宠双双被废黜为民；杨宜接任浙直总督；擢升胡宗宪为右佥都御史，接替李天宠出任浙江巡抚，兼管福建，提督军务。

七月，戚继光调任浙江都司佥书，负责屯局事务。

十月，嘉靖下诏将张经和李天宠双双处斩。

十一月，刘远任浙江总兵官，总理浙直海防事务。

嘉靖三十五年（1556），48岁

二月十三日，任职仅半年的浙直总督杨宜被革职，南京户部右侍郎王诰接任。

二月二十九日，帝又命王诰复原职，擢升胡宗宪为兵部左侍郎兼都察院左佥都御史，总督浙江、南直隶和福建等处兵务。胡开始实施“攻谋为上，角力为下”的抗倭策略，选拔文武充任帐下和幕府，将战败革职的俞大猷和卢镗官复原职，调山东都指挥佥事戚继光至浙江都司；将唐顺之、茅坤、徐渭等名士纳入幕府。

先生升广西右参政，未赴任。台省交章推荐先生有文武之才，可大用。不久，擢升右佥都御史，提督军务，巡抚浙江。

三月，王直、徐海、陈东、麻叶等引倭三万之众，兵分四路，入侵乍浦、海盐、嘉兴、崇德、桐乡等地。徐海自率万人，入侵海盐，上岸即焚舟，令人人死战，又导陈东等直逼乍浦。总督胡宗宪率三千兵屯塘栖（杭州市北），先生率部奔崇德迎战。

明廷罢浙江总兵官刘远，由俞大猷代任。

四月二十日，将军宗礼、裨将霍贯道率河朔兵支援嘉兴。先生素与将军有旧，挽留抗倭。一战于崇德，再战于石门（桐乡西），三战于皂林（桐乡西北六七里）。追数十里，且战且追。

四月二十一日，倭寇登树而望，见宗礼等孤军陷于水滨，且无他援，即率兵攻击。河朔兵弹尽粮绝，全军皆于皂林秀溪桥畔战死。将军卢镗身中八矛，俞大猷亦败。公杀出重围，飞矢中于腕，血染裙袷。戚继光率五百人殿后，先生方始还临平山，设伏以待。倭寇夜至，火炮如雨，倭寇散去。

四月二十二日，先生至皂林，与倭寇舟相遇，倭寇遣二三掳民冒充耆民出迎。耆民登舟密语以告先生，先生大惊，单舸进入桐乡城避守。桐乡新城初竣，大家商贾避城中者众。先生持剑对县令金燕曰："吾走，则汝斩我，惟汝亦然。"令水兵出战不利，倭寇乘胜围桐乡。

四月二十三日，倭寇奋力攻城，云梯、云楼、望高台、铜将军轮番上阵，凡自古攻城之法，无不使尽。先生率守军一一破解。时有冶工沈东溪献计，以铁汁杂火药凌空泼洒，毙敌无数。倭退后，先生亲书"退寇全城"四字，制匾悬于沈氏庐。

总督胡宗宪主抚，离间倭寇。先生死守桐乡二十九日，其间派人求救于胡宗宪，不理，督抚自此生隙。在胡宗宪的离间下，徐海决心归降，主动撤去桐乡之围，率所部退后三十里。

五月，由严嵩推荐，赵文华任右副都御史，提督浙直军务。

六月，徐海决意归顺，用计缚麻叶、陈东等倭寇百余人，作为投名状，献于胡宗宪。

倭寇陷仙居。先生募金台诸郡兵，率许东望、谭纶、卢镗从东路进，合围歼敌。

七月，29 岁的戚继光任宁绍台参将，负责宁波、绍兴、台州三府的抗倭任务。

八月一日，徐海率千余倭寇至平湖城，进城受降。先生与众主官坚决反对议和，抚剑大怒曰："不灭海，尚留根蔓乎?"连夜草疏请兵，得嘉靖帝诏谕：以后言抚者斩！专命剿平。

八月八日，徐海率众倭驻扎于平湖城外沈庄。朝廷调集各路军马于浙东集结。

八月二十四日，先生督诸路主客军二十余支，谭纶、卢镗、戚继光等名将，奇兵四伏，围徐海数重。倭寇以银塞炮口，银如星飞，众皆不能进。

八月二十五日，先生令取民家犬数百为群，驱之以人，巧破火炮。诸军进剿，破倭寇巢，斩首一千六百余人，剿灭徐海。卢镗擒辛五郎于金塘。

十月，倭寇进攻龙山守御千户所，先生率俞大猷、戚继光抗击，三战皆捷。

此为戚继光首次参加抗倭作战。

十一月，由于平徐海之功，戚继光擢升指军佥事。

十二月，徐海余党蹿于舟山。先生一心向战，肆意斩草除根，对诸将曰："宁波、雁门久为倭寇据，而舟山余党仍在，奈何？安枕耶？"水陆并进，率俞大猷、戚继光趁除夕雪夜登舟山，攀危登峻，倭寇方酣醉，遂擒斩殆尽。

浙江倭患平定，朝廷将先生晋升一级，任右副都御史，并赏赐金币五枚。

俞大猷擢升都督同知。

支持戚继光倡练新兵。

嘉靖三十六年（1557），49岁

正月，先生改任福建巡抚。此前，福建向由浙江巡抚兼理，先生系首任闽抚。胡宗宪以总督兼任浙江巡抚。

二月至六月，先生赴闽，行至浙江兰溪时，听闻倭围福宁，与指挥林念急募峒兵，解福宁之围。

倭犯福州，先生疾驰两昼夜，冒雨入城，诡为麻阳兵，并布阵于洪山桥，大战于连江县琯头镇等处。

倭犯福清海口镇，先生率军击倭于古源、阳岐、长乐港、闽安等处，连战皆破。到任不过数月，历十余战，捷书飞奏，朝廷再次赏赐金币。

十一月，在明廷强大的军事压力下，倭酋王直离开舟山岑港，到总督府接受招降，引起朝中文武大臣和浙江士绅恐慌。迫于压力，胡宗宪不得不将王直收入狱中。

嘉靖三十七年（1558），50岁

二月至四月，王直余党毛海峰等据岑港为巢，俞大猷、卢镗、戚继光等率兵进剿，经数次激战，大破之。

倭寇转战漳州。先生于月港退倭；又于诏安梅岭组练乡兵。梅岭通倭者众，众人主张屠之，先生不许，只缚导倭者数人，余皆赦不诛，救民万余。

三月，先生遭御史宋仪望弹劾，指责糜费储饷，插刮民财，怯懦畏敌，遂被逮至京。先生被逮后，福清、福安、兴化等地随即失陷。先生被逮过浙江时，士民自发到岳武穆祠为其祷告。帝知其冤，下狱仅六天释放，贬为平民。归里，授徒为生。

浙江布政使司右参政王询接任福建巡抚。

十一月，毛海峰率三千倭寇离开岑港，南逃至福建浯屿。

嘉靖三十八年（1559），51 岁

十二月，王直被浙江巡按御史王本固斩于杭州。

嘉靖四十一年（1562），54 岁

三子自华出生。

隆庆元年（1567），59 岁

恩诏冠带闲住。

隆庆初，福建巡抚涂泽民奏准开放部分海禁，明廷允许民间赴海外通商，民间私人贸易取得合法地位，明朝出现一个全面的开放局面，史称“隆庆开关”。

先生患病，长子自嵩上血疏，户部尚书马森、兵部尚书霍冀联名为其申冤，隆庆皇帝为其官复原职。

十二月七日，先生因病去世。赐祭葬，赠通议大夫，谥忠定。隆庆六年杭州武林门外建阮公祠以祀，匾额“忠定”，内阁首辅李春芳作《记》。死后才查清劾者所谓的“糜费储饷”是公用于犒劳士兵。

浙江温岭城南杨梅屿建有沙头庙，祭祀抗倭斗争中殉难的阮氏兄弟。

谢思球拟